Thomas de Maizière

Regieren

Innenansichten der Politik

HERDER

FREIBURG · BASEL · WIEN

© Verlag Herder GmbH, Freiburg im Breisgau 2019
Alle Rechte vorbehalten
www.herder.de

Satz: Daniel Förster, Belgern
Herstellung: CPI books GmbH, Leck
Printed in Germany

ISBN Print: 978-3-451-38329-8
ISBN E-Book: 978-3-451-81487-7

Für Martina

Inhalt

Einleitung:
Hinter den Kulissen

Dieses Buch ist ein Werkstattbericht. Aus der Werkstatt des Regierens. Das Regieren hat viel mit Handwerk zu tun. Ein Tischler bereitet seine Teile vor, bevor er sie zusammenbaut. Bestimmte Abläufe sind nötig oder haben sich bewährt und ergeben nur so ein gutes Werkstück. Ähnlich ist es auch beim Regieren. Wie aber entsteht ein politisches Ergebnis durch gutes Regieren? Welche Abläufe braucht es dafür? Wie ist es im Normalfall? Und wie wird in Krisen gehandelt und entschieden?

Schon Goethe wusste vom Wert des Regierens. Nach langen Reisen und ausgedehnten Vergnügungen besann er sich auf seine politische Aufgabe im Herzogtum Weimar und beendete einen langen Tagebucheintrag am 8. Oktober 1777 mit einem Appell an sich selbst, der nur aus einem Wort bestand: »Regieren!!«

Von diesem Handwerk des Regierens will ich in diesem Buch berichten. Von innen, von der Werkbank der Regierung aus und mit meiner Erfahrung aus mehr als 28 Jahren Beteiligung an Regierungen. Ich war Bundesminister in zwei Großen Koalitionen mit der SPD sowie in einer Koalition der Union mit der FDP, und das in drei Ministerien. In zwei Bundesländern – in Mecklenburg-Vorpommern und in Sachsen – arbeitete ich zuvor als Staatssekretär und Minister in insgesamt sechs Ressorts, sowohl in Regierungen mit absoluter Mehrheit als auch in Koalitionen mit FDP und SPD.

Der Schwerpunkt dieses Buches liegt bei der Arbeit in der Bundesregierung. Meine Zeit in den Ländern liegt schon länger zurück. Dennoch gehe ich auch auf die Verflechtungen und Wechselwirkungen zwischen Bundes- und Landesebene ein, wo es für das Verständnis der Regierungspraxis wichtig ist. Das Zusammenwirken zwischen Bund und Ländern hat mich in meiner langen politischen Laufbahn immer besonders beschäftigt. Deswegen mache ich hierzu in diesem Buch auch einige Vorschläge.

Es gibt eine Fernsehsendung mit dem Titel »Bericht aus Berlin«. Sie ist eine Darstellung der Bundespolitik aus der Sicht von Journalisten. Dieses Buch ist kein Bericht von außen, sondern von der Arbeit innerhalb der Bundesregierung.

Mit diesem Buch habe ich den Ansatz verfolgt, meine Erfahrungen zu verallgemeinern und an konkreten Beispielen zu beschreiben, wie Deutschland regiert wird. Ich möchte politisch interessierte Bürgerinnen und Bürger erreichen und informieren. Natürlich kann ein solcher Werkstattbericht weder vollständig noch objektiv sein. Ich habe ihn im Wesentlichen beschreibend, nicht bewertend abgefasst. Ich werfe einen Blick hinter die Kulissen des Regierens und öffne den Vorhang für die Leser dieses Buches.

Dabei ist es durchaus auch meine Absicht, für die Arbeit des Regierens in Deutschland zu werben. Es gibt so viel Abfälliges über die Regierungen im Speziellen und den Politikbetrieb im Allgemeinen zu hören, sei es aus Unkenntnis, aus Hochmut, aus Abneigung gegen Machtausübung schlechthin oder aus Unzufriedenheit über die Ergebnisse. Von außen, von der Zuschauertribüne ist es leicht, eine Mannschaft aufzustellen, taktisch zu bewerten, Spieler auszuwechseln und genau zu wissen, warum die Mannschaft verloren oder gewonnen hat. Von dem Fußballer Adi Preißler stammt der schöne Satz: »Grau ist alle Theorie – entscheidend ist auf'm Platz.« So ist es auch in der Politik und beim Regieren. Wie es »auf'm Platz« des Regierens ist, das beschreibe ich nüchtern, aber voller Sympathie und mit dem Teamgefühl eines Beteiligten.

Natürlich habe ich an mehreren Stellen auch bewertet, wo es nach meiner Meinung strukturelle oder tiefgreifende Mängel im praktischen Regieren gibt und wie sie behoben werden könnten. Damit ist nicht die aktuelle politische Lage gemeint. Jede Regierung, jede Koalition hat mal stärkere und mal schwächere Phasen, stärkere und schwächere Minister und Zeiten, in denen es mal mehr und mal weniger internen Streit gibt. Und es gibt Koalitionen, die scheitern. Das war immer so und wird auch immer so sein.

Ich verkenne nicht, dass es veränderte Umstände des Regierens gibt, die mit der Globalisierung, mit der Individualisierung, mit dem Ansehensverlust der Volksparteien und mit einem anderen Medienverhalten zu tun haben. Ich halte aber wenig von der These, dass früher alles besser war. Das hilft auch nicht weiter, wenn es darum geht, im Jetzt zu bestehen und auch in Zukunft gut zu regieren.

Der Lesbarkeit halber verwende ich im Buch entweder eine männliche oder eine weibliche Grundform. Ich meine damit – wenn nicht ausdrücklich anders angegeben – stets die gesamte Gruppe, unabhängig vom Geschlecht.

1.
Die Regierungsbildung

Die Zeit der Starken: Sondierungen und Koalitionsverhandlungen

»Du bist ja gar nicht zu sehen auf den Balkonbildern. Bist du denn gar nicht wichtig?« Das haben die einen gesagt. »Gott sei Dank, du zeigst dich nicht auf dem Balkon. Es ist ja peinlich, wie sich dort alle produzieren.« – So gegensätzlich waren mir gegenüber die Reaktionen während der »Jamaika«-Verhandlungen zur Bildung einer Bundesregierung im Herbst 2017.

Ich hatte mich bewusst nicht auf dem Balkon in der Parlamentarischen Gesellschaft postiert, auf dem einige Verhandler jeden Tag fotografiert wurden. Ich fand das affig.

Und doch bleiben solche Bilder im Gedächtnis. Genauso wie die Bilder bei der Regierungsbildung 2013. Dort »marschierten« die jeweiligen Führungsgruppen der künftigen Koalitionspartner breit aufgestellt den langen Gang eines der Parlamentsgebäude auf die Kameras zu. Einige drängelten in die erste Reihe. Alle machten eine Miene zwischen Entschlossenheit und Fröhlichkeit. Die Botschaft sollte sein: Wir sind viele, und wir sind stark. Das sollte die Öffentlichkeit und den künftigen Koalitionspartner beeindrucken. Vor allem aber auch die eigenen Leute: Seht her, ich bin dabei, wenn es um die Bildung einer neuen Regierung geht.

So wichtig das für die eigenen Leute sein mag, so wenig wichtig ist das nach meiner Erfahrung für die Bevölkerung. Nach einem langen Wahlkampf und einer absehbaren Regierungsmehrheit wird von ihr eher erwartet, dass diejenigen, die zusammen regieren wollen oder müssen, jetzt schnell zu Potte kommen.

Gleichzeitig zu den Bildern wird deshalb gefragt, warum das denn so lange dauert. Statt Bildern sollten diejenigen, die eine neue Regierung bilden wollen, lieber Ergebnisse produzieren.

Diese Kritik an Koalitionsverhandlungen ist ungerecht. Die Bilder verdecken, dass bei Koalitionsverhandlungen hart um Inhalte gerungen wird, und das auf hohem Niveau.

Koalitionsverhandlungen sind im Kern eine Zeit für die inhaltlich Starken jeder Partei. Wenn die Kameras weg sind, dann kommt es auf die Substanz an. Und da zählt nicht der Titel oder die Funktion einer Person, sondern nur die inhaltliche und physische Kraft. Wer wissen will, ob jemand wirklich etwas kann, der sollte bei Koalitionsverhandlungen zuhören.

Neuerdings wird vor den eigentlichen Koalitionsverhandlungen sondiert, ob man zusammenpasst. Der Begriff hat wirklich etwas mit einer Sonde zu tun. Eine Sonde lotet etwas aus. Sie verändert nichts, aber sie verbessert die Beurteilungsfähigkeit. Mehr nicht. Früher bestanden die politischen Sondierungen deshalb auch nur aus kurzen Treffen der Führungsspitzen der Parteien, um zu erkunden, eben »auszuloten«, ob man zusammenpasst. Einige Knackpunkte wurden andiskutiert, die Detailarbeit aber auf die Koalitionsverhandlungen verschoben.

Das hat sich geändert. Die Sondierungen sind zu echten vorgezogenen Verhandlungen mit dem Ziel einer inhaltlichen Einigung in bestimmen Fragen geworden. Das hat zwei Gründe. Der erste ist: Aus einer Mischung von Eitelkeit und Misstrauen gegenüber der eigenen Parteiführung wollen viele aus der zweiten und dritten Reihe der jeweiligen Parteiführungen schon bei den Sondierungen dabei sein. Und zweitens: Faktisch bedeutet der Beginn von Koali-

16

tionsverhandlungen deren Erfolg. Solche Verhandlungen sind noch nie gescheitert. Sie dürfen – anders als Sondierungen – nicht scheitern, das »erlaubt« die Öffentlichkeit nicht. Ein Scheitern würde dann den Verhandlern in die Schuhe geschoben, nicht den Differenzen in der Sache. Die Kritiker einer neuen Koalition wollen sicher sein, dass ihre Interessen also schon früh gehört werden und nicht zu kurz kommen. Und so sind aus Sondierungen vorgezogene Koalitionsverhandlungen geworden.

Die Koalitionsverhandlungen werden durch viele Personen in mehreren Gesprächsformaten geführt. Die Bezeichnungen unterscheiden sich, die Funktion der Formate ist dieselbe:

Es gibt stets eine große Runde, in der aber nicht echt verhandelt wird. Das geht gar nicht. Je größer eine Runde ist, desto weniger geeignet ist sie, wirklich zu verhandeln. Aber die großen Runden sind trotzdem wichtig. Alle Flügel und Ebenen einer Partei werden eingebunden. Die große Runde hat eine »Notarfunktion«: Sie bestätigt das Ergebnis. Wer dabei ist, ist wichtig. Und wer zugestimmt hat, kann hinterher nicht mehr dagegen sein.

Die Hauptarbeit findet in Arbeitsgruppen statt. Sie sind thematisch gegliedert, meistens entlang der Ressorts. Hinzu kommen Querschnittsthemen, die nicht einem Fachgebiet allein zuzuordnen sind, wie etwa Digitales, Integration. Die Leitung der Arbeitsgruppen haben in der Regel die amtierenden Minister der bisherigen Regierung und auf der anderen Seite diejenigen, die gern Minister werden wollen. Hinzu kommen Fachpolitiker aus der Bundestagsfraktion und den Bundesländern.

Anders ist es natürlich, wenn es einen »echten« Regierungswechsel gibt. Das bedeutet, dass alle Koalitionspartner neu sind und bisher nicht in der Regierung waren. Dann gibt es bei der Zusammensetzung der Arbeitsgruppen natürlich schon ein erstes Gerangel und erste Hinweise darauf, wer in einer künftigen Regierung Minister werden könnte oder will.

Die wichtigsten Entscheidungen werden in einer Spitzenrunde gefällt. Dazu gehören in der Regel nicht mehr als vier bis sechs Personen jeder Seite. Es sind die Partei- und Fraktionsvorsitzenden und dazu höchstens einige wenige Spitzenpolitiker. Sie müssen alle Politikfelder im Kopf haben. Sie müssen die wesentlichen Streitpunkte erkennen und lösen. Sie müssen Pakete bilden, um Kompromisse auszuhandeln: Gibst du mir bei diesem Punkt nach, dann gebe ich dir bei einem anderen nach. Dies über Stunden und Nächte durchzuhalten und auszuhalten, ist eine große physische und psychische Leistung, die von außen oft unterschätzt wird.

Damit dies gelingt, gibt es eine Steuerungs- oder Redaktionsgruppe, die die Ergebnisse der Arbeitsgruppen zusammenfasst. In dieser Gruppe sitzen die wichtigsten »Sherpas« der Parteiführer. Sherpas sind im Himalaja Bergführer, die sich besonders gut auskennen und das Vertrauen derjenigen genießen, die den Berg erklimmen wollen. In der Politik sind es – unabhängig von der Hierarchie – Personen, die das ganz besondere Vertrauen der Verhandlungsführer haben. Die Sherpas prüfen und verändern die Textentwürfe der Arbeitsgruppen, sie machen daraus ein lesbares Ganzes. Das bedeutet, sie müssen sich in allen Kernfeldern der Verhandlungen auskennen. Sie formulieren Kompromisse, die die Chefs mündlich verabredet haben. Sie haben ständigen Zugang zu den Verhandlungsführern und geben deren Vorgaben an die sonstigen Verhandler weiter, obwohl sie in der politischen Hierarchie in aller Regel meist nicht so hoch angesiedelt sind. Wer die Karrieren von Spitzenpolitikern oder Spitzenbeamten zurückverfolgt wird feststellen, dass sie in der Vergangenheit oft Mitglieder von Redaktionsgruppen bei Koalitionsverhandlungen, eben Sherpas waren. Hier zeigt sich, wer etwas kann, wer Prokura hat. Das gilt auch für mich: Meine erste Arbeit an einer Koalitionsverhandlung betraf die Gespräche zwischen CDU und FDP 1985 in West-Berlin, als ich so etwas wie der Sherpa von Eberhard Diepgen war, dem Spitzenkandidaten und späteren Regierenden Bürgermeister von West-Berlin. Es folgten viele weitere.

Koalitionsverhandlungen sind eigentlich Verhandlungen zwischen Parteien. Grundlage sind die Wahlprogramme. Die Interessen der Parteien sind unterschiedlich. Und über den Ausgleich der Interessen auf dem Wege des Kompromisses wird verhandelt.

Jeder, der behauptet, die Parteien seien nicht mehr unterscheidbar, müsste einmal bei solchen Koalitionsverhandlungen dabei sein. Nie war ich mehr überzeugt, ein Christdemokrat zu sein, als bei Koalitionsverhandlungen. Das hat mit Sachthemen zu tun, etwa einer Grundeinstellung zur Freiheit und zum Staat, aber vor allem mit einem Zusammengehörigkeitsgefühl.

Dennoch sind Koalitionsverhandlungen zunehmend überlagert von anderen als nur den Interessen der Parteien. Es sind Länderinteressen, und es sind spezifische Belange der Fachpolitiker, also zum Beispiel der Innen-, Bildungs- Gesundheits- oder Umweltpolitiker. Nie ist ein solcher Fachpolitiker so stark wie während der Koalitionsverhandlungen. Hier versuchen sie Dinge durchzusetzen oder zu verhindern, die sie sonst bisher nicht beeinflussen konnten oder in Zukunft nicht beeinflussen können. Vor allem finanzielle Wünsche. Auch deshalb drängen Landespolitiker in die Koalitionsverhandlungen im Bund. Sie sind oft stellvertretende Parteivorsitzende oder haben andere wichtige Parteifunktionen und beanspruchen so eine Führungsrolle, die sie dann aber überwiegend im Interesse ihrer Länder nutzen.

Ein wichtiges Beispiel aus den letzten Verhandlungen waren die Debatten um Steuersenkungen angesichts sprudelnder Steuereinnahmen: Deren bedeutendste in Deutschland sind die Umsatzsteuer und die Einkommenssteuer. Die Erträge dieser Steuern werden zwischen Bund und Ländern in einem bestimmten Verhältnis geteilt. Wenn es Steuermehreinnahmen gibt, profitieren also Bund und Länder gemeinsam. Und wenn Steuersenkungen für die Bürgerinnen und Bürger beraten werden, müssten also auch die Mindereinnahmen von Bund und Ländern gemeinsam getragen werden. So ist es im Grundgesetz vorgesehen.

Die Vertreter der Bundesländer erklärten aber in den Verhandlungen auf beiden Seiten klipp und klar, dass sie überhaupt nicht bereit seien, Steuersenkungen zuzustimmen, wenn sie als Folge weniger Steuereinnahmen bekämen. Das ist deswegen ausschlaggebend, weil ein solches Gesetz der Zustimmung der Länder im Bundesrat bedürfte. Der Bund solle doch die Steuerausfälle der Länder ausgleichen. Das lehnte der Bund natürlich ab. Es gibt eine Steuerverteilung für den Bund und für die Länder nur in beiden Richtungen. Daraufhin musste sich die Debatte um Steuersenkungen nur noch auf den Solidaritätszuschlag bei der Einkommenssteuer konzentrieren, denn diese Einnahmen kommen nur dem Bund zugute.

Einer der Gründe, warum die FDP unter Christian Lindner aus den »Jamaika«-Verhandlungen ausstieg, war genau dieser Punkt, nämlich dass es nicht genug Steuersenkungen bei der Einkommenssteuer geben sollte. Die »Schuldigen« hierfür waren aber nicht die Parteivorsitzenden von CDU/CSU oder Grünen, sondern die Länder, die entweder selbst mit am Tisch saßen oder das als SPD-Ministerpräsidenten von außen unmissverständlich mitgeteilt hatten. Das Gleiche wiederholte sich dann bei den Verhandlungen mit der SPD.

Wenn das so weitergeht, wird es auf absehbare Zeit gar keine Reform oder Senkung der Einkommenssteuer mehr geben, nachdem der Solidaritätszuschlag dann ganz abgebaut ist.

Meine Erfahrung ist jedenfalls, dass sehr viele, vielleicht die meisten politischen Konflikte in solchen Verhandlungen nicht parteipolitischer Art sind, jedenfalls nicht zwischen den Volksparteien, sondern sie werden genauso von Vertretern der jeweils anderen Parteien durchgefochten, wenn sie im gleichen Fach arbeiten. Das gilt für Umweltpolitiker, Innenpolitiker, Sozialpolitiker, Bildungspolitiker und alle andern auch. Jeder will viel Geld für seinen Bereich.

Das macht jeden Koalitionsvertrag finanziell auch so teuer. Die Haushaltspolitiker, die in solchen Verhandlungen als nur eine

Arbeitsgruppe unter vielen nicht so stark sind wie im Regierungsalltag, können sich nur so behelfen, dass alle Vorhaben eines Koalitionsvertrages unter Finanzierungsvorbehalt gestellt werden. Das bedeutet, dass die Koalitionspartner sagen: Wir finden das Vorhaben gut und richtig, aber ob wir es umsetzen, das entscheiden wir dann, wenn wir wissen, wie viel Geld zur Verfügung steht. Das weckt natürlich Erwartungen. Und weil dies die Fachpolitiker wissen, werden neuerdings »prioritäre Vorhaben« definiert, die keinem Finanzvorbehalt unterliegen. Dazu muss zunächst der Finanzspielraum ermittelt werden, der – unter der Annahme vorhersehbarer wirtschaftlicher Entwicklung – zur Verfügung steht. Also geht der Kampf in den Koalitionsverhandlungen darum, ob und inwieweit ein Vorhaben prioritär ist. Wenn aber deswegen alles schnell als prioritär definiert wird, weil man nicht die Kraft hat, Vorhaben der Fachpolitiker als nicht so wichtig einzuordnen, dann bleibt für andere wichtige Aufgaben, und vor allem für Unvorhergesehenes, kein Spielraum. Und so produziert man Enttäuschungen.

Noch ein Wort zu den Länderinteressen. Das eine Bundesland hat zum Beispiel das Interesse, dass die Braunkohle noch lange Zeit abgebaut werden darf. Ein anderes Bundesland möchte ein wichtiges Verkehrsprojekt im Koalitionsvertrag unterbringen. Alle wollen, dass der Bund möglichst viel zahlt und den Ländern Geld zur Verfügung stellt. Inzwischen ist es – auch außerhalb von Koalitionsverhandlungen – selbstverständlich geworden, dass sich die Vertreter der Bundesländer zu allen Themen der Bundespolitik äußern und einmischen. Umgekehrt werden Äußerungen von Bundespolitikern zu landespolitischen Themen entrüstet zurückgewiesen. Kein Bundesminister hat den Anspruch erhoben, an Koalitionsverhandlungen in den Ländern teilzunehmen, auch nicht in einer Eigenschaft als stellvertretender Landesvorsitzender. Umgekehrt wird eine Beteiligung als selbstverständlich angesehen. Das wird nicht vollständig zurückzudrehen sein, aber etwas mehr Zurückhaltung bei der Durchsetzung von Länderinteressen durch die Ländervertreter und etwas mehr Härte bei der Zurückweisung solcher Länderinteressen durch Bundesvertreter wären anzuraten.

Keine Werbebroschüre: Warum etwas im Koalitionsvertrag steht

Zu Beginn jeder Koalitionsverhandlung wird von den Spitzen der Parteien für alle Verhandler die Parole ausgegeben, dass der Vertrag dieses Mal wirklich nicht zu lang werden dürfe. Vielleicht 30 oder 40 Seiten, keinesfalls mehr. Das Ergebnis sind dann aber 150 Seiten und mehr.

Wie kommt das?

Jede Arbeitsgruppe hat das Bestreben, die Bedeutung des eigenen Politikfeldes dadurch zu unterstreichen, dass viel dazu aufgeschrieben wird. Das erwartet auch die eigene Klientel außerhalb der Politik.

Die politische Partei, die glaubt, ein bestimmtes Fachministerium zu bekommen, hat das Interesse, dass dazu möglichst wenig aufgeschrieben wird, damit der eigene Minister durch die Koalitionsverhandlungen nicht zu sehr gebunden wird, es sei denn, es geht um Geld für diesen Politikbereich. Die andere Partei hat das gegenteilige Interesse. Da man aber vorher nicht weiß, wie die Ressortverteilung am Ende aussehen wird, führt das dazu, dass ein Koalitionsvertrag lang und länger wird.

Der Koalitionsvertrag hat auch eine Außenwirkung, zwar nicht auf die Wählerinnen und Wähler insgesamt, wohl aber auf einzelne Wählergruppen und deren Interessenverbände. So war es zum Beispiel bei den letzten Koalitionsverhandlungen überhaupt nicht umstritten, das Technische Hilfswerk (THW) zu unterstützen. Insoweit hätte man auch auf die Erwähnung verzichten können. Das hätten aber die Tausenden von ehrenamtlichen Helfern übelgenommen. Und so entstand eine Passage zum THW. Weil ein solches Thema aber eben nicht umstritten ist, besteht dann eine Passage im Koalitionsvertrag in der Regel aus Allgemeinplätzen und schönen Worten wie »fördern«, »unterstützen«, »stärken« usw. Das wiederum finden dann die Betroffenen nicht genügend aussagekräftig. Nachdem wir in diesem Beispiel etwas zum THW geschrieben hatten, fiel irgendeinem Verhandler in der Arbeitsgruppe auf, dass bisher nichts zur Feuerwehr im Entwurf des Koalitionsvertrages stand, obwohl der Bund hier nahezu keine Zuständigkeit hat. Auch das konnte natürlich wegen der Außenwirkung und wegen der Balance zum THW nicht sein. Und so schrieben wir etwas Freundliches zur Feuerwehr auf.

All das sind Mechanismen, warum Koalitionsverträge so lang werden, ohne dass es eigentlich inhaltlich nötig wäre. Denn ein Koalitionsvertrag soll ja ein Kompass für die ganze Legislaturperiode sein und für die wichtigen umstrittenen Themen einen Kompromiss finden. Er sollte dagegen keine Abhandlung sein zu allen möglichen Themen oder gesellschaftlichen Gruppen, nur damit niemand vergessen wird.

Und dann geht es auch noch um die Ausgewogenheit zwischen verschiedenen Themen und sogar zwischen den verschiedenen Aspekten innerhalb eines Themas. So gab es eine Verhandlungsphase mit den Grünen bei den »Jamaika«-Verhandlungen zur Flüchtlingspolitik. Die Passagen zur Integration waren fertig und im Wesentlichen einvernehmlich. Die Passagen zur Abschiebung hingegen waren höchst umstritten und gerieten deswegen lang, weil viele konkrete Voraussetzungen, Einschränkungen und Bedingungen formuliert wurden. Die Verhandlungsführerin der Grünen, Claudia Roth, bestand nun darauf, den unstreitigen Teil zur Integration zu verlängern, ohne den Inhalt zu verändern. Und zwar mit der Begründung, dass auf dem Parteitag der Grünen genau darauf geachtet würde, wie ausgewogen das Verhältnis zwischen Integration und Abschiebung sei. Und diese Ausgewogenheit müsse nach dem Zeilenumfang gemessen werden, weil der von manchen Delegierten auf dem Parteitag nachgezählt würde. So haben wir das dann auch gemacht und den Text zur Integration verlängert, ohne dass es irgendetwas am Inhalt geändert hat.

Bei allen Koalitionsverhandlungen gibt es das Bemühen, die Inhalte in einer schönen Sprache abzufassen. Dies misslingt meistens, weil die Kompromisse der Fachpolitiker sachlich richtig, für normale Menschen aber unverständlich formuliert werden. Die Versuche der Redaktionsgruppe, dies zu verändern, stoßen bei den Mitgliedern der Arbeitsgruppen auf Widerstand, weil mit der sprachlichen Vereinfachung die Kompromissbildung in der Arbeitsgruppe nicht wirklich abgebildet wird. Wenn in der Arbeitsgruppe lange um einzelne Sätze gerungen wird, dann wird nicht akzeptiert, dass irgendeine Redaktionsgruppe daran irgendetwas verändert.

So heißt es im Koalitionsvertrag mit der SPD von 2018 im ersten Satz zum Thema Datenschutz: »Bei der Plattformregulierung soll ein sektorspezifischer Ansatz verfolgt werden.« Dieser Satz ist für normale Menschen unverständlich. Zwischen Fachleuten ist das die gebräuchliche Terminologie. Gemeint ist Folgendes: Plattformen in diesem Zusammenhang sind Online-Angebote, die eine direkte Kommunikation mit dem Nutzer anbieten, wie zum Beispiel Facebook oder YouTube. Zwischen großen und kleinen Plattformen, zwischen solchen, die viele, und solchen, die wenige Daten sammeln, zwischen denen, die das gewinnorientiert oder für wissenschaftliche Zwecke tun, soll bei rechtlichen Regelungen zum Datenschutz aber jeweils unterschieden werden. Das ist gemeint.

Für die Lektüre des Koalitionsvertrages sind solche Sätze nicht hilfreich. Für die Zusammenarbeit in der späteren Regierung kann das allerdings durchaus nützlich sein, weil die Fachpolitiker, die die Verhandlungen geführt haben, später in der täglichen Koalitionsarbeit zusammensitzen. Und sie wissen dann ganz genau, was sie vereinbart haben.

Dieser Konflikt zwischen Lesbarkeit und Handhabbarkeit wird dann so gelöst, dass vor den Koalitionsvertrag eine Einleitung geschrieben wird, die gut formuliert ist, aber wenig inhaltlichen Bezug hat zu den komplizierten Inhalten des Vertrages im Übrigen. Das wird dann als »Narrativ«, als der große Bogen, das Leitmotiv der neuen Koalition wahrgenommen und von der Presse kommentiert, aber im Laufe der Regierungsarbeit von den Koalitionspartnern selber kaum noch aufgegriffen.

Der Koalitionsvertrag ist also mehr ein nach innen gerichtetes Instrument der Steuerung der Regierungsarbeit als ein werbendes Dokument für eine neue Regierung nach außen.

Er ist auch deshalb so lang, weil alle Beteiligten für alle denkbaren Entwicklung in der Zukunft eine gute Lösung erarbeiten wollen. Die Erfahrung zeigt aber, dass sich die Wirklichkeit nicht nach einem Koalitionsvertrag richtet: In der ersten Großen Koalition 2005 bis 2009 stand nichts im Koalitionsvertrag zur Finanzkrise, in der Koalition der Union mit der FDP von 2009 bis 2013 stand dort nichts zur Eurokrise. Und in der letzten Großen Koalition von 2013 bis 2017 fand sich im Koalitionsvertrag nichts oder wenig zur Terror- und Flüchtlingskrise. All das war zum Zeitpunkt der Verhandlungen nicht vorhersehbar. Es wurde dann aber entscheidend für das Regierungshandeln.

Ein guter Koalitionsvertrag ist also wichtig für das Zustandekommen der Regierung und als Interpretationsvorgabe umstrittener Punkte zwischen den Koalitionspartnern.

Der Erfolg einer Regierung bemisst sich aber nicht nach der Länge des Koalitionsvertrages oder einer schönen Sprache, sondern nach der erfolgreichen Arbeit während der Regierungszeit. Und erfolgreiche Arbeit ist mehr, als nur die Maßnahmen des Koalitionsvertrages umzusetzen. Dazu gehört auch ein Umgang miteinander, der dem Anspruch gerecht wird, das größte Land in Europa verantwortungsvoll und seriös zu regieren.

Wie man Minister wird: Der Weg ins Amt

Es gibt keinen typischen Weg, Minister zu werden. Dazu bedarf es einer Mischung von persönlicher Eignung einschließlich einer entsprechenden Vorarbeit, einer politischen Konstellation und einem günstigen Zeitpunkts.

Bei mir waren die meisten Berufungen in ein Staatssekretärs- oder Ministeramt eher untypisch: Im Oktober 1990 wurde ich Staatssekretär für Bildung, Wissenschaft, Jugend, Kultur und Sport, weil mich der damalige Landesvorsitzende der CDU, Günther Krause, aus den Verhandlungen zum Einigungsvertrag kannte, mich nach Mecklenburg-Vorpommern holen wollte und ich in den ostdeutschen Ländern als »Wessi« einen guten Ruf hatte. Minister wurde ich das erste Mal, weil mich der sächsische Ministerpräsident Kurt Biedenkopf in den Gesprächsrunden der Ministerpräsidenten erlebt hatte und mich nach einer Wahlniederlage in Mecklenburg-Vorpommern Anfang 1999 nach Sachsen einlud, zunächst als Berater mit der festen Zusage, nach einer gewonnenen Landtagswahl Minister und Chef der Staatskanzlei zu werden. Er musste für diese Zusage niemanden fragen, weil er sich bei Amtsübernahme von seinen Parteifreunden ausbedungen hatte, dass er alle Personalentscheidungen für Minister allein treffen konnte. Absolut untypisch.

Nicht ganz so untypisch, wenn aber auch unerwartet, war dann meine Berufung zum Bundesminister und Chef des Bundeskanzleramtes im Herbst 2005. Nicht untypisch deshalb, weil zuvor Gerhard Schröder den damaligen Chef der Staatskanzlei des Landes Niedersachsen, Frank-Walter Steinmeier, als seinen Chef des Bundeskanzleramtes in die Bundesregierung geholt hatte. Angela Merkel und ich kannten, schätzten und vertrauten uns aus den Verhandlungen zum Einigungsvertrag und durch meine Jahre in Schwerin, als sie zeitgleich Landesvorsitzende der CDU in Mecklenburg-Vorpommern war. Von daher lag im Nachhinein diese Berufung nicht ganz fern.

Für mich und die allermeisten Beobachter kam sie dennoch absolut überraschend. Viele andere Kandidaten in Berlin hatten mich nicht auf der Rechnung und waren überrascht oder enttäuscht.

In der Regel kann ein Regierungschef in einer Koalitionsregierung nur die Minister der eigenen Partei auswählen. Im Übrigen bestimmt der Koalitionspartner sein eigenes politisches Personal. Der Regierungschef hat allenfalls ein informelles Vetorecht. Und auch innerhalb der eigenen Partei ist eine Bundeskanzlerin nicht völlig frei in ihrer Personalauswahl. Zwar wird es in erster Linie natürlich darauf ankommen, ob die Bundeskanzlerin jemandem die Führung eines Ressorts zutraut. Das wird sie bewerten anhand der Persönlichkeit, der fachlichen Eignung und der bisherigen Erfahrung der Zusammenarbeit mit dem Kandidaten oder der Kandidatin. Sie hat daneben aber auch zu berücksichtigen, dass ihre eigene Fraktion im Deutschen Bundestag erwartet, dass Minister auch aus ihren Reihen berufen werden. Sie muss in Rechnung stellen, dass alle Landesverbände davon ausgehen, dass Personal aus ihren Bundesländern berücksichtigt wird und nicht zu viel aus anderen. Wenn schon nicht als Minister, dann wenigstens als Parlamentarischer Staatssekretär. Große Landesverbände erwarten eine größere Beteiligung als kleine. Die Bundeskanzlerin muss zudem auf eine ausgewogene Besetzung bei Frauen und Männern und zwischen Jung und Alt achten. Früher spielte auch die Frage der Religionszugehörigkeit eine große Rolle.

Eine Ausnahme gilt für den Chef der Staatskanzlei bei den Ministerpräsidenten und für den Chef des Bundeskanzleramtes bei der Bundeskanzlerin. Hier wird von den Parteiführungen der eigenen Partei der Bundeskanzlerin beziehungsweise den Ministerpräsidenten eine Personalentscheidung ohne Proporzgesichtspunkte zugestanden. Die politische und menschliche Zusammenarbeit zwischen diesen beiden Personen muss so eng sein, dass Proporzüberlegungen zurückstehen können und müssen.

Man kann solche Wünsche nach Regional- und Fraktionsrepräsentanz kritisieren und allein auf fachlicher und politischer Eignung für Ministerämter bestehen. Aber es gibt einige gute Gründe dafür: Oft weiß man am Anfang gar nicht, wer für ein bestimmtes Amt besonders gut geeignet ist. Es kann zum Beispiel sehr sinnvoll sein, als Kultusminister gerade keinen Lehrer zu berufen, sondern jemanden, der besonders gut mit dem Finanzminister verhandeln kann. Niemand wird beim ersten Mal als »fertiger« und guter Minister in sein Amt berufen. Bei der Entscheidung kommt es allein auf die Prognose an, ob jemand in Zukunft ein guter Minister werden kann, und nicht darauf, ob er es gleich zu Beginn schon ist. Mancher hochgelobte Nachwuchsstar ist als Minister nach einiger Zeit eingebrochen, und manche als Fehlbesetzung beschriebene Nominierung hat sich später als erfolgreich herausgestellt. Und schließlich kommt es für einen Minister entscheidend darauf an, etwas durchsetzen zu können. Da helfen eine gute Vernetzung in der Fraktion wie auch ein gutes Ansehen in einem Bundesland. Auch die Bevölkerung legt Wert darauf, dass eine Bundesregierung die ganze Breite der Gesellschaft in etwa widerspiegelt.

Insofern ergeben solche Proporzüberlegungen bei der Bildung einer Regierung durchaus Sinn, wenn sie nicht zu einem zu engen Korsett werden.

Ob man Minister wird, hängt also neben der persönlichen Eignung auch davon ab, ob man gerade aus dem richtigen Landesverband kommt und ob das geeignete Ressort nach Ende der Koalitionsverhandlungen der eigenen Partei zugesprochen wird.

Die Umstände der Berufung zum Minister sind sehr unterschiedlich. Man muss unterscheiden, ob es um eine Neubesetzung nach einem Rücktritt oder in einer Krise geht oder um das Zusammenstellen eines Kabinetts zu Beginn einer Legislaturperiode. Ich habe beides erlebt. So wurde ich im Januar 2001 innerhalb von Tagen Finanzminister in Sachsen, nachdem Ministerpräsident Kurt Biedenkopf den Finanzminister Georg Milbradt im Streit entlassen hatte. Wir steuerten auf die Endphase der Verhandlungen zum Solidarpakt II zu. In einem Hotelzimmer bot mir Kurt Biedenkopf an, das Amt zu übernehmen. Ich hatte praktisch keine Zeit zum überlegen und keine Wahl, weil ich der faktische Verhandlungsführer der ostdeutschen Länder war.

Als Karl Theodor zu Guttenberg am 1. März 2011 zurücktrat, war ich tagsüber als Bundesinnenminister in Hannover bei der CEBIT-Messe unterwegs. Abends spät rief mich die Bundeskanzlerin an und drängte mich sehr, Verteidigungsminister zu werden, obwohl ich noch nicht lange Innenminister war und große Pläne zu einer Reform der Sicherheitsbehörden entscheidungsreif waren. Ich sagte aus Pflichtgefühl zu.

In einer solchen Krisensituation steht der Regierungschef unter großem Druck. Gelingt es nicht, innerhalb ganz weniger Tage einen Nachfolger für einen entlassenen oder zurückgetretenen Minister zu präsentieren, dann wird seine Führungskraft angezweifelt.

Zu Beginn einer Legislaturperiode dagegen hat der Regierungschef viel Zeit, eine Personalangelegenheit zu überdenken und mit Vertrauten zu diskutieren. Das kann dann dazu führen, dass der Regierungschef mit den Kandidaten ausführliche Gespräche führt. So ist es mir – außer bei der Erstberufung zum Minister und der »Versetzung« zum Verteidigungsminister – mit der Bundeskanzlerin ergangen. Sie führte in ihrem Dienstzimmer mit mir ausführliche Gespräche und erläuterte mir die Gründe für ihre Entscheidung. Das war natürlich verbunden mit dem Gebot strikter Vertraulichkeit. Für die Bundeskanzlerin war so etwas auch oft wie ein Test. Wer hier nicht schweigen konnte, wurde nicht berufen oder hatte sonst einen schlechten Einstand bei ihr.

Es kann aber auch anders sein. So führte Ministerpräsident Milbradt zwar während der Koalitionsverhandlungen in Sachsen im Herbst 2004 ein ausführliches Gespräch mit mir über die Frage, ob ich Justizminister bleiben wolle oder welches andere Ressort in

Frage komme. Die Entscheidung aber hielt er sich offen. Wochen später, nur einen Tag vor der Vereidigung, rief er dann per Handy an und sagte in der kürzestmöglichen Form trocken: »Also, Innen. Bis morgen.«

2.
Der Alltag der Macht

Klärung vorab: Wie im Kabinett entschieden wird

Als ich ein junger Chef des Bundeskanzleramtes kurz nach Amtsantritt im Winter 2005/2006 war, rief mich ein wütender Finanzminister Peer Steinbrück an und beklagte sich, dass ich es gewagt hätte, eine Kabinettvorlage von ihm nicht auf die Tagesordnung des Bundeskabinetts zu setzen. Er sei Finanzminister und könne verlangen, dass seine Vorschläge im Kabinett beraten würden. Ich entgegnete ihm, dass die Vorlage umstritten sei. Andere Ressorts seien dagegen. Er müsse dafür sorgen, dass diese zustimmten. Erst dann komme seine Vorlage auf die Tagesordnung des Bundeskabinetts. Dafür bekomme er meine Hilfe, indem auch ich mit den Kollegen redete, die anderer Meinung seien als er. Im Übrigen sei es gerade im Interesse des Finanzministers, dass unabgestimmte und umstrittene Vorlagen nicht auf die Tagesordnung des Bundeskabinetts gesetzt werden. Peer Steinbrück entgegnete, dass er sich bei der Bundeskanzlerin beschweren werde. Das tat er allerdings nicht. Der Punkt kam erst auf die Tagesordnung, nachdem alle Bedenken ausgeräumt waren.

Meiner besten Zusammenarbeit mit Peer Steinbrück hat das nicht geschadet. Vielleicht im Gegenteil.

Vorstandssitzungen großer deutscher Unternehmen dauern oft Stunden. Das gilt auch für manche Sitzungen von Kabinetten in den

Bundesländern. Die Kabinettssitzungen der Bundesregierung dauern dagegen in der Regel im Durchschnitt nur 45 Minuten. Das hat seine guten Gründe:

Es gibt hier eine sogenannte Top-1-Liste. Hier sind viele Tagesordnungspunkte zusammengefasst, die keiner weiteren Erörterung bedürfen. Das betrifft Personalentscheidungen, Stellungnahmen zu Gesetzentwürfen des Bundesrates, irgendwelche Berichte, Verordnungen der Bundesregierung, die nicht zu wichtig sind, bis hin zu der Gestaltung von Sonderbriefmarken oder Münzen. Die Bundeskanzlerin begrüßt die Kabinettsmitglieder zu Beginn der Sitzung, ruft den Tagesordnungspunkt 1 auf und sagt: »So beschlossen.« In Sekunden sind somit viele, manchmal Dutzende Tagesordnungspunkte beschlossen. Das trennt das Wichtige vom Unwichtigen und spart Zeit.

Danach werden die sogenannten ordentlichen Tagesordnungspunkte der Reihe nach aufgerufen. Oft sind das Gesetzentwürfe, politische Eckpunkte für wichtige Vorhaben, die deshalb vorab beschlossen werden, damit ein Ministerium nicht lange an einem komplizierten Gesetzentwurf arbeitet, um hinterher festzustellen, dass es für die wichtigen Inhalte keine Zustimmung der anderen Ministerien gibt. Auch zentrale Berichte wie der Jahreswirtschaftsbericht, der Migrations-, der Bildungsbericht oder der Bericht über die Lage der Rentenversicherung werden im Kabinett erörtert. Hierzu trägt der zuständige Minister vor. Es gibt einige Nachfragen von Kollegen. Und dann wird beschlossen. Alles das dauert nur Minuten. Nur die Haushaltsberatungen in den Kabinettssitzungen dauern etwas länger. Hier nimmt auch der Präsident der Bundesbank an den Beratungen teil und kommentiert die aktuelle wirtschaftliche Entwicklung.

Systematisch ist das nicht, was auf die Tagesordnung kommt, sondern eher der Tradition geschuldet. So ist zum Beispiel der Bericht über die Polizeiliche Kriminalstatistik nicht Gegenstand der Tagesordnung des Bundeskabinetts, obwohl das Thema Millionen Bundesbürger sehr interessiert. Er wird vom Bundesinnenminister mit den Länderinnenministern erstellt und ohne Abstimmung innerhalb der Bundesregierung der Presse vorgestellt. Dagegen ist der Bericht über den Zustand der Wälder stets im Kabinett.

Einige Minister legen großen Wert darauf, möglichst viele Kabinettvorlagen wie solche Berichte im Kabinett beschließen zu lassen. Sie tun dies in der Hoffnung, dass darüber deswegen mehr berichtet wird, weil ihr Thema auf der Tagesordnung des Kabinetts stand. Bei mir war es genau umgekehrt. Jede Kabinettvorlage muss abgestimmt werden und unterliegt so der Einwirkung der Kabinettskollegen, insbesondere der Koalition. Ein Bericht oder eine Initiative ohne Kabinettsbeteiligung läuft zwar das Risiko, nicht von allen geteilt zu werden, trägt aber die alleinige Handschrift des Ministers. Das war mir wichtiger.

Bei den Top-1-Punkten und bei allen ordentlichen Tagesordnungspunkten gilt, dass sie so vorbereitet sein müssen, dass es keine streitige Diskussion und keine Veränderungen an den Vorlagen und Beschlussvorschlägen in der Sitzung selbst gibt. Allenfalls gibt es einmal eine kritische Protokollerklärung, die von einem Mitglied der Bundesregierung oder einem Koalitionspartner abgegeben wird.

In der Geschäftsordnung der Bundesregierung ist vorgesehen, dass der Finanz-, der Innen- und der Justizminister ein Vetorecht haben. Sie können Kabinettsbeschlüssen widersprechen und eine zweite Abstimmung verlangen, wenn es um das Geldausgeben bzw. um die Vereinbarkeit mit geltendem Recht geht. Dazu ist es in zwölf Jahren meiner Zugehörigkeit zum Bundeskabinett nie gekommen. Trotzdem ist dieses Recht nicht sinnlos, denn es wirkt im Vorfeld. Juristen nennen das eine faktische Vorwirkung. Dazu später mehr.

Diese ungewöhnliche Vorgehensweise bei Kabinettssitzungen beruht auf einer jahrzehntelangen Praxis und ist gut begründet. Denn die Kabinettssitzungen werden sorgfältig vorbereitet: Die Vorlagen müssen Tage vorher verschickt werden, damit alle anderen Ressorts sie kennen oder wenigstens kennen können. Leider sind hier in

33

der letzten Zeit zu viele Ausnahmen gemacht worden. Manche Minister erzeugen Zeitdruck durch absichtlich spätes Anmelden, obwohl in der Regel im Vorfeld Zeit genug war, die Dinge abzustimmen. Das darf nicht prämiert werden. Vorlagen dürfen nur dann verschickt werden, wenn sie unstreitig geworden sind, also alle beteiligten Ministerien ihnen zustimmen. Das bedeutet, alle inhaltlichen Debatten finden im Vorfeld der Kabinettssitzung statt. Zwischen den Ressorts und, wenn nötig, unter vermittelnder Beteiligung des Bundeskanzleramts.

Manchmal versucht ein Bundesminister, einen komplizierten Einigungsprozess dadurch zu umgehen, dass er öffentlich ankündigt, seine Vorlage werde an einem bestimmten Datum im Kabinett beraten. Er hofft, dass seine Kollegen dann Bedenken zurückstellen, um den Termin nicht zu gefährden und die Bundesregierung nicht öffentlich zu blamieren. Diesem Druck darf der Chef des Bundeskanzleramtes nicht nachgeben. Manchmal ist die Nichtaufsetzung eines Tagesordnungspunktes sogar eine gute pädagogische Maßnahme, um voreilige Ankündigungen von streitigen Vorhaben für die Zukunft zu unterbinden. Das gilt insbesondere für finanzwirksame Vorlagen, also solche, durch welche die Ausgaben des Staates erhöht oder die Einnahmen verringert werden. Und insofern hilft dieses strenge Regiment am meisten dem Finanzminister.

Die Tagesordnung wird vom Chef des Bundeskanzleramtes aufgestellt, nicht von der Bundeskanzlerin. Das ist ein zentrales und wirksames Recht des Chefs des Bundeskanzleramts. Der Bundeskanzlerin bleibt so Ärger erspart, weil sie einem Minister nicht abschlagen muss, einen von ihm für wichtig gehaltenen Punkt auf die Tagesordnung zu setzen.

Montagnachmittags findet eine Runde der beamteten Staatssekretäre unter dem Vorsitz des Chefs des Bundeskanzleramts statt. Dort werden alle Vorlagen beraten, nötigenfalls auch streitig, und dann durch Kompromisse an Ort und Stelle oder bis zur Kabinettssitzung am Mittwochvormittag »kabinettsreif« gemacht. In Ausnahmefällen gibt es dann noch Austauschblätter zwischen der Staatssekretärsrunde und dem Kabinett, die die ursprüngliche Kabinettvorlage eines Ministers an einigen Stellen verändern.

Diese Staatssekretärsrunden sind für die Vorbereitung des Kabinetts von großer Bedeutung. Sie sind auch ein zentrales Führungsinstrument des Chefs des Bundeskanzleramts. Nichts dringt von diesen Sitzungen nach außen. Kompromisse sind für die einzelnen Ressorts ohne Gesichtsverlust möglich.

Diese gesamte Verfahrensweise hat eine disziplinierende Wirkung. Sie ersetzt natürlich nicht die politische Debatte. Natürlich wird um den Inhalt von Gesetzentwürfen und Kabinettvorlagen gerungen, auch öffentlich. Das ist richtig und wichtig, auch wenn so der Eindruck entstehen mag, die Regierung sei zerstritten. Daran sind dann neben den Regierungsmitgliedern oft Mitglieder der jeweiligen Koalitionsfraktionen beteiligt. Ein solcher Streit klärt Positionen und kann das Profil eines Regierungsmitglieds oder eines Koalitionspartners schärfen. Natürlich muss er insbesondere von Regierungsmitgliedern sachlich und stilvoll ausgetragen werden. Wenn das nicht der Fall ist, nehmen das die Wähler zu Recht übel.

Aber die Kompromissfindung im Vorfeld macht nicht nur die Kabinettssitzungen selber kurz, sondern verbessert auch die Ergebnisse in der Sache, weil nicht ad hoc in der Sitzung ein nicht ausgereifter Vorschlag aufgenommen wird oder gar ein Punkt abgesetzt werden muss, weil es keine Einigkeit gegeben hat, was dann für alle peinlich ist. Und die Atmosphäre im Kabinett wird entspannter und kollegialer.

An den Kabinettssitzungen nehmen die Ministerinnen und Minister ohne Begleitung teil, dazu die Staatsminister im Kanzleramt, der Regierungssprecher, der Chef des Bundespräsidialamts und alle Abteilungsleiter des Bundeskanzleramts sowie die Büroleiterin der Bundeskanzlerin und die Protokollanten. Schon diese breite Teilnahme von Mitarbeitern zeigt den Einfluss des Bundeskanzleramts auf die Gestaltung der Kabinettssitzung.

Die Protokolle des Kabinetts sind nicht nur Ergebnis-, sondern auch Verlaufsprotokolle. Das bedeutet, es werden auch die Wortmeldungen der Minister dem Sinn nach wiedergegeben. Sie werden allerdings erst viele Wochen nach der Sitzung an die Teilnehmer des Kabinetts verschickt. Das ist nicht das Ergebnis von mangelnder Arbeit der Protokollanten, sondern verhindert Protokollkorrekturen, um die es sonst oft gehen würde. Kein Minister wird nach Wochen einen Satz in einem Protokoll beanstanden. Einen Tagesordnungspunkt »Protokollkontrolle« gibt es demzufolge gar nicht, anders als in jedem Verein.

Reine Diskussionspunkte gibt es am Ende der Kabinettssitzung zu den Punkten »Europa« und »Internationales«. Zu den wesentlichen voraussichtlichen Entwicklungen in der Europäischen Union trägt der Chef des Bundeskanzleramtes vor, nicht der für Europa-Angelegenheiten zuständige Staatsminister im Auswärtigen Amt. Darauf habe ich als ChefBK besonderen Wert gelegt. Denn die Koordinierung der Regierungsarbeit liegt nun einmal beim Chef des Bundeskanzleramtes. Und da kann es nicht hingenommen werden, dass in einem Politikbereich ein Ressort die Gesamtkoordinierung aller Ressorts übernimmt, auch wenn das Auswärtige Amt das gern so hätte.

Zu wichtigen internationalen Entwicklungen berichtet der Außenminister. Hieran schließt sich häufiger eine Diskussion an, die durchaus Veränderungen im Verhalten der Bundesregierung bewirkt, aber auch hier nicht zu förmlichen Beschlüssen führt. Diese müssten dann, wie geschildert, vorbereitet werden. Und zuweilen trägt der Bundesinnenminister unter Verschiedenes über besondere Sicherheitsereignisse vor.

Im Verlauf der Flüchtlingskrise wurde ein neuer ständiger Tagesordnungspunkt »Flüchtlinge« eingerichtet, zu dem nötigenfalls der Innenminister aktuelle Entwicklungen vorträgt.

Diese effiziente, im Normalfall geräuschlose und sachlich gut vorbereitete Verfahrensweise sichert profunde Ergebnisse und kurze Kabinettssitzungen.

Abweichend von diesem Normalverfahren gibt es von Zeit zu Zeit, etwa zwei Mal im Jahr, Klausurtagungen der Bundesregierung, zumeist im Schloss Meseberg im Land Brandenburg. Solche Klausurtagungen verlaufen anders: Hier wird zu vorher festgelegten Themen ausführlich diskutiert, ein Minister führt in das Thema ein. Die Diskussion ist bewusst nicht auf Beschlüsse angelegt. Und doch ergibt sich eine Tendenz der Beratungen, die dann die weitere Arbeit der Bundesregierung prägt. Und die informellen Begegnungen am Rande einer solchen Klausur, zum Beispiel in langen Abenden im Weinkeller des Gästehauses Meseberg, befördern das gegenseitige Verständnis und menschliche Nähe.

Leider ist es aufgrund der öffentlichen Begleitung von solchen Klausurtagungen scheinbar nicht möglich, dass man als Ministerrunde nur berät und diskutiert, obwohl genau das sehr sinnvoll ist. Vielmehr werden angeblich von der Öffentlichkeit auch von solchen Klausurtagungen Beschlüsse erwartet, zum Teil sogar wegweisendere Beschlüsse als von normalen Sitzungen. Deshalb ist es dann die Aufgabe des Bundeskanzleramts, gemeinsam mit wichtigen Ressorts solche Beschlüsse vorzubereiten oder eine Klausurtagung mit einer normalen Tagung des Kabinetts so zu verbinden, dass etwas beschlossen wird, was ohnehin beschlossen worden wäre.

Man sollte in Zukunft versuchen, ob es nicht auch gelingt, einfach mal eine Klausurtagung anzusetzen, auf der »nur« diskutiert und nichts beschlossen wird, und genau dies der Öffentlichkeit mitzuteilen. Ich bin sicher, die Kritik ließe sich aushalten.

Hinterzimmerpolitik?
Vom Wert informeller Verfahren

Formelle Verfahren sind beim Regierungshandeln wie bei allen großen Institutionen sinnvoll, sie sind zum Teil rechtlich vorgeschrieben, und sie sind zwingend, um nachvollziehbare Ergebnisse zu erzielen.

Formelle Verfahren werden aber in der politischen Praxis des Regierens durch informelle Verfahren ergänzt. Das ist höchst sinnvoll.

Die Kabinettvorlagen werden zum Beispiel rechtzeitig an die Vorsitzenden der Koalitionsfraktionen im Bundestag verschickt, damit diese einen Beschluss im Kabinett verändern oder aufhalten können. Dort gibt es also ein faktisches, informelles Vetorecht.

Die Fachminister sind zudem gut beraten, ihre Vorlagen – mindestens dem Inhalt nach – mit den fachlich zuständigen Arbeitsgruppen der Koalition zu besprechen und ebenfalls abzustimmen, damit es keine Überraschungen und keinen Widerspruch nach der Beschlussfassung gibt.

Der Chef des Bundeskanzleramtes bespricht die politische Agenda der nächsten Woche – sie wird deshalb »politische Woche« genannt – mit den Ersten Parlamentarischen Geschäftsführern der Koalitionsfraktionen, damit die Koalition geschlossen auftritt.

Ein wichtiges informelles Treffen ist auch die Begegnung des Bundeskabinetts mit dem Bundesverfassungsgericht. Eine solche Begegnung findet in der Regel zwei Mal im Jahr statt. Natürlich werden dort keine aktuellen Fälle besprochen, die Gegenstand eines gerichtlichen Verfahrens sind. Das gehört sich nicht. Es gibt aber eine Tagesordnung. Zu einzelnen Punkten trägt ein Bundesminister vor. Ein Verfassungsrichter erwidert. Oder umgekehrt. Danach wird umfassend diskutiert. Diese Diskussionen habe ich in allerbester Erinnerung, etwa über das Verhältnis des deutschen zum europäischen Recht und die Grenzen der Europäisierung von nationaler Politik. Sie finden auf höchstem Niveau statt. Jeder ist gut vorbereitet. Das Verständnis für die Rolle und die Funktion der jeweils anderen Seite wird gestärkt. Nichts dringt über diese Gespräche nach außen. Es gibt keine Absprachen. Und das ist das Geheimnis des Erfolges.

Ein anderes Beispiel: Vor jeder Kabinettssitzung finden getrennte Gespräche zwischen den Vertretern der Koalitionspartner statt. Die

Unionsseite wird die »B-Seite« genannt. Die SPD-Seite wird »A-Seite« genannt. Das beruht auf einer alten Tradition, die bis in die 1970er Jahre zurückreicht. Angeblich sollen damals in einer Sitzung der Kultusministerkonferenz (KMK) alle Vorlagen der SPD-Seite unter dem Punkt A und die Vorlagen der unionsgeführten Länder unter dem Punkt B aufgelistet worden sein. Daraus hat sich diese feste Bezeichnung eingebürgert.

Auf Unionsseite gibt es vor jeder Kabinettssitzung das »B-Frühstück« im Bundeskanzleramt. Hier nehmen die Minister der CDU/CSU teil, der Fraktionsvorsitzende, der Generalsekretär, der Erste Parlamentarische Geschäftsführer sowie die Staatsminister der Unionsseite und der Regierungssprecher. Die kommende Kabinettssitzung wird vorbereitet, darüber hinaus wird die politische Woche besprochen. Auch hier dringt selten etwas nach außen. Gegenseitige Kritik wird relativ offen vorgetragen. Verhandlungslinien werden abgesteckt.

Auch die A-Seite frühstückt in entsprechender Zusammensetzung gemeinsam. Dieses Frühstück findet in dem Ministerium statt, in dem der Vizekanzler, der stets vom jeweils kleineren Koalitionspartner gestellt wird, Minister ist.

Zu Kabinettsangelegenheiten trifft sich dann die Bundeskanzlerin nach dem Frühstück mit ihrem Vizekanzler zu einem Vorgespräch, das nur 15 Minuten dauert. Manchmal etwas länger, aber nicht viel. Dann haben die übrigen Minister im Kabinettssaal zu warten. Wenn es zu lange dauert, entstehen sofort Gerüchte, dass es eine Regierungskrise gäbe. Denn zu diesem Zeitpunkt sind noch Fotojournalisten anwesend, die sogenannte Auftaktbilder zu Beginn jeder Kabinettssitzung machen. Auch in diesem Vier-Augen-Gespräch gibt es wichtige Klärungen, die dann im Kabinett kurz mitgeteilt werden.

Das B-Frühstück gehört zu den besten Runden im politischen Berlin. Ähnliches mag für die Treffen der A-Seite gelten. Die Regelmäßigkeit, die Begrenztheit auf circa eine Stunde und die Teilnehmerbegrenzung fördern ein gutes Ergebnis und eine gute Stimmung.

Auch die Staatssekretärsrunden am Montag werden von A- beziehungsweise B-Runden vorbereitet.

Sehr oft werden nach den Kabinettssitzungen wichtige Themen, auch umstrittene Sachverhalte von den Ministern untereinander besprochen und diskutiert. Das geschieht in dem Raum, in dem das Kabinett tagt, oder in einem Besprechungsraum des Bundeskanzleramts. Manchmal auch auf dem Flur. Zuweilen bittet die Bundeskanzlerin einige Minister, die von einem wichtigen Thema betroffen sind, nach der Kabinettssitzung in ihr Büro. Das tut sie sowohl ohne als auch mit Vorankündigung. Der Chef des Bundeskanzleramtes ist fast immer dabei. Sehr selten sind Mitarbeiter anwesend.

Diese Besprechungen sind deswegen wichtig, weil sie nicht bekannt werden und keine Mitarbeiter dabei sind. Im Übrigen ist es nämlich so, dass es kaum zu verheimlichen ist, wenn die Bundeskanzlerin mehrere Minister zu einem Gespräch einlädt oder wenn sich mehrere Minister untereinander mit vielen Mitarbeitern treffen. Dann stehen Kameras vor der Tür, und es werden Ergebnisse erwartet. Bei solchen Treffen nach dem Kabinett ist es anders. Denn die betroffenen Minister sind ja ohnehin im Kanzleramt. Deshalb fällt es nicht auf, wenn es nach dem Kabinett eine Besprechung gibt. Sehr oft finden diese Besprechungen spontan statt.

In einer dieser Runden haben wir zum Beispiel vom dafür zuständigen Chef des Bundeskanzleramtes erfahren, dass der BND – entgegen zuvor gemachten Aussagen – durch sogenannte Selektoren auch Verbündete abgehört hat. Selektoren sind Suchmerkmale, also Kriterien oder Suchbegriffe, die Nachrichtendienste in Datenströme eingeben, um aus Internet-Massenverkehren einzelne Telefonate oder Mails herausfiltern und mitlesen zu können. Wir haben in solchen Runden in der Finanzkrise erörtert, mit welchen Mitteln Banken gerettet werden müssen. Wir haben diskutiert und politisch entschieden, wie viele Soldaten in Afghanistan verbleiben. Und wir haben während der Flüchtlingskrise sehr oft zusammengesessen, um die nächsten Schritte zu erörtern.

Ich hielte es für falsch, wenn derartige informelle Runden und Gesprächsformate als politisch zweifelhafte Kungelrunden bezeichnet würden. Ich halte derartige informelle Runden vielmehr für ausschlaggebend für gute sachliche Ergebnisse. Informelle Verfahren sind immer dann richtig und wichtig, wenn sie in förmliche Verfahren münden, im Bewusstsein der Informalität durchgeführt werden und Beschlussverfahren ergänzen und nicht ersetzen.

Zwar sind solche informellen Verfahren nicht im Grundgesetz vorgesehen. Daraus ziehe ich allerdings nicht den Schluss, dass all dies nicht mit der Verfassung im Einklang stünde oder auch sonst nicht in Ordnung wäre.

Denn generell sind diese seit Jahrzehnten geübten Gesprächsformate sinnvoll, weil sie die Kompromissfindung erleichtern und sie stets auf die anschließenden formellen Gesetzgebungs- und Verwaltungsverfahren ausgerichtet sind. Franz Müntefering als einer der Vorsitzenden der Föderalismuskommission I in den Jahren 2003/2004 strebte innerhalb der nicht öffentlichen Beratungen der Kommission immer eine »gefühlte 2/3-Mehrheit« an, wie er das nannte, weil er vorausahnen wollte, ob die Vorschläge der Föderalismuskommission eine Chance hätten, eine verfassungsändernde Mehrheit von 2/3 der Stimmen im Bundestag und Bundesrat zu erreichen.

Es werden in diesen informellen Gesprächsformaten die Argumente und Positionen, die im Gesetzgebungsverfahren vorgetragen werden, antizipiert. Geschieht dies nicht oder wird es ignoriert, dann werden solche politischen Absprachen nicht umgesetzt. Und das möchte niemand. Insoweit wirkt das formale Verfassungsgefüge in diese Gesprächsformate dämpfend hinein. Ich nenne das die »Vorwirkung des förmlichen Verfahrens« in politische Absprachen und in die informellen Verfahren. Dies ist ein guter Schutz.

Die Vorteile des informellen Verfahrens werden so mit den rechtlich notwendigen Begrenzungen durch das später stets folgende formelle Verfahren kombiniert.

Es gibt viele rechtliche Bestimmungen, die einen Schutz durch Verfahren bieten: So kann ein politischer Beamter, insbesondere ein Staatssekretär, ohne Angabe von Gründen in den einstweiligen Ruhestand versetzt werden. Es reicht aus, wenn das für die Fortsetzung der Zusammenarbeit notwendige Vertrauensverhältnis nicht mehr gegeben ist. Ob das der Fall ist, entscheidet der zuständige Minister. Eine Begründung ist dafür nicht einmal erforderlich. Eine solche Entscheidung bedarf allerdings politisch der Zustimmung des Bundeskanzleramts und rechtlich der Umsetzung durch den Bundespräsidenten. Auch hierdurch ist Willkür ausgeschlossen. Aber die Entlassung ohne Angabe von Gründen gibt dem Entlassenen die Möglichkeit, sein Gesicht zu wahren. Es wird nicht im Einzelnen erörtert, woran es gelegen hat, dass es jetzt zu dieser Entlassung kommt. Das ist dann auch nicht justiziabel, und es öffnet weitere berufliche Chancen für den in den einstweiligen Ruhestand Versetzten, ohne dass derjenige zwingend als gescheitert gilt. Allerdings muss dann der Steuerzahler hohe Versorgungsaufwendungen für den Staatssekretär leisten, der so in den einstweiligen Ruhestand versetzt worden ist. Auch das bewahrt den Minister davor, einen solchen Schritt zu leichtfertig zu machen. Denn dann wird die öffentliche Kritik daran zu groß. Auch hier also eine mäßigende Balance.

Selbstverständlich gilt das auch für die Entlassung eines Ministers. Allerdings ist hier der politische und öffentliche Druck so groß, dass ein Bundeskanzler nicht auf eine Begründung verzichten kann, warum er einen Minister dem Bundespräsidenten zur Entlassung vorschlägt. Einziger Ausweg ist dann, wenn man das vermeiden will, von »persönlichen Gründen« zu sprechen. Das wird aber nur dann akzeptiert, wenn es sich um eine Krankheit handelt. Verzichtet die Bundeskanzlerin wie bei der Entlassung des damaligen Bundesumweltministers Norbert Röttgen im Mai 2012 auf eine Begründung, dann schießen umso mehr Spekulationen ins Kraut, ob der wahre Grund nun seine Niederlage als Spitzenkandidat der CDU bei der Landtagswahl in Nordrhein-Westfalen gewesen sei oder seine Weigerung, als Oppositionsführer in die CDU-Landtagsfraktion nach Düsseldorf zu wechseln, oder seine Weigerung, selbst die Konsequenzen aus der Wahlniederlage zu ziehen, oder ob es sonstige Brüche im Vertrauen und in der Loyalität gegenüber der Bundeskanzlerin gegeben habe.

Unser politischer und Politik sichernder Rechtsstaat besteht aus so vielen verfahrenssichernden Elementen – wie Anhörungs- und Beteiligungsrechten, Fristsetzungen, die nicht unterschritten werden dürfen, Quoten, die erreicht sein müssen, um eine bestimmte Entscheidung herbeizuführen, Minderheitsrechten, die eine Willkür der Mehrheit ausschließen, Gerichtschutz beim Bundesverfassungsgericht, das so weitgehend ausgestaltet ist wie in kaum einem anderen vergleichbaren Staat, eine kritische Presse –, dass informelle Verfahren und rechtlich nicht vorgesehene, aber mächtige Gesprächsformate unsere Demokratie eher gängiger und entscheidungsfreudiger machen und nicht kritisiert werden sollte, wenn sie nicht im Übermaß stattfinden.

Wo bleibt das Parlament? Der Weg zum Gesetz

Das Gesetzgebungsverfahren ist im Grundgesetz festgelegt und wird eingehalten. Natürlich. Alles andere würden der Bundespräsident oder das Bundesverfassungsgericht in entsprechenden Verfahren beanstanden.

Faktisch haben sich die Gewichte allerdings verschoben. Schon längere Zeit war es üblich, dass die Gesetzestexte in den Ministerien erarbeitet werden. Gesetzentwürfe aus der Mitte des Bundestages sind selten. Es wäre aber falsch anzunehmen, dass deswegen der Bundestag bei der Gesetzgebung keine Rolle mehr spielt. Denn der

Inhalt des Gesetzes wird sogar vor der Verabschiedung im Kabinett mit den Arbeitsgruppen der Koalitionsfraktionen abgesprochen. Und die meisten Gesetze werden durch die Beratungen im Deutschen Bundestag verändert, wie zum Beispiel die Asylpakete I und II während der Flüchtlingskrise in den Jahren 2015/2016.

Wir verwenden oft den Begriff des »Verabschiedens« von Gesetzen, im Kabinett und im Bundestag. Als politisch interessierter Junge habe ich das wörtlich genommen und gedacht, ein Gesetz werde mit seiner Verabschiedung außer Kraft gesetzt, also wirklich verabschiedet. Das Gegenteil ist aber der Fall. Verabschiedung heißt, ein Gesetz wird eingeführt, in Kraft gesetzt. Ein schönes Beispiel für Politikerfachsprache, die viele sicher nicht verstehen.

Wichtige politische Änderungen an einem Gesetzentwurf gegenüber der ursprünglichen Vorlage der Bundesregierung werden während der Beratungen im Bundestag von Abgeordneten verabredet, dann aber in der Regel auch in den Bundesministerien rechtstechnisch korrekt formuliert. Sie werden dann als sogenannte Formulierungshilfe dem Bundestag zur Verfügung gestellt. Damit die interessengeleiteten Fachressorts nicht am Kabinett vorbei wichtige Gesetzesveränderungen im Parlamentsverfahren herbeiführen, kommen solche Formulierungshilfen im gleichen förmlichen Verfahren zustande wie normale Kabinettvorlagen.

Inzwischen gibt es aber auch weitere Veränderungen. Bei der Gesetzgebungsarbeit werden zwischen Regierungsmitgliedern unterschiedlicher Parteizugehörigkeit »Pakete« geschnürt. Das bedeutet beispielsweise Folgendes: Der Bundesjustizminister akzeptiert nur dann eine Gesetzesvorlage des Bundesinnenministers, wenn gleichzeitig eine Vorlage, die in seinem politischen Interesse liegt, abschließend beraten wird. Hier gibt es dann zwar keinen sachlichen Zusammenhang zwischen den Vorlagen, aber es wird ein politischer durch die Verknüpfung hergestellt: Ein politischer Erfolg wird der anderen Seite nur dann zugestanden, wenn gleichzeitig ein politischer Erfolg im eigenen Lager zustande kommt.

Zwischen dem Bundesinnenministerium und dem Justizministerium gibt es dazu sogenannte Kleeblatt-Gespräche. »Kleeblatt« bedeutet: zwei Minister, zwei Staatssekretäre, macht zusammen vier. Also ein Kleeblatt, das Glück bringt. Längst ist der Kreis größer geworden, weil es mehr Staatssekretäre gibt, die Bezeichnung ist aber geblieben. In diesen Runden werden solche Pakete besprochen, die im beiderseitigen Interesse liegen.

Von besonderer Bedeutung bei dem, was man faktische Gesetzgebung nennen könnte, ist der Koalitionsausschuss. Dieser ist das politisch höchste Gremium für eine Koalition. Dort werden die wichtigsten Streitpunkte entschieden. Dem Koalitionsausschuss gehören in der Regel an: die Bundeskanzlerin und der Vizekanzler und der/die Parteivorsitzenden, soweit nicht personenidentisch, die Fraktionsvorsitzenden, manchmal die Generalsekretäre und immer der Chef des Bundeskanzleramtes. Hinzugezogen wird außerdem meistens der für einen Tagesordnungspunkt fachlich zuständige Minister. In der ersten Großen Koalition war der Finanzminister am Anfang nicht dabei. Das führte dazu, dass finanzwirksame Beschlüsse gefasst wurden, ohne dass der Finanzminister dazu hätte etwas sagen können. Finanzminister Peer Steinbrück schlug deswegen Krach. Ich unterstützte ihn. Sehr schnell wurde der Finanzminister als ständiger Teilnehmer des Koalitionsausschusses beteiligt. Bis heute. Und das ist natürlich richtig so. Denn es geht meistens auch um Geld.

Es gibt verschiedene Modelle für die Arbeitsweise des Koalitionsausschusses:

Früher – zum Beispiel in den Zeiten von Helmut Kohl als Bundeskanzler – war es so – und in manchen Bundesländern wie zum Beispiel in Hessen ist es bis heute so –, dass der Koalitionsausschuss wöchentlich oder wenigstens sehr regelmäßig, mindestens in Sitzungswochen, tagt. Der Vorteil ist, dass die Sitzungen nicht spektakulär sind. Sie müssen keine Ergebnisse produzieren.

Der Nachteil ist, dass so der Koalitionsausschuss die Regierungs-arbeit entwertet. Faktisch wird der Koalitionsausschuss zu einer Art »Oberregierung«.

In der Bundespolitik ist es seit geraumer Zeit so, dass der Koali-tionsausschuss selten tagt und nur, wenn es bisher auf allen anderen Ebenen zu keiner Einigung über eine oder mehrere politische Sach-fragen gekommen ist. Damit werden die Sitzungen zum Gegen-stand besonderer öffentlicher Betrachtung, vor allem, weil sie häufig bis tief in die Nacht gehen. Diese seltenen oder unregelmäßigen Sit-zungen des Koalitionsausschusses dürfen möglichst nicht scheitern. Deshalb will die Einberufung gut überlegt sein. Einerseits müssen dort Dinge entschieden werden, die im üblichen Kabinettsverfah-ren nicht entschieden werden konnten. Andererseits stellt sich die Frage, warum der Koalitionsausschuss kompromissbereiter sein soll als die Beratungen im Kabinettsverfahren, da dieselben Beteiligten miteinander verhandeln.

Da hilft oft wieder eine politische Paketbildung. Deshalb wird eine Tagesordnung zusammengestellt, bei der beide Seiten im Falle einer Einigung etwas gewinnen. Die Tagesordnung darf nie so sein, dass nur ein Koalitionspartner etwas erreichen oder verhindern will. Allein Zeitpunkt und die Tagesordnung des Koalitionsausschusses sind entscheidend. Es sind schon Sitzungen abgesagt worden, weil abzusehen war, dass es kein Ergebnis gibt. Dann ist die Kritik an der Absetzung weniger schlimm als ein Scheitern in der Sache. Den-noch werden meistens Termingründe vorgeschoben zur Begrün-dung einer Absage.

Dem CSU-Vorsitzenden Edmund Stoiber wurde einmal vor-geworfen, er habe im Koalitionsausschuss einer Liberalisierung im Umgang mit Homosexualität nur deswegen zugestimmt, weil gleichzeitig eine zusätzliche Hilfe für die Landwirtschaft beschlos-sen worden sei. Das sei keine sachgerechte Verknüpfung verschie-dener Themen. Das stimmt zwar, aber trotzdem sind solche Paket-lösungen sinnvoll, weil sie Blockaden in der Entscheidungsfindung lösen. Und in einer Koalition gibt es nun einmal unterschiedliche Interessen. Was spricht dagegen, einen Kompromiss zu machen, der in der Sache nichts miteinander zu tun hat, der aber beide Seiten zufriedenstellt und für beide Seiten noch zumutbar ist?

Die Sitzungen des Koalitionsausschusses werden wiederum durch Sherpas vorbereitet, also in der Regel durch den Chef des Bundeskanzleramtes mit dem Staatssekretär des Vizekanzlers und oft dem Staatssekretär des Finanzministeriums.

Der Chef des Bundeskanzleramtes muss ein Protokoll schreiben, das unbedingt am Ende der Sitzung von allen Beteiligten gegengelesen werden sollte, bevor sie nach Hause gehen, auch wenn es spät geworden ist, damit es am Folgetag keine Unterschiede bei der Interpretation der Ergebnisse gibt. Gibt es keine Niederschrift, versucht jede Seite, das Ergebnis im eigenen Sinne festzulegen und als besonders gut darzustellen. Ein abgestimmtes schriftliches Ergebnis macht diese einseitige Darstellung oft »zunichte«. Und das ist richtig so.

Neuerdings gibt es allerdings doch einige problematische Entwicklungen bei der Gesetzgebungsarbeit:

Zentrale wichtige Entscheidungen verlagern sich zu sehr weg von Bundesregierung oder Koalitionsausschuss, Bundestag oder Bundesrat hin zu den Besprechungen der Bundeskanzlerin mit den Regierungschefs der Länder. Dort sind zwar die betroffenen Bundesminister dabei, nicht aber die Fraktionen des Deutschen Bundestages. Meistens geht es bei diesen Sitzungen um Themen, die Bund und Länder gemeinsam betreffen. Bei fast allen politischen Themen ist das aber inzwischen der Fall. Hier liegen die Interessen oft weit auseinander. Und hier bestimmen nicht die Parteibücher das Denken, sondern die Interessen der Länder und des Bundes. Meistens geht es ums Geld, und zwar um das Geld des Bundes. Deswegen ist es problematisch, wenn dort über Milliardenbeträge oder sogar die Formulierungen von Grundgesetzänderungen gerungen wird, und zwar so, dass Änderungen an diesen Verabredungen durch den eigentlich zuständigen Bundestag danach als politisch unmöglich dargestellt und kritisiert werden. Man nennt das Exekutiv-Föderalismus, weil so die Regierungen von Bund und Ländern Entscheidungen treffen ohne die Beteiligung des Bundestages oder der Landtage.

So ist es geschehen bei den Entscheidungen zur Flüchtlingskrise. Und ebenfalls ist es so geschehen bei den letzten großen Verhandlungen zum Bund-Länder-Finanzausgleich. Dieses Verfahren hat zu ernsten Verstimmungen auf der Seite des Bundestages geführt, weil das wichtigste Gesetzgebungsorgan, der Bundestag, vor vollendete Tatsachen gestellt wurde. Eine entsprechende Kritik innerhalb der Länderseite durch die Landesparlamente gibt es erstaunlicherweise nicht. Solche Verfahren sollten nicht zu häufig wiederholt werden. Die Besprechung der Bundeskanzlerin mit den Ministerpräsidenten darf nicht zur Hauptinstanz der politischen Willensbildung in Deutschland werden.

Mehr Nehmen als Geben: Das Verhandeln

Bei den letzten Tarifverhandlungen, die ich als Bundesinnenminister geführt habe, gab es folgende Situation: Nach vielen Verhandlungsrunden zogen sich die Verhandlungsführer, also drei Personen, in ein kleines Zimmer zurück: der Chef der Gewerkschaft verdi, der Verhandlungsführer der kommunalen Arbeitgeber und ich. Dort machten wir das Verhandlungsergebnis fest, bis auf eine Stelle hinter dem Komma. Das dauerte circa 30 Minuten. Ich wollte danach in die größere Verhandlungsrunde gehen und das Ergebnis verkünden. Das war unmöglich. Denn für meine Verhandlungspartner von den Gewerkschaften und den kommunalen Arbeitgebern war es nicht möglich, ihrer Basis zu vermitteln, dass wir nach 30 Minuten ein Ergebnis erzielt hatten. Und so saßen wir über längere Zeit in diesem kleinen Kreis zusammen und plauderten über Dinge, die nichts mit dem Tarifabschluss zu tun hatten, nur damit nach außen der Eindruck entstand, wir hätten lange und hart um das Ergebnis gerungen. Das hatten wir zwar, aber eben in kurzer Zeit.

Verhandlungen haben ihre eigenen Rituale und Gesetze. Das Verhandeln ist das Kerngeschäft des Regierungshandelns. Es ist nach außen nicht sichtbar. Wenn Politiker verhandeln, werden sie zu Beginn in Sitzungsräumen gefilmt, wie sie lachen und Kaffee trinken. Das spiegelt die Wirklichkeit von Verhandlungen nicht richtig wider.

Gutes Verhandeln braucht gute Vorbereitung, gute Sachkenntnis, eine gute Physis, Kompromissbereitschaft, gute Nerven und den Blick auf die Folgen.

Ich habe mich auf wichtige Verhandlungen stets so vorbereitet, dass ich möglichst alle Argumente der anderen Seite kannte. Kein Argument sollte mich überraschen. Allein das Aufnehmen eines Arguments der anderen Seite führt dort zu Kompromissbereitschaft, zu dem Gefühl, ernst genommen und wertgeschätzt zu werden.

Ich hatte viele schwierige Verhandlungssituationen zu bestehen. Zwei besonders wichtige möchte ich nennen:

Das Erste waren die Verhandlungen zum Solidarpakt II, also zu den Finanzleistungen, die die ostdeutschen Länder nach dem Auslaufen des Solidarpakts I, ab dem Jahre 2005, bekommen sollten. Ich war von Ministerpräsident Kurt Biedenkopf beauftragt worden, diese Verhandlungen vorzubereiten, zunächst inoffiziell als Berater. Faktisch wurde ich dann zum Verhandlungsführer der ostdeutschen Länder, zunächst als Chef der Staatskanzlei und in der Schlussphase als sächsischer Finanzminister. Wären die Verhandlungen zu einem Solidarpakt II gescheitert, dann wären die Finanzen der ostdeutschen Länder mit dem Auslaufen des Solidarpakts I zusammengebrochen. Die Verhandlungen wurden 2001 geführt. Das Ergebnis galt von 2005 bis 2019. Monatelang hatten wir die Verhandlungen vorbereitet. Die Schlussrunden fanden in der Landesvertretung Hamburg und dann im Bundeskanzleramt statt.

Die Ausgangslage war so, dass die westlichen Bundesländer und der Bund erwartet hatten, besondere und zusätzliche Leistungen an die ostdeutschen Länder mit Auslaufen des Solidarpakts I Ende 2004 zu beenden. Wir mussten nachweisen, dass ohne diese Leistungen die Haushalte der ostdeutschen Länder zusammenbrechen würden und dass eine Infrastrukturlücke, also eine Lücke bei der Funktionsfähigkeit von Straßen, Schulen, Krankenhäusern usw. zwischen Ost und West drohe und mit Milliardenbeträgen zu schließen sei. Die Verhandlungen wurden von den Finanzministern vorbereitet und von den Ministerpräsidenten mit dem Bundeskanzler schlussverhandelt. Das Ergebnis konnte sich aus der Sicht der ostdeutschen Länder sehen lassen. Gesichert wurden 150 Milliarden Euro von 2005 bis 2019. Sogar das Grundgesetz wurde dafür geändert. Dieser Erfolg war die Folge guter sachlicher Vorbereitung durch die ostdeutschen Ländervertreter mit Hilfe der besten Gutachten der wesentlichen wirtschaftswissenschaftlichen Institute, die verfügbar waren, der Vertrauensbildung der handelnden Personen untereinander und der Seriosität der Argumente.

Die zweite, äußerst schwierige Verhandlungssituation begegnete mir im Mai 2010. Finanzminister Schäuble war plötzlich erkrankt. Die Bundeskanzlerin rief mich an einem Sonntag bei einem Spaziergang mit meiner Frau an und bat mich, sofort nach Brüssel zu fliegen und den Finanzminister zu vertreten. Es ginge darum, einen Zusammenbruch des Finanzsystems in der Welt zu verhindern, dabei den Euro zu beschützen und zugleich zu verhindern, dass durch eine gemeinschaftliche Haftung aller EU-Staaten die deutschen Steuerzahler über Gebühr für Schulden in Anspruch genommen werden, die andere Euroländer aufgehäuft hatten. In dieser Nacht stand ich gemeinsam mit dem Kollegen aus den Niederlanden ganz allein gegen alle anderen Finanzminister der EU und gegen die EU-Kommission.

Mir wurde vorgehalten, dass nur eine gemeinschaftliche, also gesamtschuldnerische Haftung aller Euro-Staaten den Zusammenbruch der Weltwirtschaft verhindern könne. Der Druck war ungeheuer. Die ökonomischen Gründe für eine gemeinschaftliche Haftung – und damit gegen unsere Position – klangen überzeugend. Sie wurden sehr eloquent von der französischen Finanzministerin, Frau Christine Lagarde, vorgetragen. Ich stimmte mich mit der Bundeskanzlerin, mit dem zuständigen Abteilungsleiter im Bundeskanzleramt, Herrn Weidmann in Berlin, sowie dem Staatssekretär im Finanzministerium, Herrn Asmussen, der vor Ort war, ab.

Ich bot stattdessen als Kompromiss eine Haftung nur für den Teil der Garantien an, den Deutschland übernehmen würde. Also eine pro-rata-Haftung statt einer Gesamtschuldnerhaftung. Ich bin kein Ökonom, niemand wusste genau, was passieren würde. Ich konnte aber vortragen, dass nach dem EU-Recht und nach deutschem Verfassungsrecht eine solche gemeinschaftliche Haftung rechtlich ausgeschlossen sei und es dafür nicht den Hauch einer Chance gebe, eine politische Mehrheit zu bekommen.

Im Laufe der Nacht wurden die Verhandlungen eine reine Nervensache. Wir blieben hart. Wir vereinbarten zwar ein gemeinsames Rettungspaket, aber eine beschränkte Haftung, wie von uns gefordert. Das war ein guter Kompromiss. Das Ergebnis ist bekannt. Die Weltwirtschaft brach nicht zusammen. Die Rettung des Euro und die Stabilisierung Griechenlands gelangen auch so. Und selbst diese auf unseren Anteil begrenzte Haftung stieß auf erhebliche Kritik in Deutschland.

In diesem Buch geht es mir nicht um die Schilderung dieser Verhandlungen im Einzelnen. Es geht mir um das Verhandeln als zentrale Kompetenz des Regierens. Und deshalb möchte ich aus meiner Erfahrung 10 Grundregeln politischen Verhandelns beschreiben:

- Verhandele stets so, dass du nicht einseitig der Demandeur, also der Bittsteller, und damit der Einzige bist, der in den Verhandlungen etwas will. Bereite die Verhandlungen so vor, dass schon die Verhandlungsmaterie ein gegenseitiges Nehmen und Geben verlangt.

- Verhandele stets so, dass klar ist, was passiert, wenn nichts passiert, wenn es also kein Ergebnis gibt. Versuche die Verhandlungen so vorzubereiten, dass ein Nichtergebnis für die andere Seite auf jeden Fall schlechter ist.

- Verhandele stets so, dass du deinem Verhandlungspartner nicht das Gesicht nimmst. Gerade in der Politik sieht man sich mehrmals bei Verhandlungen wieder. Zwingst du den Gegner in die Knie, dann wird sich das beim nächsten Mal rächen. Ein kurzfristig schlechteres Ergebnis ist besser, wenn man damit bei den nächsten Verhandlungen ein gutes Ergebnis erzielen kann.

- Verhandele stets höflich, vor, während und nach den Verhandlungen. Und zeige dich, wenn die Verhandlungen bei dir stattfinden, als guter Gastgeber, was Räume – auch zu internen Vorbereitungen der anderen Seite – sowie Essen und Trinken angeht.

- Verhandele stets so, dass dem Verhandlungspartner nicht im Vorhinein eine rote Linie bekannt ist. Nichts ist dümmer und dennoch weiter verbreitet, als vor den Verhandlungen öffentlich mitzuteilen, wo die Grenze des Zumutbaren für einen selbst liegt oder was das Maximum dessen ist, was man erreichen will.

- Verhandele stets so, dass du als verabredungssicher angesehen wirst. Verfahrensverabredungen müssen eingehalten werden. Eine verabredete Vertraulichkeit muss gewahrt werden. Verhandlungsergebnisse müssen fair dargestellt werden. Ein Kompromiss ist ein Kompromiss und nicht eine Niederlage oder ein Sieg. Und er sollte auch als Kompromiss dargestellt und vertreten werden.

- Verhandele stets so, dass du nicht unter Zeitdruck stehst. Die Ankündigung des Endes von Verhandlungen schwächt die eigene Position. Mach dich nicht abhängig von Redaktionsschlusszeiten oder dem Beginn von Fernsehsendungen.

- Verhandele stets so, dass du so lange wie möglich verhandeln kannst. Das bedeutet, wenig zu essen, den Alkohol zu meiden, Mitarbeiter auf Abruf zu haben, die du fragen kannst.

- Verhandele stets so, dass du das Ergebnis in den eigenen Reihen auch durchsetzen kannst. Schätze deine Prokura, deine Verhandlungsmacht richtig ein, zeige aber dem Verhandlungspartner nicht, wenn deine Prokura begrenzt ist.

- Verhandele stets so, dass deine eigene Delegation versteht, was du verhandelst, dass du aber der Delegationsleiter bist. Das bedeutet Vorbesprechungen, die Erörterung von Zwischenergebnissen und den Mut und die Bereitschaft, das entscheidende Ergebnis allein – und sei's auch im Vier-Augen-Gespräch mit dem Riegenführer der anderen Seite – festzulegen. Und dann natürlich die Geduld, das erzielte Ergebnis der eigenen Delegation so zu erläutern, dass möglichst alle zufrieden sind.

Natürlich ist es ein Unterschied, ob es um Tarifverhandlungen geht, um Koalitionsverhandlungen, um horizontale Verhandlungen innerhalb der Regierung oder um vertikale Verhandlungen mit den Bundesländern, ob es um bilaterale internationale oder multinationale Verhandlungen geht. Jedes Format, jeder Gesprächspartner, jedes Gremium, jede Geschäftsordnung gibt eigene Regeln, eigene Rituale und eigene Standards vor.

So kann es klug sein, seine Verhandlungsposition zu Beginn klarzumachen. Es kann umgekehrt klug sein, mit seiner Verhandlungsposition bis gegen Ende der Verhandlungen zu warten. Das kommt darauf an.

Immer aber hilft, mit dem Verhandlungspartner vorab Kontakt aufzunehmen, um seine persönliche Situation zu verstehen, Vertrauen herzustellen. Dazu kann auch mal gehören, dem Gegenüber deutlich zu machen, dass man selbst zwar bereit sei, einen Kompromiss in der vorgeschlagenen Weise einzugehen, dass aber leider das eigene Lager zu einem solchen Kompromiss nicht willens oder fähig sei. So etwas zu sagen, ist allerdings gefährlich. Denn erstens begibt man sich in die Hand des Verhandlungspartners, eine solche Situation offenzulegen. Und zweitens ist es kein Zeichen großer eigener Stärke. Und dennoch kann so etwas Vertrauen stiften und einen Kompromiss erleichtern. Allerdings darf man es nicht zu oft machen. Und man muss damit rechnen, dass der Verhandlungspartner sich im Gegenzug an einer anderen Stelle genauso verhält. Und dann ist es für einen selbst schlecht, nein zu sagen.

Der damalige Regierende Bürgermeister von Berlin Richard von Weizsäcker war mein erster Chef. Von ihm habe ich gelernt, sich vor jedem Gespräch und erst recht vor jeder Verhandlungsphase mindestens fünf Minuten Zeit zu nehmen, um sich auf den Gesprächspartner und die Gesprächssituation einzustellen. Am besten allein. Nicht immer habe ich das durchgehalten. Oft habe ich diesen Rat vergessen. Aber er hilft, das Verhandlungsergebnis besser zu machen oder mindestens einen guten Gesprächseinstieg zu finden.

Im Hamsterrad? Die politische Woche

Der Deutsche Bundestag hat rund 21 Sitzungswochen pro Jahr. In diesen Wochen hat ein Bundesminister wie jeder Abgeordnete in der Regel in Berlin zu sein.

Eine Sitzungswoche verläuft wie folgt:

Montagvormittag tagen die Parteigremien, also Präsidium und Vorstand. Gegen Mittag ist es ratsam, sich mit den leitenden Mitarbeitern des Ministeriums zu treffen. Sinnvoll ist es auch, zu Beginn der Woche mit den parlamentarischen Vertretern der eigenen Partei die folgende politische Woche zu besprechen. Nachmittags trifft sich der Minister mit den Sprechern der Koalition. Abends begegnen sich die Landesgruppen, also die Abgeordneten einer Partei aus einem gemeinsamen Bundesland.

Dienstagvormittag tagen die Arbeitsgruppen der Fraktion, meist ohne den Minister, aber mit den Parlamentarischen Staatssekretären des jeweiligen Ministeriums der eigenen Partei.

Sehr wichtig sind dann die Fraktionssitzungen dienstags um 15 Uhr. Auch die Bundeskanzlerin ist fast immer dabei. Die Sitzungen dauern etwa zwei Stunden, manchmal länger. Hier entstehen oft heftige Debatten. Die Regierung wird auch von den eigenen Leuten kritisiert und muss sich rechtfertigen, insbesondere, weil die eigenen Leute meckern, dass die eigenen Minister zu nachgiebig seien gegenüber dem Koalitionspartner oder sonst etwas nicht gut läuft. Manchmal sind kritische Fragen gegenüber einem Minister der eigenen Partei in einer solchen Fraktionssitzung heftiger und kritischer als von der Opposition im Parlament. Kritische Wortmeldungen beginnen meist mit der Formel: »Im Wahlkreis sagen mir die Leute, ...«

In den Fraktionssitzungen finden die entscheidenden Abstimmungen auch zu umstrittenen Gesetzesvorlagen statt. Abweichler melden sich und teilen mit, dass sie einem Gesetz nicht zustimmen können. Das war zum Beispiel der Fall bei vielen Abstimmungen

55

zur Rettung Griechenlands. Zustimmung und Ablehnung zu Wortmeldungen gerade auch von Ministern werden durch abgestuften Beifall oder beredtes Schweigen zum Ausdruck gebracht. Bei dem einen wird genau zugehört, bei dem anderen wird so laut getuschelt und geredet, dass niemand wirklich zuhören kann und der Redner spürt, dass das, was er sagt, nicht für richtig oder – schlimmer noch – nicht für wichtig gehalten wird.

So hat eine Fraktion im Deutschen Bundestag eine merkwürdig zu beschreibende eigene Seele. Sie zu kennen und aufzunehmen ist überlebenswichtig für einen Minister.

Als Minister bin ich oft gefragt worden, ob es nicht richtiger wäre, dass ein Minister nicht zugleich Abgeordneter ist, denn die Abgeordneten sollten ja die Regierung kontrollieren. Beides zugleich ginge aber doch wohl nicht. Ich bin anderer Meinung. Als Chef des Bundeskanzleramtes war ich die ersten vier Jahre noch nicht Abgeordneter. 2009 wurde ich dann in den Bundestag direkt gewählt und war die nächsten acht Jahre zugleich Minister und direkt gewählter Abgeordneter. Und erst von diesem Zeitpunkt an wurde ich von vielen Abgeordneten als »einer von ihnen« angesehen, obwohl sie mir vorher das Gegenteil nie gesagt hatten. Ich habe aber gespürt, dass meine innere Zugehörigkeit zur Fraktion deswegen eine andere Qualität erreichte, weil ich nun selbst Abgeordneter geworden war. Und obwohl ich auch schon zuvor bei jeder Fraktionssitzung und den für den Zusammenhalt sehr wichtigen Festen und Feierlichkeiten der Fraktion anwesend war, konnte ich mich nun als Minister und zugleich als Abgeordneter besser in die Lage der Abgeordnetenkollegen hineinversetzen und ihre kritischen Fragen, die sie aus den Wahlkreisen mitbrachten, besser einordnen. Von daher war ich nicht nur besser verankert in der Fraktion und konnte meinen Wirkungsgrad in die Fraktion hinein erhöhen, sondern ich wurde auch ein besserer Minister, weil ich zugleich Bundestagsabgeordneter mit einer Erklärungs- und Rechtfertigungspflicht vor Ort im Wahlkreis geworden war.

An jedem Abend einer Sitzungswoche gibt es Parlamentarische Abende oder sonstige Begegnungen: Interessenverbände, Firmen und Medien laden Abgeordnete und andere wichtige Persönlichkeiten ein, um auf ihren Verband, ihre Firma oder ihr Medium hinzuweisen. Viele dieser Veranstaltungen sind aufwändig und teuer. Sie finden an coolen Locations statt, wie das heute heißt, also in umgebauten alten Fabrikhallen, in Museen etc. Dort gibt es meistens mittelmäßige Reden, gutes Essen, manchmal ein Programm. Man sieht immer dieselben Menschen: Abgeordnetenkollegen, Firmenvertreter, Journalisten, Pensionäre, die früher eine wichtige Funktion hatten. Wirklich gute Gespräche sind selten. Neues erfährt man kaum. Als Minister wird man ausgefragt oder um einen Termin gebeten. Nach einiger Zeit habe ich mir deshalb angewöhnt, nur noch selten zu solchen Parlamentarischen Abenden zu gehen und wenn doch, dann nicht lange zu bleiben. Von Ausnahmen abgesehen.

Mittwochs um 8:15 Uhr ist dann das schon erwähnte B-Frühstück. Die Kabinettssitzung beginnt um 9:30 Uhr. Danach muss ein Minister ab und zu in seinen Fachausschuss des Deutschen Bundestages, ein Verteidigungsminister oder ein Innenminister meistens, wenn es eine Krise gibt. Ohne besondere Ereignisse gehen nämlich sonst die Parlamentarischen Staatssekretäre für den Minister in die Ausschusssitzungen. Oft folgt nach dem Kabinett ein Presseauftritt, wenn ein Minister eine wichtige Vorlage seines Geschäftsbereiches dem Kabinett vorgelegt hatte und diese dann der Presse vorgestellt wird.

Mittwochmittags beginnt die Plenarsitzung mit einer Regierungsbefragung im Deutschen Bundestag. Hier berichtet ein vorher festgelegter Minister aus dem Kabinett und muss sich Fragen zu allen Politikfeldern stellen lassen, zu denen er dann nur ein bis zwei Minuten antworten darf. Nach der Fragestunde, die in der Regel durch die Parlamentarischen Staatssekretäre absolviert wird, folgt manchmal eine sogenannte Aktuelle Stunde, bei der auch der Minister reden oder wenigstens anwesend sein muss, wenn das Thema seinen Geschäftsbereich betrifft.

Donnerstags und freitags sind die großen Plenardebatten, wie Regierungserklärungen und die abschließenden Gesetzesberatungen. Hier gibt es oft namentliche Abstimmungen und Anwesenheitspflicht, so dass der Donnerstag und der Freitag bis zum frühen Nachmittag für einen Minister nicht im Vorhinein andernorts zu verplanen sind.

Zwischen all diesen Terminen gibt es viele Terminwünsche von außen und von Mitarbeitern aus dem Haus. Der Minister muss bei den Terminen gut vorbereitet sein. Das führte dazu, dass ich oft am späten Abend und nachts in meiner Berliner Wohnung gesessen und Akten gelesen habe. Und insbesondere nach einer Sitzungswoche fährt man als Minister mit zwei dicken Aktentaschen mit unerledigten Akten ins Wochenende, damit sie zu Wochenbeginn bearbeitet sind.

Ich schildere den Ablauf einer solchen Sitzungswoche nicht, um zu klagen. Jeder Minister macht seine Arbeit freiwillig. In allen Spitzenämtern auch außerhalb von Regierungen und außerhalb der Politik wird hart gearbeitet. Der Ablauf einer Ministerwoche während einer Sitzungswoche des Parlaments zeigt jedoch, wie festgezurrt und rituell eine solche Sitzungswoche verläuft. Da ist wenig Zeit für eigene Termine, für gründliches Nachdenken oder für Kontakte zur Basis.

Anders sieht es in den Wochen aus, an denen der Deutsche Bundestag nicht tagt. In diesen Wochen sind die Abgeordneten in der Regel nicht in Berlin, wohl aber die Minister. Der Mittwoch bleibt als feststehender Termin für die Kabinettssitzung. Ich habe sehr selten bei Kabinettssitzungen gefehlt. Das jedoch begrenzt die Möglichkeiten für längere Reisen. In diesen Nicht-Sitzungswochen oder auch sogenannten Wahlkreiswochen gibt es aber keinen festen Rhythmus, so dass Gestaltungsmöglichkeiten bestehen.

Allerdings gibt es etwa alle acht Wochen ein Treffen der Fachminister in der Europäischen Union. Andere internationale Treffen in verschiedenen Formaten, zum Beispiel ein Treffen der Innenminister der großen europäischen Länder mit den beiden amerikanischen Kollegen, das sogenannte G6-Format, gibt es darüber hinaus. Dann die innerdeutschen Fachministerkonferenzen, Rednerauftritte, Interviews etc.

Schließlich wollen auch die eigenen Behörden des Geschäftsbereichs, dass »ihr« Minister sie besucht. Es gibt wichtige Tagungen, bei denen die Anwesenheit des Ministers erwartet wird, so etwa die Herbsttagung des Bundeskriminalamts in Wiesbaden als »Pflichttermin« für einen Innenminister. Es gibt regelmäßig zu erstattende Berichte, die der Presse vorgestellt werden, so etwa den Bericht zur Polizeilichen Kriminalstatistik oder den Verfassungsschutzbericht.

Ab freitagmittags habe ich Termine im Wahlkreis wahrgenommen. Manches davon fiel natürlich auch auf das Wochenende.

Man kann viel Kritisches über Minister sagen. Man kann Kritisches sagen über die Effektivität der Terminwahrnehmung. Aber man kann nicht sagen, dass ein Minister der Bundesrepublik Deutschland faul ist oder seine Privilegien genießt. Die Minister der Bundesrepublik Deutschland sind in aller Regel voll gefordert, voll ausgelastet, terminlich eher überlastet und fleißig.

Das Salz in der Suppe: Eigene Initiativen setzen

Bei diesem Termindruck ist es in der Tat schwierig, dass und wie ein Minister selbst Akzente setzt, eigene Initiativen überlegt, konzipiert, in die Öffentlichkeit trägt und umsetzt. Man hätte schon genug damit zu tun, das abzuarbeiten, was einem vorgelegt wird oder was ohnehin auf einen zukommt. Deswegen bedarf es einer besonderen Kraft und eines politischen Gestaltungswillens, dem Terminkalender und der anstrengenden Routine einen eigenen Stempel aufzudrücken.

So hatte ich als Verteidigungsminister eine zuvor eher spontan begonnene Veränderung der Bundeswehr zu einer planvollen, geordneten und finanzierbaren Neuausrichtung der Bundeswehr zu gestalten. Der Verteidigungsminister ist in seiner Termingestaltung ohnehin freier (dazu später mehr), dennoch bedurfte es großer Kraft, den Terminkalender so zu formen, dass wir Zeit hatten, die für die Entscheidungen wichtigen Sachverhalte erst einmal zusammenzutragen und zu ordnen. Dazu gehörten u. a. folgende Fragen: Wie wird die Auswirkung der demographischen Entwicklung auf die Potenziale des Nachwuchses sein? Wie ist die tatsächliche Belastung der Soldaten durch Auslandseinsätze? Wie lange dauert ein Entscheidungsprozess für die Anschaffung eines neuen Waffensystems? Welche internationalen Verpflichtungen hat die Bundeswehr mit welchen Folgen übernommen? Wer hat was zu sagen in der Bundeswehr, allein oder im Zusammenwirken mit anderen? Und was kostet eine Neuausrichtung der Bundeswehr?

Nachdem dies ermittelt war, ging es darum, Entscheidungen so vorzubereiten, dass alle wichtigen Akteure beteiligt und doch nicht nur deren eigene Interessen bedient wurden. Und all das in einem vorher festgelegten straffen Zeitplan.

Die Entscheidungen von mir wurden in Eckpunkten formuliert. Diese erarbeiteten wir in einer Klausurtagung des Leitungsbereichs des Ministeriums. Danach erfolgte die Feinplanung für die Neuausrichtung der Bundeswehr.

Ähnliches galt für meine Entscheidungen zur Stationierung der Bundeswehr in Deutschland. Weil die Bundeswehr kleiner werden sollte und die internationalen Anforderungen an eine Beteiligung der Bundeswehr an Auslandseinsätzen zunahmen, mussten Einheiten umgruppiert, Behörden umorganisiert und Standorte geschlossen werden. Dies liegt in der alleinigen Entscheidungshoheit des Verteidigungsministers. Kein anderer Minister ist so frei in der Gestaltung seines nachgeordneten Bereichs. Auch diese Entscheidungen wurden aktiv sorgfältig vorbereitet, alle Termine auch der vorzeitigen Abstimmung über Standortschließungen mit den Ländern langfristig eingeplant, damit dann an einem Tag die Entscheidung verkündet werden konnte. Und zwar so, dass sie nicht vorher bereits von der Presse aufgeschnappt und darüber berichtet wurde. Dass dies gelang, darauf war und bin ich noch heute stolz.

Der schwierigste Punkt war ein methodischer, und der gilt wohl für alle großen Veränderungsprozesse, wenn das Ziel formuliert ist: Welche Entscheidung ist von welcher anderen abhängig? Wie ist die Hierarchie der notwendigen Entscheidungen? Was wäre richtig, und was ist durchsetzbar? Diese drei Punkte herauszuarbeiten muss am Beginn stehen, wenn große Veränderungen erfolgreich sein sollen.

Ein anderes Beispiel für Initiativen, dieses Mal aus meiner Zeit als Innenminister, ist die Initiative zur Neuordnung der Sicherheitsarchitektur in Deutschland. Nach dem Anschlag auf dem Breitscheidplatz durch den Attentäter Anis Amri am 19. Dezember 2016 gab es viele Diskussionen über notwendige Konsequenzen. Meistens bezogen sie sich, wie immer nach solchen Ereignissen, auf die Verschärfung von Gesetzen. Es begannen aber auch Debatten über Fehler bei Behörden. Mit den Fragen einer klugen Zuständigkeitsverteilung zwischen Bund und Ländern im Sicherheitsbereich hatte ich mich schon seit Jahren beschäftigt.

Dies begann mit meiner Teilnahme als Innenminister Sachsens in der ersten Föderalismuskommission von Bund und Ländern in den Jahren 2003/2004, wo es gelang, dem Bundeskriminalamt eine erste eigene Zuständigkeit in der Gefahrenabwehr im Terrorbereich zu verschaffen. Dazu hatte es einer Änderung des Grundgesetzes bedurft. Ich war seit geraumer Zeit zu der Ansicht gekommen, dass im Bereich der Sicherheitspolitik der Föderalismus Stärke und Schwäche zugleich ist. Stärke wegen der guten und wichtigen Ortskenntnis und Schwäche wegen der mangelnden Koordinierung.

Nach dem Anschlag im Dezember 2016 sah ich dann die Chance zu einer wirklichen Veränderung. Im kleinsten Kreis erörterten wir die Chancen für eine solche Initiative. Der Jahreswechsel mit einem gewissen Abstand zu dem Anschlag selbst war dafür ein guter Anlass. Einige Mitarbeiter erstellten Entwürfe. Ich habe sie dann selbst zusammengefasst und den Text diktiert. Diesen Text haben wir erneut im kleinen Kreis im Ministerium diskutiert und dann der *Frankfurter Allgemeinen Zeitung (FAZ)* zur exklusiven Veröffentlichung angeboten. Dieser Text wurde von der *FAZ* groß aufgemacht. Und er wurde dann die Grundlage für eine bundesweite Diskussion mit beachtlichen Veränderungen in der Sicherheitsarchitektur, die aber fortgesetzt werden sollten.

Ähnlich war es mit der Initiative zur »Leitkultur«. Mich störte seit langem, dass zwar immer gesagt wird, wir sollten uns auf unsere Werte besinnen, Zuwanderer sollten unsere Werte akzeptieren, dass aber die Frage, was denn der Kern unserer Werte sei, meistens unbeantwortet bleibt. Hilfsweise wird dann auf das Grundgesetz und den Grundrechtskatalog hingewiesen. Es ist hier nicht der richtige Ort, die Sache selbst weiter zu diskutieren. Hier kommt es nur darauf an zu schildern, wie es zu meiner Initiative kam.

Das Innenministerium hatte eine Gesprächsreihe aufgelegt, bei der in ganz Deutschland in mehreren Veranstaltungen über die Frage diskutiert wurde, wer wir sind und was uns ausmacht. Die Veranstaltungen waren gut, das Presseecho bescheiden. In Auswertung dieser Gesprächsreihe, bei der ich jedes Mal dabei war, entwickelte ich die Idee, einmal einen Katalog darüber zu formulieren, was denn das sei, was uns als Deutsche ausmacht. Ich beriet mich mit mehreren externen Fachleuten. Wir erstellten im Ministerium gemeinsam einen Text. Ich habe ihn mehrfach verändert und redigiert. *Bild am Sonntag*, der wir diesen Text exklusiv angeboten hatten, veröffentlichte ihn Ende April 2017 in spektakulärer Weise mit der vielleicht zu provokativen Formulierung: »Wir sind nicht Burka.« Auch diese Veröffentlichung führte zu sehr streitigen Debatten. Die Überschrift war nicht repräsentativ für den Inhalt. Aber ein Thema war gesetzt. Die Diskussion empfand ich als teils schrill, aber durchaus konstruktiv.

Eine letzte Initiative will ich hier nennen. Als Innenminister war ich auch Sportminister, und zwar für den Spitzensport. Der Sport hat mich immer schon besonders interessiert. Schon als Schüler der Grundschule habe ich die Zeitung gelesen, und immer zuerst den Sportteil. Die Einzelheiten und Besonderheiten der Sportarten interessieren mich. Vor allem aber interessiere ich mich für die Sportlerinnen und Sportler, für ihre Biografien, für ihre Motivation, für ihre Trainingssituation, für ihr Auftreten, für ihren Umgang mit Sieg und Niederlage.

Der Bund fördert mit erheblichen Mitteln den Spitzensport in Deutschland. Gleichzeitig musste ich feststellen, dass bei gleichbleibendem finanziellen Einsatz von Mitteln die sportlichen Erfolge zurückgingen. Mit dem Präsidenten des Deutschen Olympischen Sportbundes Alfons Hörmann teilte ich diese Analyse. Und wir beide ergriffen die Initiative zu einer grundlegenden Reform der Förderung des Spitzensports in Deutschland.

Es begann eine Diskussion über Leistung und Eliten im Sport und darüber hinaus, über die Berechtigung, Steuergelder zur Förderung des Spitzensports auszugeben, und vor allem über die Art und Weise dieser Förderung. Es gab durchaus erhebliche Meinungsunterschiede zwischen dem Innenministerium und den Verantwortlichen des deutschen Sports. Wir entwickelten Gesprächsformate mit Spitzensportlern, den Ländern und Vertretern der Wissenschaft, um diese Debatten intern und sachkundig zu führen. Das Ergebnis war ein neues Konzept, das dann vom Kabinett und vom Deutschen Bundestag beschlossen wurde und nun umgesetzt wird.

Es gäbe noch weitere Beispiele für solche Initiativen von mir und natürlich von meinen Kollegen. Keine der von mir genannten Initiativen stand in einem Koalitionsvertrag. Und sie wurden auch nicht deswegen abgelehnt, weil sie nicht dort erwähnt worden waren. Aber sie wurden gut innerhalb der Regierung abgestimmt.

63

Neben der Routine und dem Abarbeiten von dem, was ohnehin kommt oder im Koalitionsvertrag verabredet ist, gibt es nur wenige Gelegenheiten für einen Minister, solche eigenen Initiativen zu starten, jedenfalls erfolgreich. Aber sie sollten vom Minister selbst entwickelt und genutzt werden.

Dazu gehört sicher ein Wahlprogramm mit neuen Ideen. Dazu gehört ein Koalitionsvertrag mit neuen Vorhaben. Dazu gehören Krisen, aus denen sich größere Veränderungen ergeben. Und dazu gehören wenige, wohl gesetzte Initiativen im Alltag eines Ministers. Und das ist dann das Salz in der Suppe eines Ministerlebens.

Zu viel Leerlauf?
Die Phasen einer Legislaturperiode

Zwischen der Bundestagswahl im September 2017 und dem Amtsantritt der neuen Bundesregierung im März 2018 lagen sechs Monate. Das war so lange wie nie zuvor. Und das war zu lang. Die Nettoverhandlungen, also die Zeit, in der wirklich verhandelt wurde, waren aber die kürzesten der jüngeren Geschichte.

Das erklärt sich so: Verhandlungsergebnisse oder Zwischenstände müssen rückgekoppelt werden. Diejenigen, die nicht an Verhandlungen beteiligt sind, wollen nicht vor vollendete Tatsachen gestellt werden. Deshalb werden sie in den Gremien unterrichtet, etwa in Vorstandssitzungen. Diese müssen aber erst einberufen werden, und dafür gelten in den Parteisatzungen festgeschriebene Ladungsfristen von meistens mindestens einer Woche. Parteitage oder sogar Urabstimmungen der Parteibasis verzögern den Prozess.

Nur die Ungeduld der Öffentlichkeit, die Notwendigkeit, einen Haushalt zu verabschieden, und sonstige Handlungs- und Entscheidungszwänge etwa in der Außenpolitik beschleunigen den Prozess.

Kaum ist die Regierung aber im Amt, muss sie Ergebnisse liefern. Früher sprach man von einer »Schonfrist« von 100 Tagen. In dieser Zeit sollten sich die neuen Regierungsmitglieder einarbeiten. In der Bewertung ihrer Arbeit wurden sie geschont.

Heute ist aus der Schonfrist der angebliche Anspruch auf eine 100-Tage-Bilanz geworden. Das ist absurd. Keine Regierung kann in 100 Tagen große Dinge verändern, allenfalls einleiten. Dieser Druck auf schnelle Ergebnisse wird dadurch umgangen, dass die Minister statt Taten in den ersten 100 Tagen Ankündigungen für zukünftige Taten machen, zum Beispiel unabgestimmt Aktionspläne bekannt geben. Diese sollen das Publikum beeindrucken. Das Gefährliche an diesen Ankündigungen ist, dass sie oft genug nicht eingehalten werden können, weil sie nicht das Ergebnis gründlicher Überlegungen sind, sondern dem Erwartungsdruck geschuldet sind.

Ich bin also sehr dafür, dass wir wieder zurückkehren zu der guten Übung einer wirklichen Schonfrist. Am Ende der Schonfrist kann man dann allerdings erwarten, dass der neue Minister sich gut eingearbeitet hat und weiß, was er ankündigt und in welcher Zeit etwas umgesetzt werden soll und kann.

Der Zeitfaktor spielt auch eine große Rolle im Laufe einer Legislaturperiode. Da gibt es parlamentarische Sommerpausen, in denen von der Regierung möglichst politisch Ruhe gehalten werden soll. Da gibt es Landtagswahlen, auf die eine Bundesregierung Rücksicht nehmen und bloß nichts Unpopuläres beschließen soll. Und da gibt es das Ende der Legislaturperiode und den beginnenden Wahlkampf. In Deutschland gilt der Grundsatz der Diskontinuität. Das bedeutet, dass alle Gesetzesvorhaben, die bis zum Ende einer Legislaturperiode nicht zu Ende beraten worden sind, ungültig werden, d. h. von vorne beginnen müssen. Von daher gibt es die Neigung, kurz vor dem Ende einer Legislaturperiode noch alles unter Dach und Fach bringen zu wollen, was man als Regierung vorher nicht geschafft hat. Das aber sind nicht nur populäre Maßnahmen. Deswegen werben die Wahlkämpfer dafür, dass eine Regierung keine belastenden oder unpopulären Beschlüsse mehr kurz vor den Wahlen trifft.

65

Und es kommt hinzu, dass die Koalitionspartner einer gemeinsamen Regierung im Wahlkampf gegeneinander antreten. Sie müssen den Spagat schaffen, den Wählern zu erklären, dass die bisherige Regierung, der sie angehört haben, gut und erfolgreich war, dass aber alles besser geworden wäre, wenn sie allein an der Regierung gewesen wären oder mehr Einfluss in Zukunft bekommen. Schon deshalb gibt es Monate vor einer Wahl einen gewissen Stillstand weitreichender gestalterischer Politik. Kein Koalitionspartner gönnt dem anderen noch einen Erfolg. Oder man verständigt sich in einer Regierung noch kurz vor Toresschluss darauf, eine populäre, womöglich teure Maßnahme zu beschließen. Meist geht das allerdings unter taktischen Gesichtspunkten schief, weil die Wähler sich zwar über die Maßnahme freuen, aber sie gleichzeitig als taktisch einordnen. Dann ist der Wahlkampfeffekt gleich null.

Man kann kritisieren, dass Regierungsarbeit Monate vor Wahlen zurückgefahren wird. Aber im Grunde ist das richtig. Was würde es für einen Aufschrei geben, wenn eine Regierung kurz vor den Wahlen eine sehr weitgehende, viele Jahre und viele Regierungen bindende Maßnahme beschlösse? Das würde allgemein als unfair und undemokratisch gegeißelt. Insofern ist es richtig, wenn sich eine Regierung vor Wahlen zurückhält. Aber nicht länger als ein halbes oder Dreivierteljahr. Sonst ist die Zeit zum Regieren wirklich zu knapp. Eine Verlängerung der Legislaturperiode von vier auf fünf Jahre im Bund, wie das in vielen Bundesländern bereits beschlossen worden ist, würde die echte Regierungszeit zwar verlängern. Ich wäre deshalb dafür. Aber die Zurückhaltung von Regierungshandeln vor den Wahlen würde nur verschoben.

3.
Krisen und Ausnahmesituationen

Der Alltag eines Ministers ist also vollgepackt. Der Terminkalender steht für Wochen und Monate im Voraus fest. Allerdings nur mit dem, was man planen kann.

Ein Minister, und insbesondere ein Minister, der Verantwortung im Sicherheitsbereich trägt, muss aber damit rechnen, dass jeder neue Tag anders verläuft. Ein Minister muss lernen, mit Krisen umzugehen und in Krisen zu leben.

Das kann man nicht im Vorhinein lernen. Das muss man erfahren, diese Erfahrung muss man reflektieren, um dann bei der nächsten Krise damit besser umzugehen zu können.

Demokratien sind wie Menschen: Lernen durch Krisen

Zu Beginn der Flüchtlingskrise im Herbst 2015 wurden wir als Bundesregierung und namentlich ich als Innenminister dafür kritisiert, dass ein Flüchtling unerkannt an mehreren Stellen in Deutschland mit mehreren Namen Geld erhalten kann, ohne dass das auffällt. Eine mangelhafte Registrierung an der bayerisch-österreichischen Grenze wurde dafür verantwortlich gemacht. Die Kritik war verständlich, an der mangelnden Registrierung lag es aber nicht. Die Ursache lag tiefer: Eine Kontrolle, ein Abgleich in einem Computersystem, ob ein Flüchtling bereits an einer anderen Stelle in Deutschland Geld bekommen hatte, war nämlich zu diesem Zeitpunkt rechtlich nicht erlaubt und technisch zwischen den verschiedenen staatlichen Ebenen gar nicht möglich. In Stuttgart konnte und durfte kein Mitarbeiter in irgendeinem Computer nachschauen, ob der vor ihm sitzende Antragsteller bereits in Hannover Geld bekommen hatte.

Innerhalb weniger Wochen gelang es, ein Gesetz im Deutschen Bundestag zu verabschieden, mit dem ein solcher Datenabgleich erlaubt wurde, und die IT-Struktur entsprechend umzubauen. Dies funktionierte nur, weil der Mangel in der Krise so offensichtlich geworden war. Jeder Versuch, das gleiche Ergebnis ohne eine Flüchtlingskrise herbeizuführen, wäre an den politischen Umständen und an dem Vorrang des Datenschutzes gescheitert. Jeder meiner Vorgänger wäre erfolglos geblieben, wenn er gefordert hätte, dass es eine gemeinsame Datei für Asylbewerber gibt, zu der alle Polizeien von Bund und Ländern ebenso Zugriff haben wie alle Ausländerbehörden und die Jugendämter, zu der die Bundesagentur für Arbeit zur besseren Steuerung von Integrationsmaßnahmen Zugriff hat und mit deren Hilfe es einen Informationsaustausch zwischen Ausländerbehörden und den Sozialbehörden über die Frage gibt, welche Asylbewerber wann und wo Geld bekommen. Man hätte das ohne die Krise als eine unzulässige Sonderdatei mit einer negativen Stigmatisierung von Asylbewerbern strikt abgelehnt. In der Krise wurde dann beklagt, dass es ein solches IT-System und einen solchen Informationsaustausch nicht längst gibt.

Als Ende 2013/2014 die Asylbewerberzahlen aus den Balkanstaaten anstiegen, kam erstmals der Vorschlag auf, neben Bosnien-Herzegowina, Mazedonien und Serbien auch Albanien, Kosovo und Montenegro zu »sicheren Herkunftsstaaten« zu erklären mit erheblichen Folgen für eine beschleunigte Bearbeitung der Asylanträge aus diesen Staaten. In den Reihen der SPD und der Grünen gab es heftigen Widerspruch, weshalb es im Bundesrat dafür nicht den Hauch der Chance einer Mehrheit gab. Die Zustimmung des Bundesrates ist aber für ein solches Gesetz erforderlich. Erst als in der ersten Jahreshälfte 2015 die Zahlen sprunghaft nach oben schnellten, fand ein Umdenken statt. Gerade angesichts der Flüchtlinge aus Syrien, Afghanistan und Irak setzte sich nun die Erkenntnis durch, dass es einen Unterschied machen muss, ob jemand in Deutschland einen besseren Lebensstandard oder aber Schutz vor Bürgerkrieg und Gewalt sucht. Mit dem Asylpaket I im Herbst 2015 wurde die Einstufung der Westbalkan-Staaten als sichere Herkunftsländer deshalb dann fast schon »geräuschlos« mitbeschlossen. Spät, aber immerhin.

In der Kölner Silvesternacht 2015/2016 kam es zu schockierenden sexuellen Übergriffen durch eine hohe Zahl von Ausländern, insbesondere aus den Maghreb-Staaten, gegenüber Frauen. Die Stimmung in der Bevölkerung kippte von überwiegendem Wohlwollen zu überwiegender Ablehnung. Innerhalb von zehn Tagen konnte ich mich daraufhin mit meinem Kollegen Maas auf eine Verschärfung des Ausweisungsrechts für verurteilte Ausländer verständigen. Zwar hatten wir als CDU/CSU Ähnliches bereits zuvor gefordert, aber erst die Krise der Kölner Silvesternacht machte ein Umdenken und eine politische Mehrheit möglich.

Vor der Gefahr von großen Cyberangriffen wurde schon länger gewarnt. Auch ich habe das als Innenminister oft getan. Die Wirkung auf das Verhalten der Menschen war begrenzt. Erst als große Cyberangriffe im Ausland und auf den Deutschen Bundestag ihre psychologische Wirkung entfalteten, begann ein Umdenken. Wir konnten ein IT-Sicherheitsgesetz durchsetzen, das eine Legislaturperiode zuvor noch gescheitert war.

Die europäischen Datenbanken sind getrennt aufgebaut. In der EuroDac-Verordnung ist geregelt, dass bei Flüchtlingen der Fingerabdruck gespeichert wird, nicht aber der Name. Im Schengener Informationssystem werden Namen von Vermissten und zur Fahndung ausgeschriebenen Personen hinterlegt, nicht aber ihre Fingerabdrücke. Ein automatischer, technisch einfacher Abgleich zwischen beiden Systemen ist für die Polizisten vor Ort bei einer Kontrolle bisher europarechtlich und technisch nicht möglich. Nach den Terroranschlägen des Jahres 2015, insbesondere in Frankreich, wurde in der Öffentlichkeit ein mangelnder Informationsaustausch der europäischen Sicherheitsbehörden beklagt. Erst jetzt wurde es den Innenministern der Europäischen Union unter Führung des französischen Innenministers Bernard Cazeneuve und mir möglich, die sogenannte Interoperabilität der europäischen Daten, also die Austauschbarkeit von wichtigen Sicherheitsdaten, auf den Weg zu bringen.

Ähnliches galt für die getrennten Datenbankstrukturen der Sicherheitsbehörden von Bund und Ländern. Nur wegen der steigenden Wohnungseinbrüche und insbesondere wegen der Terrorgefahr ist es mir gelungen, dass die Innenministerkonferenz im Herbst 2017 beschlossen hat, mit dem Projekt »Polizei 2020« endlich ein einheitliches »IT-Haus« der deutschen Polizei aufzubauen, damit jeder Polizist im Rahmen seiner Berechtigung Zugriff auf die gleichen Datensätze bekommen wird, ganz gleich, ob er Polizist beim Bund oder bei den Ländern ist. Diesen Vorschlag hatte ich ein Jahr zuvor auf der Herbsttagung des Bundeskriminalamts gemacht.

Weitere Beispiele ließen sich nennen: die Reaktion auf die Finanzkrise, die europäischen Maßnahmen als Folge der Eurokrise, Veränderungen im Bildungsbereich nach dem Pisa-Schock.

Warum lernen Demokratien oft erst und am wirksamsten durch Krisen? Warum gelingt es nicht, Entwicklungen besser vorzubeugen?

Es gibt darauf keine andere Antwort als die, dass Demokratien aus Menschen bestehen. Und der Mensch verhält sich genauso. Zu

Beginn einer großen Abschlussarbeit, für die man Wochen Zeit hat, arbeitet der Betroffene in der Regel nicht so intensiv wie kurz vor Toresschluss. Ungesundes Verhalten wird meistens erst dann abgestellt, wenn ein wirkliches Krankheitssymptom auftritt. Der Mensch lernt durch Krisen. Warum sollte es bei Staaten anders sein?

Dennoch wissen bei großen Krisen immer hinterher einige ganz genau, dass es so kommen musste. Man habe nur nicht auf sie gehört. Das sind politische Pathologen. Schlaumeier gibt es überall. Ebenso wie Bedenkenträger, deren Bedenken vergessen werden, wenn sie nicht zum Tragen kommen, die aber ganz groß rauskommen, wenn sie im Nachhinein Recht bekommen. Fortschritt gibt es aber nicht, wenn man als Minister nur Bedenkenträgern folgt.

Trotz der einfachen Erkenntnis, dass Demokratien wie die Menschen erst und besser in bzw. durch Krisen und unter Druck lernen, sollte es das ständige politische Bemühen sein, eine Lösung zu finden, die eine Krise vermeidet oder die Folgen einer Krise verringert. Deswegen werden viele Äußerungen von Politikern mit der Floskel eingeleitet: » .... warnt vor«. Je spektakulärer die Warnung ist, desto höher ist im Übrigen die Wahrscheinlichkeit, dass darüber groß berichtet wird. Das ist einfach und billig. Tritt die negative Folge nicht ein, wird die Wortmeldung, die zuvor gewarnt hatte, vergessen. Tritt sie aber ein, so ist der Warner der große Gewinner, weil er alles vorhergesagt hatte.

Ist für eine Opposition eine solche Warnung noch verständlich – schließlich muss sie ja politisch nichts umsetzen, was verhindert, dass die Warnung Realität wird –, so ist das ewige Warnen ohne ein Rezept zur Verbesserung der Lage für die Regierenden eine kurzfristige mediale Versuchung, aber nicht mehr. Denn von einer Regierung erwarten die Menschen Lösungen.

Mit Warnungen wird unsere Welt nicht besser, sondern mit umsetzbaren Vorschlägen, wie sie besser werden kann und wie man Krisen vorbeugt und vermeidet. Dazu sind die besten »Warner« aber nicht im Stande.

71

Unter Druck: Schwere Entscheidungen, einsame Entscheidungen

Im Leben eines jeden Ministers gibt es schwere und einsame Entscheidungen. Das gilt insbesondere für den Sicherheitsbereich. Damit meine ich nicht Entscheidungen etwa bei Haushaltsverhandlungen, ob man als Minister mit dem Finanzminister einen Kompromiss macht. Damit meine ich nicht Entscheidungen wie ein Gesetz aussieht oder Personalentscheidungen. All das sind wichtige Entscheidungen, die oft nicht einfach sind.

Ich meine hier exekutive Einzelentscheidungen, wie sie nicht so oft vorkommen, die aber für das Verhalten eines Ministers und manchmal auch für die Bewertung eines Politikers für Jahrzehnte Bedeutung haben. Eine solche Entscheidung war zum Beispiel jene von Bundeskanzler Helmut Schmidt im Herbst 1977, das Flugzeug in Mogadischu mit den deutschen Geiseln stürmen zu lassen.

Auch ich habe als Chef des Bundeskanzleramtes, als Verteidigungsminister und als Innenminister an Entscheidungen über Lösungen bei entführten deutschen Staatsbürgern mitgewirkt, etwa bei der Frage, ob eine Lösung durch einen Zugriff durch eigene deutsche oder ausländische Sicherheitskräfte herbeigeführt werden soll. Oder ob andere Lösungen vertretbar sind. Darüber kann ich nicht öffentlich berichten.

Über andere Entscheidungen kann ich schon berichten:

Wir hatten zum Beispiel den Entschluss zu treffen, wann der Zugriff auf die sogenannte Sauerlandgruppe im Jahre 2007 erfolgt, die einen großen Terroranschlag in Deutschland plante. Daran war ich als Chef des Bundeskanzleramtes beteiligt.

Ich hatte die Entscheidung zu treffen, die erste große öffentliche Terrorwarnung in Deutschland zur Weihnachtszeit im Jahre 2010 auszusprechen mit der Botschaft, Weihnachtsmärkte seien möglicherweise durch Terror gefährdet, und trotzdem den Wunsch zu äußern, Weihnachtsmärkte zu besuchen.

Ich hatte gemeinsam mit meinem niedersächsischen Kollegen Boris Pistorius die Entscheidung zu treffen, ein Fußball-Länderspiel wegen einer Terrordrohung abzusagen. Wir hatten Hinweise eines ausländischen Nachrichtendienstes, dass auf dieses Länderspiel ein Anschlag geplant sei. Es gab keine Hinweise auf mögliche Täter, aber solche auf die konkrete Tatbegehung. Zunächst waren wir entschlossen, das Spiel stattfinden zu lassen mit einem erhöhten Sicherheitsaufwand. Im Laufe des Tages, an dem das Spiel stattfinden sollte, verdichteten sich allerdings die Hinweise. Ich telefonierte mehrfach mit meinem niedersächsischen Kollegen. Die Bundeskanzlerin und ich flogen dennoch nach Hannover, um das Spiel zu besuchen und in der festen Absicht, nicht abzusagen. Als wir landeten, etwa eine Stunde vor Spielbeginn, erreichte mich ein weiterer Hinweis, der die mögliche Gefährdung erhärtete. Innerhalb von Minuten entschieden Boris Pistorius und ich noch im Flugzeug am Telefon, das Fußballspiel abzusagen. Die Bundeskanzlerin flog zurück nach Berlin, und ich begab mich ins Innenministerium in Hannover, das zufälligerweise in Sichtweite ganz nah am Stadion liegt. Ich wollte in dieser Situation vor Ort und bei den Menschen sein. Das Stadion konnte ruhig und sicher geräumt werden. Zu unserem Ärger teilte der Polizeipräsident von Hannover allerdings in einem Interview in der Tagesschau vorzeitig und unabgestimmt mit, dass es galt, einem Terroranschlag vorzubeugen und wie er hätte ausfallen können. Wir blieben die ganze Nacht zusammen, gemeinsam auch mit dem niedersächsischen Ministerpräsidenten Stephan Weil und Vertretern des Deutschen Fußballbundes, insbesondere mit dem Vizepräsidenten Reinhard Rauball. Bis heute wissen wir nicht, wie ernsthaft die Drohung mit diesem Terroranschlag war. Aber in der Situation mussten wir entscheiden ohne genaue Kenntnis der Lage.

73

Für mich war in dieser Lage wichtig, die Entscheidung gemeinsam mit dem niedersächsischen Innenminister zu treffen. Eine politische Haftung hätte uns, wenn es schiefgegangen wäre, beide getroffen. Und eine gemeinsame Entscheidung ist allemal beruhigender und vielleicht auch besser als eine einsame. Nachdem alles vorbei war, wich die große Anspannung von uns, wir tranken gemeinsam einen Schnaps.

Ein anderes Beispiel: Ich hatte gemeinsam mit meinem Kollegen Verkehrsminister Alexander Dobrindt die Entscheidung zu treffen, ob wir vor Flügen nach Ägypten warnen oder sogar Flüge nach Ägypten untersagen sollten nach dem Anschlag auf eine russische Verkehrsmaschine im Oktober 2015. Eine solche Entscheidung hätte Ägypten in eine schwere Krise gestürzt wegen der wirtschaftlichen Auswirkungen auf den Tourismus. Großbritannien hatte bereits Flüge für Touristen nach Ägypten abgesagt. Andererseits wäre es kaum auszudenken gewesen, wenn ein weiteres Flugzeug dann mit deutschen Touristen abgeschossen worden wäre, obwohl wir nicht überzeugt waren von den Sicherheitskontrollen an ägyptischen Flughäfen. Wir entschieden uns gemeinsam dazu, die Ägypter aufzufordern, ihre Kontrollen zu verbessern, und zugleich die Flüge für Touristen nach Ägypten weiter zu erlauben. Diese Entscheidung fiel in einem Telefonat. Ich fuhr mit dem Dienstwagen nach Sachsen. Wo Kollege Alexander Dobrindt war, weiß ich nicht. Es hätte auch schiefgehen können. Aber eine Entscheidung musste her.

Ich hatte im August 2015 die Entscheidung zu treffen, der deutschen Öffentlichkeit eine Prognose über die wahrscheinliche, nicht etwa die erwünschte Zahl von Flüchtlingen abzugeben in einer Höhe, wie sie nicht einmal nach dem Balkankrieg in Deutschland da gewesen war, nämlich 800 000. Eine Prognose zu bekommen, das war ein dringender Wunsch der Länder gewesen, um Unterbringungskapazitäten planen zu können. Gleichzeitig wurde diese Prognose von Schleppern in Afghanistan als Einladung missbraucht: Der deutsche Innenminister habe an 800 000 Afghanen eine Einladung ausgesprochen, nach Deutschland zu kommen. Ob diese Prognose eine Sogwirkung hatte und wegen dieser Prognose noch mehr kamen, ist bis heute ungewiss. Aber ich musste eine Entscheidung treffen, um den Bundesländern zu helfen. Unbeabsichtigte psychologische Nebenwirkungen mussten dahinter zurückstehen.

Ich hatte am 13. September 2015 die Entscheidung zu treffen, in welcher Form die Grenzkontrollen an der deutsch-österreichischen Grenze durchgeführt werden sollten. Schon vor der Nacht des 4. September, als die Bundeskanzlerin der Bitte des österreichischen Bundeskanzlers und des ungarischen Ministerpräsidenten folgte, eine Gruppe von Flüchtlingen in Deutschland aufzunehmen, die sich vom Budapester Bahnhof aufgemacht hatten, zu Fuß nach Deutschland zu gehen, kamen Zehntausende Flüchtlinge in der Woche nach Deutschland. Es gab mitnichten eine Entscheidung zu einer Grenzöffnung durch die Bundeskanzlerin. Denn die Grenzen der Bundesrepublik Deutschland zu unseren Nachbarstaaten sind offen. Was offen ist, kann nicht geöffnet werden. Und schon wenige Tage danach beschlossen wir im Koalitionsausschuss, dass dies eine humanitäre Ausnahmeentscheidung war, die nicht wiederholt werden würde.

Diese Tausenden von Menschen, die über Österreich und von Österreich schnurstracks an die deutsche Grenze transportiert worden waren, konnten schon wegen der schieren Masse an der Grenze nicht ohne erheblichen Aufwand registriert werden. Besonders die kommunalpolitisch Verantwortlichen vor Ort in Bayern lehnten eine Registrierung im Grenzgebiet ab und bestanden darauf, dass die Flüchtlinge ohne Registrierung, die in jedem Einzelfall 30 bis 45 Minuten dauert, sofort weiterverteilt werden. Anderenfalls könnten sie die Lage nicht mehr beherrschen. Das wird leider vergessen, wenn die damaligen Umstände aus der Sicht von heute kritisiert werden.

Es wurden von Tag zu Tag mehr Flüchtlinge. Sie waren schon längst vor der humanitären Einzelentscheidung der Bundeskanzlerin am 4. September 2015 aufgebrochen und seit Wochen unterwegs. Ihr Ziel war hauptsächlich Deutschland, weniger, aber auch Österreich und Schweden.

Täglich führten wir Telefonkonferenzen mit meinen Innenministerkollegen der Länder durch. Einige drohten damit, die weitere Aufnahme von Flüchtlingen schlicht zu verweigern, nicht aus bösem Willen, sondern weil sie nicht wussten, wie Flüchtlinge in dieser Größenordnung untergebracht werden konnten. Das konnten wir gemeinsam gerade noch verhindern, anders als in manchen europäischen Staaten, in denen meine Kollegen Innenminister auf blanke Ablehnung der Aufnahme von Flüchtlingen durch Regionen und Kommunen stießen.

In dieser Lage verständigten wir uns politisch mit den Ländern und in Regierung und Koalition auf die Einführung von Grenzkontrollen, beginnend am Sonntag, den 13. September. Ich hatte sie selbst vorgeschlagen.

Es blieb bei dieser Entscheidung aber offen, was mit dem Begriff »Grenzkontrollen« genau gemeint war, insbesondere ob das eine faktische Schließung der deutschen Grenzen bedeuten würde durch Zurückweisungen aller Asylsuchenden an den Grenzen nach einer Vollkontrolle aller Einreisenden. Nach der Rechtslage musste ich als zuständiger Innenminister die Entscheidung treffen.

In einer Runde mit den Polizeiführern und meinen Mitarbeitern haben wir an diesem Sonntag mehrere Stunden im Lagezentrum des Innenministeriums diskutiert, durchaus auch streitig diskutiert. Die Führung der Bundespolizei wollte alle Flüchtlinge zurückweisen, vielleicht bis auf Familien mit Kindern oder unbegleitete minderjährige Flüchtlinge.

Wir erörterten die Rechtslage. Sie war nicht eindeutig. Auch die Juristen in meinem Haus vertraten unterschiedliche Auffassungen. Die einen sagten, das deutsche Recht verlange geradezu eine solche Zurückweisung. Überwiegend bestand aber die andere Auffassung, dass das europäische Recht einfache Zurückweisungen nach deutschem Recht verbiete und dem deutschen Recht, sogar deutschem Verfassungsrecht vorgehe. Es müsse an der Grenze mindestens ein Verfahren geben mit dem Ziel zu prüfen, welcher Staat für die Durchführung des Asylverfahrens zuständig ist. Und die meisten Flüchtlinge waren zu diesem Zeitpunkt nicht registriert in Griechenland oder sonstwo. Dieser rechtlichen Meinung bin ich gefolgt.

Insofern habe ich mich immer gegen den Vorwurf verwahrt, ich hätte in dieser Lage nicht rechtmäßig gehandelt, es hätte eine Herrschaft des Unrechts gegeben. Diese Formulierung überschreitet die politisch zulässige Grenze einer streitbaren Debatte unter Koalitionspartnern. Wenn sich ein Minister nach langen Diskussionen einer Rechtsauffassung anschließt und eine Entscheidung trifft, die er für rechtmäßig hält, die im Nachhinein aber manchen nicht gefällt, dann ist der Vorwurf eines Rechtsbruchs ehrabschneidend. Ich habe mich auch immer gegen die Formulierung gewendet, mit Zurückweisungen werde lediglich das geltende Recht wieder angewandt.

Entscheiden musste ich. Nach meiner Rechtsauffassung wäre eine vollständige Zurückweisung in dieser Ausnahmesituation zwar unter Berufung auf Artikel 72 der Europäischen Verträge (»Maßnahmen zur Aufrechterhaltung der öffentlichen Ordnung«) rechtlich möglich gewesen, aber keineswegs zwingend, wie seitdem immer behauptet wird. So fassten wir auch einige Wochen später unsere Rechtsauffassung gemeinsam mit Justizminister Heiko Maas zusammen.

Ich habe daher vor allem politisch entschieden. Eine Zurückweisung hätte nur funktioniert, wenn anschließend Österreich und die anderen Staaten auf der Balkanroute sofort oder wenigstens innerhalb von wenigen Tagen genauso entscheiden würden. Darauf setzte die Führung der Bundespolizei. Aber nichts davon war abgestimmt, vorbereitet oder sicher. Von der ausweglosen Situation, die dann in Griechenland nach einem solchen Dominoeffekt entstanden wäre, mal ganz abgesehen.

Eine konsequente Zurückweisung wäre zudem nur möglich gewesen unter Inkaufnahme von sehr hässlichen Bildern, wie Polizisten Flüchtlinge, darunter Frauen und Kinder, mit Schutzschilden und Gummiknüppeln am Übertreten der Grenze nach Deutschland hindern. Kein Flüchtling hätte eine einfache Zurückweisung akzeptiert und sich wieder auf den Rückweg nach Syrien oder Afghanistan gemacht. Sie hätten versucht, an der Grenze durchzubrechen und/oder auf die »grüne Grenze« auszuweichen. Wir hätten wilde Lager wie im griechischen Idomeni auf österreichischem Boden direkt an der deutschen Grenze bekommen.

Ich war überzeugt davon, dass wir nach wenigen Tagen angesichts dieser Bilder aufgegeben hätten und die Grenzkontrollen so durchgeführt hätten, wie wir sie von Beginn an durchgeführt haben. Das allerdings wäre dann eine große Niederlage des Rechtsstaates und des polizeilichen Handelns gewesen. Ein Sogeffekt auf weitere Flüchtlinge wäre dann erst recht eingetreten nach dem Motto: Die Deutschen halten ihre harte Haltung ja sowieso nicht durch.

Wenn man etwas entscheidet, muss man dessen Folgen auch durchhalten. Sonst unterlässt man die Entscheidung lieber.

Natürlich habe ich in meinem Entscheidungsprozess die Bundeskanzlerin und den Koalitionspartner, in diesem Fall den Vizekanzler Sigmar Gabriel, konsultiert. Sogar mehrfach. Ich habe die Vor- und Nachteile sowie die rechtlichen Argumente und die tatsächliche Folgen vorgetragen, auch diejenigen Flüchtlinge zurückzuweisen, die in Deutschland um Asyl nachsuchten. Auch Sigmar Gabriel lehnte das strikt ab und erklärte, das sei mit der SPD nicht zu machen.

Ob man später bei geringeren Zahlen, nach dem Schließen der Balkanroute und nach dem Inkrafttreten des Türkeiabkommens Zurückweisungen hätte durchführen sollen, haben wir immer wieder diskutiert, auch im Kreise der Innenpolitiker, auch auf einem Bundesparteitag der CDU. Bis in den Sommer 2018 war diese Frage der Zurückweisungen zwischen der CDU und der CSU immer wieder von großer Bedeutung, was die Schwesterparteien fast auseinandergebracht hätte, obwohl das Thema kurz zuvor während der Koalitionsverhandlungen keine Rolle spielte und dort auch von der CSU nicht angesprochen wurde.

Aber an jenem Sonntag, dem 13. September, waren Zurückweisungen rechtlich umstritten und vor allem mit den uns gewohnten und akzeptierten polizeilichen Maßnahmen nicht über längere Zeit durchsetz- oder durchhaltbar.

Auch die Entscheidung über einen Rücktritt ist eine einsame Entscheidung eines Ministers. Wenn nicht die Bundeskanzlerin den Minister um einen Rücktritt bittet ... Er schafft in schwierigen Lagen, wenn ein Minister unter Druck steht, Erleichterung für die öffentliche Debatte. Er löst aber in der Regel kein Problem, es sei denn, es geht um persönliche Verfehlungen eines Ministers wie um Bereicherungen o. Ä.

Ich habe in meiner langen Ministerzeit einige Male kurzfristig und spontan, aber nur einmal wirklich ernsthaft an einen Rücktritt gedacht. Das war im Zusammenhang mit der Krise um die Aufklärungsdrohne EuroHawk. Ich hatte eine wichtige Entscheidung zum Stopp dieses Rüstungsprojekts getroffen, aber die Krise schlecht gemanagt, war unterwegs in Magdeburg und besuchte Soldaten, die gegen die Flut kämpften. Ein Soldat spürte wohl, dass ich mit den Gedanken ganz woanders war, und sagte mir: »Herr Minister, Sie hauen aber bitte nicht in den Sack.« Ich habe das nicht kommentiert und so getan, als hätte ich nicht genau verstanden, was er gemeint hat. Aber auf dem Rückflug habe ich mich entschlossen, nicht zurückzutreten. Dieser Soldat hatte bei mir den Kampfgeist wieder geweckt, nicht aufzugeben.

Solcherart Entscheidungen sind schwere und einsame Entscheidungen. Von außen wird viel geredet und spekuliert. Aber der Minister muss sie selbst treffen und zuallererst auch vor sich selbst verantworten. Er ist aber gut beraten, solche Entscheidungen vorher gut abzuwägen. Dazu braucht er kritische und offene Berater, die einer guten Mischung von Nähe und Distanz beraten und den Mut haben, dem Minister zu widersprechen. Er braucht Freunde und Familie, die mitberaten, gegebenenfalls sogar mit wenig Sachkenntnis, aber mit Empathie.

Ich bin sehr dankbar, dass ich immer solche Berater, solche Freunde und eine wunderbare Familie hatte und habe.

Kann man überhaupt helfen?
Traurige Begegnungen

Neben einsamen Entscheidungen, die ein Minister zu treffen hat, gibt es in Ausnahmesituationen auch schwere Begegnungen. Das gilt besonders für Minister, die im Sicherheitsbereich arbeiten. Für mich waren solche schweren Begegnungen meistens mit Tod und Sterben verbunden.

Als ich Innenminister von Sachsen war, stürzte am 17. Januar 2005 ein Hubschrauber ab, der in schwierigem Waldgelände nach einer vermissten Frau gesucht hatte. Der Hubschrauber und zwei der drei Polizisten verbrannten. Ich fuhr sofort zum Unfallort, sprach anschließend mit den Hinterbliebenen, und wir organisierten eine würdige Trauerfeier.

Während meiner Zeit als Verteidigungsminister sind fünf Soldaten gefallen. Ich war auf jeder Trauerfeier und habe dort geredet, ich habe zuvor mit den Angehörigen gesprochen und halte zum Teil bis heute mit ihnen Kontakt.

Als Bundesinnenminister musste ich noch am selben Tag zu den Kameraden eines Hubschraubergeschwaders sprechen, nachdem ein Hubschrauber dieses Geschwaders in Schleswig-Holstein am 25. Februar 2016 abgestürzt und zwei Piloten dabei ums Leben gekommen waren.

Nach dem Amoklauf in München im Juli 2016 habe ich den Urlaub abgebrochen, den Tatort besichtigt und dort das Video gesehen, das in der McDonald's-Filiale aufgezeichnet worden war von der kaltblütigen Ermordung der Besucher durch den Amoktäter. Abends haben wir dann mit den Polizisten gesprochen, die als erste den Einsatz miterlebt hatten.

Auf Einladung von Bundespräsident Joachim Gauck habe ich an dem Gespräch mit den Hinterbliebenen der Opfer des Anschlages am Breitscheidplatz vom Dezember 2016 teilgenommen.

Ich war mit meiner britischen Kollegin Theresa May und meinem französischen Kollegen und Freund Bernard Cazeneuve am Strand in Tunesien, wo am Tag zuvor, am 26. Juni 2015, ein Terrorist Urlauber, darunter auch Deutsche, umgebracht hatte.

Am Tag nach einem schrecklichen Terroranschlag in Istanbul auf dem Sultan-Ahmed-Platz im Januar 2016, bei dem zwölf deutsche Touristen umgebracht worden waren, besuchte ich gemeinsam mit dem türkischen Ministerpräsidenten Ahmet Davutoglu diesen historischen Platz, der schon wieder blank geputzt war. Mir wurde gezeigt, wo der Kopf des Terroristen, der durch seine eigene Bombe zu Tode gekommen war, einige Meter hoch an einem Baum zwischen zwei Ästen eingeklemmt war. Und wir besuchten zusammen Überlebende im Krankenhaus.

Alle diese Begegnungen sind mir in bleibender Erinnerung. Ich habe die Bilder im Kopf, und die Gespräche trage ich im Herzen. Sie sind Teil des Lebens eines Verteidigungs- oder Innenministers. Das gehört dazu. Das sind schwere Begegnungen. Aber die Intensität und die Nähe mit den jeweils betroffenen Menschen bei diesen Begegnungen möchte ich nicht missen.

Es gibt dort keine Routine. Aber auch hier hilft Erfahrung. Gibt es so etwas wie Routine in der Krise? Vielleicht. Aber jedenfalls keine Abstumpfung, jedenfalls nicht bei mir.

Die Sorge um die Sicherheit:
Regieren mit Terrorwarnungen

Seit den Zeiten von Frank-Walter Steinmeier als Chef des Bundeskanzleramtes findet dienstags, jede Woche, 10 Uhr, die sogenannte nachrichtendienstliche Lagebesprechung, die »ND-Lage« im Lagezentrum des Bundeskanzleramts statt. Den Vorsitz führt der Chef des Bundeskanzleramtes. Bei dieser Besprechung nehmen teil: die Chefs der deutschen Nachrichtendienste, der Präsident des Bundeskriminalamts, seit Neuerem der Präsident der Bundespolizei, der Generalbundesanwalt sowie die beamteten Staatssekretäre des Innenministeriums, des Außenministeriums, des Justizministeriums und des Verteidigungsministeriums. Einige wenige Mitarbeiter sind zugelassen.

Die Sitzungen dauern in der Regel zwei bis drei Stunden. Die Präsidenten tragen aus ihrer Sicht sicherheitsrelevante Vorgänge vor. Das führt zu dem gleichen Kenntnisstand aller Beteiligten. Konkrete operative Maßnahmen folgen aus der ND-Lage nicht.

Zu meiner Zeit als Chef des Bundeskanzleramtes habe ich mich bemüht, keine dieser Sitzungen zu versäumen. Das erhöht die Autorität des Chefs des Bundeskanzleramts in der Sicherheitscommunity, also dem Kreis der für Sicherheit Verantwortlichen in Deutschland.

Im Anschluss an die ND-Lage tagt für etwa eine Stunde die sogenannte Präsidentenlage. Dort nehmen nur teil der Chef des Bundeskanzleramtes, der Staatssekretär im Kanzleramt, der die Nachrichtendienste koordiniert, die Staatssekretäre, die bei der ND-Lage dabei sind, sowie die Präsidenten von Bundesnachrichtendienst (BND), Bundesamt für Verfassungsschutz (BfV) und Bundeskriminalamt (BKA). Mitarbeiter und Vertreter sind im Regelfall nicht zugelassen. In dieser Runde werden operative Einzelfälle vorgetragen, oft mit Auslandsbezug. Es gibt keine Beschlüsse. Es gibt kein Protokoll. Jede Institution arbeitet im Anschluss nur im Rahmen ihrer Zuständigkeit weiter. Vieles ist zu Beginn umstritten, etwa der völkerrechtliche Umgang mit schwierigen Fällen mit Auslandsbezug, zum Beispiel bei der Festnahme eines deutschen Gefährders in einem Staat mit schwieriger Rechtsstaatslage. Zu meiner Zeit habe ich Wert darauf gelegt, dass so lange diskutiert wird, bis es eine gemeinsame Linie aller Verantwortlichen gibt. Das heißt dann auch gemeinsame Verantwortung und gemeinsame »Haftung« für die Einigung. Diese Präsidentenlage ist die beste Sicherheitsrunde, die es in Deutschland gibt. In dieser Runde wird Vertrauen gestiftet, reaktive Sprachregelungen werden vorbereitet für den Fall, dass ein Sachverhalt an die Öffentlichkeit dringt. Die Sitzungen sind geheim. Und anders als sonst im Sicherheitsbereich gibt es aus der Präsidentenlage keine Durchstechereien an die Presse.

Der Bundesinnenminister führt darüber hinaus einige Male im Jahr Sicherheitsgespräche durch. Dort nehmen teil die Präsidenten der Sicherheitsbehörden aus dem Geschäftsbereich des Innenministeriums sowie der Präsident des BND und das Kanzleramt in Gestalt des Sicherheitsstaatssekretärs oder des zuständigen Abteilungsleiters. Dabei sind auch die Abteilungsleiter in Sachen Sicherheit des Innenministeriums sowie der Präsident des Bundesamts für Sicherheit in der Informationstechnik (BSI). Neben kurzen Berichten über aktuelle Fälle zur Sicherheitslage konzentriert sich das Gespräch auf Schwerpunktthemen der Sicherheit. Zu meiner Zeit habe ich die Gesprächsthemen jeweils vorgegeben, zum Beispiel die Verbesserung der Arbeit des Cyber-Abwehrzentrums oder zum Zusammenhang zwischen Flüchtlingslage und Terrorgefährdung.

Alle genannten Gesprächsrunden haben sich im Laufe der Zeit entwickelt. Für sie gibt es keine förmlichen Regeln und keine Geschäftsordnung. Und das ist das Geheimnis ihres Erfolges. Denn Kenntnis und Vertrauen der handelnden Personen der Sicherheitscommunity zueinander sind das A und O, gerade angesichts unserer vielfältigen getrennten und doch aufeinander angewiesenen Sicherheitsbehörden und der für Sicherheit verantwortlich handelnden Minister und Staatssekretäre.

Förmlich arbeitet dagegen der Bundessicherheitsrat. Er tagt geheim in einem abhörsicheren Raum im Bundeskanzleramt. Eigentlich darf nicht einmal die Tatsache, dass eine Sitzung stattfindet, bekannt werden. Unter dem Vorsitz der Bundeskanzlerin nehmen die Ressortchefs der Sicherheitsressorts der Bundesregierung teil ebenso wie der Generalinspekteur der Bundeswehr. Einzelne Gäste können hinzugebeten werden. Hier wird vornehmlich über Einzelfälle des Rüstungsexports entschieden. Seit der letzten Legislaturperiode und nach einem entsprechenden Urteil des Bundesverfassungsgerichts wird über die Entscheidungen, nicht über die wesentlichen Gründe, die für eine getroffene Entscheidung ausschlaggebend waren, im Anschluss dem Bundestag berichtet. Es gibt außenpolitische Erwägungen, die lassen sich nicht auf dem Marktplatz diskutieren. Das gilt vor allem dann, wenn noch ein anderes europäisches Land wie Frankreich oder Großbritannien deswegen beteiligt ist, weil ein Flugzeug von mehreren europäischen Staaten gebaut worden ist, und diese Länder beim Export solcher Flugzeuge großzügiger sind als Deutschland. Oder es mag Gründe geben, einen Rüstungsexport in ein Land zu genehmigen, wenn dieses Land zwar nicht unser Verständnis von Menschenrechten hat, aber ein wichtiger Partner und Hinweisgeber beim Kampf gegen den internationalen Terrorismus ist.

Zusätzlich zu den Themen des Rüstungsexports wird pro Sitzung im Bundessicherheitsrat ein sicherheitsrelevantes Thema, meistens eine Entwicklung in Krisengegenden der Welt, erörtert.

Es gab mehrere Versuche, unter anderem auch von mir, aus dem Bundessicherheitsrat ein richtiges nationales und operatives Sicherheitskabinett zu machen, wie das bei manchen unserer Partner üblich ist. Dazu ist es nicht gekommen. Die jeweiligen Außenminister, die dem Koalitionspartner angehören, wollen die mit einer solchen Einrichtung zwangsläufig verbundene Stärkung der Rolle des Bundeskanzleramts nicht hinnehmen, zu der dann auch die Einführung eines echten Sicherheitsberaters der Bundeskanzlerin gehören würde, der die Geschäfte des Bundessicherheitsrats führt.

Weil das so ist, haben sich andere Gesprächsformate entwickelt: Die Bundeskanzlerin bittet oft – gerade auch in Sicherheitsfragen – betroffene Minister wie den Verteidigungsminister, den Außenminister, den Innenminister im Anschluss an das Kabinett in ihr Büro. Darüber habe ich an anderer Stelle berichtet.

Bei besonders gewichtigen sicherheitspolitischen Ereignissen wie einem Terroranschlag, nach einem großen Amoklauf oder nach einem entsprechenden Ereignis im Ausland beruft die Kanzlerin eine Ministerrunde ein, die dann auch Sicherheitskabinett genannt wird. Unter ihrem Vorsitz nehmen dann die mit der Sicherheit betrauten Ressortminister und gegebenenfalls darüber hinaus thematisch besonders betroffene Minister teil. Die Sitzungen des Sicherheitskabinetts werden öffentlich bekannt gemacht. Über Ergebnisse wird berichtet. Das Sicherheitskabinett ist also auf öffentliche Darstellung des Handelns der Regierung angelegt. Hier zeigt die Bundesregierung, dass sie sich um Sicherheitsbelange kümmert, während die anderen genannten Gremien vertraulich arbeiten.

Im Großen und Ganzen haben sich diese Strukturen im Sicherheitsbereich bewährt. Auf dem Reißbrett könnte man dort sicher manches straffen. Auch ein starker Bundessicherheitsrat mit einem institutionellen Unterbau im Kanzleramt wäre gut. Meistens bestehen allerdings in den Ländern, in denen es so etwas gibt, keine Koalitionsregierungen, sondern Präsidialsysteme wie in den USA und Frankreich oder Regierungen, die von einer Partei getragen werden wegen des Mehrheitswahlsystems wie in Großbritannien. In Koalitionsregierungen ist es besonders wichtig, die an unterschiedlichen Stellen Beteiligten einzubinden. Dies geht nicht durch Mehrheit, sondern durch Vertrauen, besonders Vertrauen in der Krise. Dafür sind unsere Sicherheitsstrukturen auf Bundesebene zwischen Ministern und Staatssekretären gut geeignet.

Die Terrorgefahr in Deutschland ist hoch. Jede Woche gehen bei unterschiedlichen Sicherheitsbehörden Hinweise auf eine denkbare

Gefährdung ein. Viele Hinweise haben ihren Ursprung in Sachverhalten im Ausland. Befreundete Nachrichtendienste geben unseren deutschen Kollegen solche Hinweise. Etwa aus Ergebnissen von abgehörter Kommunikation, genannt Sigint, oder durch Hinweise von menschlichen Quellen, sogenannte Humint.

Man muss sich solche Hinweise wie folgt vorstellen: Ein Telefongespräch wird abgefangen, in dem unbekannte Personen, darunter eine in Deutschland, davon sprechen, dass demnächst eine »Hochzeit« an einem Bahnhof stattfinden werde. Mit dem Begriff Hochzeit wird oft ein Anschlag gemeint. Oder es meldet sich von selbst ein in einschlägigen Szenen bekannter Mensch und beichtet, er habe aus zuverlässiger Quelle gehört, dass sich zwei Männer aus dem Ausland aufgemacht hätten, um in Deutschland einen Anschlag zu begehen. Oder ein Flüchtling meldet sich und gibt an, dass ein anderer Flüchtling Symbole der Terrororganisation IS auf seinem Handy nutzt. Oder jemand fällt auf, weil er bestimmte Mengen eines Materials kauft oder bestellt, das für den Bau von Bomben erforderlich und geeignet ist.

Manchmal sind es auch solche oder andere Hinweise von Nachrichtendiensten aus Staaten, deren verfassungsmäßige Ordnung nicht unserem Grundgesetzstandard entspricht. Dennoch müssen solche Hinweise ernst genommen werden. Es wäre unvorstellbar, den Angehörigen von Opfern eines Anschlages und der deutschen Öffentlichkeit zu erklären, dass man einen Hinweis auf einen bevorstehenden Terroranschlag nicht ernst genommen habe, weil er aus einem Staat gekommen ist, mit dem die Zusammenarbeit sonst durchaus schwierig ist. Kompliziert wird es aber dann, wenn ein solcher Staat nicht nur Hinweise gibt, sondern seinerseits Hinweise von Deutschland erbittet über eigene Staatsbürger, die nach seiner Meinung terroristische Gefährder sind und einen Deutschlandbezug haben.

Solche Hinweise auf Gefährdungen in Deutschland oder auf deutsche Ziele im Ausland müssen dann durch akribische Arbeit der Sicherheitsbehörden konkretisiert werden. Oft lassen sie sich nicht weiter bestimmen oder stellen sich als nicht stichhaltig heraus. Es gibt Wichtigtuer unter den Quellen, Namensverwechselungen oder einfach nur Übertreibungen. Je eindeutiger die Hinweise sind, umso konkreter kann man vor Ort vorbeugen durch Beobachtungen, Observationen, Telefonüberwachung bis hin zu Festnahmen von Verdächtigen. Oder auch durch veränderte Sicherheitskonzepte für die bedrohte Veranstaltung bis letztlich zu ihrer Absage. Allein aus der Tatsache, dass der Hinweis sehr konkret ist, kann man nicht auf die Ernsthaftigkeit der Bedrohung schließen. Denn Terroristen, Trittbrettfahrer oder Nachrichtenhändler wollen allein durch Drohungen Verhaltensänderungen bei uns herbeiführen oder Geld verdienen.

Hieraus entstehen schwierige Fragen, nicht nur für das Handeln der Sicherheitsbehörden. Auch die handelnden Regierungspolitiker sind vor schwierige Entscheidungen gestellt. Würde auf jeden Hinweis eines Anschlages auf ein Großereignis dieses Ereignis abgesagt, so gäbe es in Deutschland bald keine großen Veranstaltungen mehr. Ignoriert man aber die Hinweise, um dem Terrorismus keinen psychologischen Erfolg zu gönnen, und es geschieht ein Anschlag, dann wäre das nicht nur ein berechtigter Rücktrittsgrund für den Minister, sondern das wäre für unser Land eine Katastrophe. Einen solchen Fall einer schwierigen Einzelentscheidung habe ich zuvor am Beispiel der Absage des Fußball-Länderspiels in Hannover näher beschrieben.

In einer solchen Lage gibt es kein Richtig oder Falsch, sondern nur den Mut und den Weg zu einer verantwortbaren Entscheidung. Diese Entscheidung hat der Minister oder ein verantwortlicher Beamter der Sicherheitsbehörden in der konkreten Situation zu treffen, ohne über alle Informationen zu verfügen, die dann hinterher auftauchen.

Ein Minister steht nach einem großen sicherheitspolitischen Ereignis wie einem Terroranschlag oder einem Amoklauf noch vor einer anderen schwierigen Entscheidung. Die ganze Welt meldet dieses Ereignis und spekuliert über Hintergründe. Heutzutage beginnt das Minuten nach einem Ereignis. Gerüchte geraten in Umlauf. Alle warten dann auf Antworten und Erklärungen des Innenministers. Dessen Informationen über die Meldewege der Sicherheitsbehörden sind aber langsamer, wenn auch zuverlässiger als die der sozialen Medien und anderer Medien. Deshalb ist es sehr wichtig, nicht zu früh vor die Presse zu treten. Denn die Informationen des Innenministers müssen »sitzen«. Wenn es allerdings zu lange dauert, dann verselbstständigen sich Gerüchte, die dann schwer aus der Welt zu schaffen sind.

Allein die Einschätzung, ob es sich um einen Terroranschlag oder einen Amoklauf oder um eine Straftat mit kriminellen Motiven handelt, verändert die politische Debatte im Land. Für die Opfer mag das schwer zu ertragen sein. Ihnen wird es gleichgültig sein, mit welchem Motiv der Täter ihren Angehörigen getötet hat. Aber die Öffentlichkeit sieht es anders. Stellt sich heraus, dass das Verbrechen kein Terroranschlag war, wendet sich das Interesse der Öffentlichkeit sehr schnell von diesem Ereignis ab. Objektiv arbeitet das psychologisch den Terroristen in die Hände.

Das politische Geschäft besteht oft aus Ankündigungen. Oder aus Forderungen, die möglichst andere erfüllen sollen. Das garantiert Aufmerksamkeit und fördert dann die Popularität desjenigen Politikers, der etwas angekündigt oder gefordert hat, wenn das, worum es geht, besonders populär ist. Das gilt zum Beispiel für die Ankündigung oder die Forderung, alle vollziehbar Ausreisepflichtigen sofort abzuschieben. Die Nichteinhaltung der Ankündigung oder das Nichterfülltwerden der Forderung ist dann für den, der das gefordert hat, nicht so schlimm oder vergessen. Jedenfalls wird es nicht demjenigen zugerechnet, der die Forderung aufgestellt hat, denn er war ja für die Umsetzung gar nicht zuständig.

Für bestimmte Regierungsmitglieder gilt das allerdings nicht. Natürlich nicht für eine Ankündigung der Bundeskanzlerin. Da wird genau darauf geachtet, ob sie eingelöst wird. Ähnliches gilt aber auch für den Finanzminister. Ankündigungen zur Zinsentwicklung oder Forderungen an notleidende Banken können unmittelbar ökonomische Folgen haben. Eine Ankündigung des Verteidigungsministers, Soldaten der Bundeswehr ins Ausland zu schicken, muss stimmen. Sonst kann er sich im Bündnis nicht mehr blicken lassen. Und Ankündigungen des Innenministers über die Entwicklung von Kriminalität oder von Flüchtlingszahlen haben eine unmittelbar psychologische Wirkung auf die Öffentlichkeit oder können zum Beispiel einen Sogeffekt zu mehr Flüchtlingen auslösen.

Wenn gesagt wird, dass Wirtschaftspolitik zu 50 Prozent Psychologie sei, so gilt dies erst recht für die Sicherheitspolitik. Vertrauen bei der Bevölkerung ist das wichtigste Kapital eines mit Sicherheit betrauten Ministers. Lieber langweilig als falsch, lieber nachhaltig seriös als kurzfristig spektakulär, lieber langsam als überstürzt, das sind gute Eigenschaften für Minister im Sicherheitsbereich.

Mir wurde oft nachgesagt, ich sei in schwierigen Situationen zu sachlich gewesen. Oder immer ernst. Sie können ja auch lachen, das habe ich öfter von Bürgern gehört, wenn sie mich von Angesicht zu Angesicht und nicht nur im Fernsehen erlebt haben.

Oh doch, ich hatte in solchen Situationen Emotionen. Wer mich genauer kennt, hat das auch gespürt. Manchmal ist mir die Stimme weggeblieben oder ich hatte Tränen in den Augen. Das war so bei meiner Trauerrede im Mai 2013 für einen gefallenen Soldaten der Spezialkräfte der Bundeswehr, KSK. Einmal habe ich nach einem Terroranschlag gesagt: »Wer beten kann, mag beten. Ich tue es.«

Aber angesichts von Terror und Kriminalität ist es für einen Innenminister notwendig, seine Emotionen zu kontrollieren und zu sagen, was zu sagen ist. Sonst achten die Menschen nur auf die Emotionen des Ministers und nicht darauf, was er an Empfehlungen oder Warnungen mitzuteilen hat. Ein ordnender Verstand, ohne die

Emotionen auszuschalten, ist in einer Krise wichtiger als das Ausleben von Emotionen. Dafür ist dann an anderer Stelle Platz.

Vertrauen ist nötig: Was in der Krise zählt

In der Finanzkrise gaben Bundeskanzlerin Angela Merkel und Finanzminister Peer Steinbrück am Sonntag, dem 5. Oktober 2008, den Bürgerinnen und Bürgern eine Garantie für ihre Spareinlagen. Ich war zu dieser Zeit Chef des Bundeskanzleramtes. Jens Weidmann war Abteilungsleiter Wirtschaft im Bundeskanzleramt. Lange Zeit für unsere Beratungen gab es nicht. Am Montag öffneten die Banken wieder. Es hatte am Freitag zuvor ungewöhnlich viele Barabhebungen bei Banken und Sparkassen gegeben. Die Garantie musste so rechtzeitig veröffentlicht werden, dass sie möglichst viele Bürger erreichte. Über das Zustandekommen dieser Garantie ist viel geschrieben worden.

Das will ich nicht wiederholen. Mir kommt es in diesem Zusammenhang auf etwas anderes an: Diese Garantie war riskant. Hätten die Bürgerinnen und Bürger dieser Garantie nicht vertraut, so wäre durch ein überstürztes Abheben von Geldguthaben ein Chaos entstanden mit nicht übersehbaren Folgen. Die Garantie hatte Erfolg wegen des Vertrauens in die handelnden Personen und in die Institution Bundesregierung.

Auf dem Höhepunkt der Flut im Jahre 2002 lud der sächsische Ministerpräsident Georg Milbradt alle Bürgermeister von Sachsen zu einer Besprechung ein und sagte: »Fangt an mit dem Wiederaufbau. Irgendwie. Über Geld reden wir später.« Das taten die Bürgermeister dann auch. Der Erfolg dieser Ankündigung in der Krise beruhte nur auf Vertrauen.

In der Adventszeit 2010 sprach ich eine Terrorwarnung aus. Es ging um einen möglichen Anschlag auf das Reichstagsgebäude und auf Weihnachtsmärkte. Ich bat die Bürger, sich so normal wie möglich zu verhalten und trotz meiner Warnung Weihnachtsmärkte aufzusuchen, weil die Sicherheitsbehörden das Menschenmögliche tun würden, einen Anschlag zu verhindern. Auch das funktionierte. Durch Vertrauen.

Am 11. August 2017 gab es einen Anschlag auf den Mannschaftsbus von Borussia Dortmund. Der Täter war kein Terrorist, er hatte ein kriminelles Motiv. Er wollte durch den Aktienverlust der Aktie von Borussia Dortmund infolge des Anschlags Gewinne machen, weil er zuvor auf den Aktienverlust gewettet hatte. Das wurde allerdings erst nach einiger Zeit ermittelt. Der Bus fuhr zum Stadion. Das Stadion war gefüllt. Die Sorge zu dieser Zeit war, dass es sich doch um einen Terroranschlag gehandelt hat oder vielleicht ein weiterer bevorstehen könnte. Der Stadionsprecher bat alle Besucher, das Stadion ruhig zu verlassen. Das gelang ohne Panik. Der Erfolg beruhte ausschließlich auf dem Vertrauen in die Stimme und die Person des Stadionsprechers Norbert Dickel.

Alle diese Beispiele zeigen, dass der Schlüssel zum Erfolg in einer Krisensituation nicht mehr und nicht weniger als Vertrauen ist.

Und das ist dann nicht nur gut für diejenigen, denen vertraut wird, sondern vor allem für die Bewältigung der Krise selbst.

Vertrauen war auch in anderen Situationen wichtig:

Als mir im April 2015 in der *Bild*-Zeitung mit Hilfe einer auf mein Gesicht montierten Pinocchio-Nase vorgeworfen wurde, ich hätte das Parlament im Zusammenhang mit den Aktivitäten des US-Nachrichtendienstes NSA in Deutschland belogen, konnte ich diesen Vorwurf letztlich nur dadurch widerlegen, dass mir eine Lüge gegenüber dem Parlament nicht zugetraut wurde. Auch nicht von der Politik. Ich hatte insbesondere mit dem Koalitionspartner SPD eine Vertrauensbasis aufgebaut, die in dieser Situation getragen hat.

Und als mir im Oktober 2015 in derselben Zeitung vorgeworfen wurde, ich mache Urlaub in Mallorca, während Deutschland in der Flüchtlingskrise stecke, halfen mir sogar mir unbekannte Journalisten und wiesen den Vorwurf zurück. Ich kurierte für wenige Tage eine verschleppte Bronchitis aus und hatte obendrein nicht den Ruf, besonders faul zu sein. Seriosität und Vertrauen haben auch hier geholfen.

In der Politik gibt es Hallodris, Trickser und solche, die glauben, mit Cleverness komme man besonders weit. Das mag für den politischen Alltag gelten.

Meine Erfahrung ist: In einer Krise zählt das alles nicht, sondern nur Solidität und Vertrauen, das man sich vorher erarbeitet hat. Und dies wird dann mit Solidarität zurückgezahlt, von der Öffentlichkeit, vom Koalitionspartner und selbst von der Opposition.

4.
Die Ämter und ihre Besonderheiten

Eher Verwaltungschefs? Die Landesminister

In Mecklenburg-Vorpommern war ich von 1990 bis 1998 acht Jahre Staatssekretär, zunächst im Kultusministerium, zuständig für Jugend, Schule, Kultur, Wissenschaft und Sport, danach Chef der Staatskanzlei. Von dort holte mich der sächsische Ministerpräsident Kurt Biedenkopf nach Sachsen, obwohl wir die Wahlen in Mecklenburg-Vorpommern als CDU verloren hatten. Ich war in Sachsen nacheinander Chef der Staatskanzlei, Finanzminister, Justizminister, Innenminister, insgesamt sieben Jahre, bis mich die Bundeskanzlerin im Oktober 2005 nach Berlin holte. 15 Jahre Landespolitik als Staatssekretär oder Minister lagen da hinter mir.

Diese Zeit als Staatssekretär und Minister auf Länderebene ist inzwischen lange her. Vieles mag sich verändert haben. Dennoch erlaube ich mir die Beschreibung der Rolle eines Landesministers.

Nach dem Grundgesetz führen die Länder die Bundesgesetze aus. Natürlich gilt das auch für die Umsetzung der eigenen Landesgesetze. Der Bund hat kaum eigene nachgeordnete Verwaltungen. Wesentliche neue Landesgesetze gibt es kaum, höchstens mal die Veränderung der Kerngesetze von Landespolitik, des Schulgesetzes, des Polizeigesetzes und des Hochschulgesetzes.

93

Ich habe schon vor Jahren einmal als Chef der Staatskanzlei in Sachsen die Tagesordnungen des Sächsischen Landtages daraufhin untersucht, wie viele der Tagesordnungspunkte wirklich mit Landespolitik zu tun hatten. Das Ergebnis war: In der Mehrzahl der Fälle ging es bei den Tagesordnungspunkten des Landtages darum, dass die Landesregierung aufgefordert wird, sich beim Bund oder bei der Europäischen Union für dieses oder jenes Anliegen einzusetzen. Echte, eigene Punkte der Landespolitik waren in der Minderheit.

Auf der Landesseite der Regionalzeitungen geht es ebenfalls nur in einer Minderheit der Meldungen um echte Landespolitik, dagegen in der Mehrheit um große Verkehrsunfälle, landesweit bedeutende Veranstaltungen, Unterrichtsausfall, Kriminalitäts- und Gerichtsfälle. All das hat natürlich einen landespolitischen Bezug, ist aber im Kern keine aktiv gestaltende Landespolitik.

Von daher sind die Länderminister eigentlich eher Chefs großer Verwaltungen, die Europarecht, Bundesrecht und Landesrecht anwenden und ausführen. Und das ist eine große und großartige Aufgabe. Gute Schule zu organisieren, Polizeistrukturen festzulegen, einen Krankenhausplan zu machen, Fördermittel klug umzusetzen oder Straßen zu planen und zu bauen, das ist für die Bürger extrem wichtig. Viele Länderminister verstehen sich aber nicht in erster Linie als Verwaltungschefs und Umsetzungsverantwortliche. Daraus resultiert oft eine Unterschätzung der Bedeutung guter Landesverwaltung. So verselbstständigen sich die Behörden dann schnell. Oder sie werden vernachlässigt, weil Verwaltungsarbeit mit Behörden nicht politisch attraktiv genug erscheint. Und daraus wiederum resultieren beachtliche Mängel des Verwaltungsvollzugs in Deutschland. Dass es zum Beispiel kaum noch baureife Verkehrsprojekte gibt, liegt nicht nur am zu komplizierten Planungs- und Genehmigungsrecht, sondern auch an mangelhafter Landesverwaltung mit zu wenig Stellen, zu wenig Mut zu Entscheidungen und zu wenig Stellen in der Justiz.

Die Bekanntheit der Länderminister ist selbst im eigenen Bundesland meistens gering. Lediglich die Ministerpräsidenten erreichen noch beachtliche Bekanntheitswerte. Und nur noch wenige Länderminister sind überregional bekannt oder haben überregionalen politischen Ehrgeiz.

Der Anteil von Repräsentationsterminen im Land ist bei einem Landesminister sehr hoch. Diese Termine sind nicht zu unterschätzen. Damit werden vielfältige Aktivitäten im Land gewürdigt. Sie stiften ein Gefühl der Zusammengehörigkeit im Land und senken die Hemmschwelle zur Politik insgesamt. Die Länderminister kennen ihr eigenes Land sehr gut, weniger gut aber die Verhältnisse in den anderen Bundesländern. Deshalb beurteilen sie bundesweite Angelegenheiten sehr aus dem ihnen bekannten Zusammenhang. Sie verallgemeinern ihre eigenen politischen Erfahrungen in ihrem Land auf ganz Deutschland.

Die überregionale Zusammenarbeit der Landesminister ist intensiv. Es gibt gemeinsame Treffen mit den benachbarten Ländern, gemeinsame Kabinettssitzungen und eine gemeinsame Projektarbeit, zum Beispiel für gemeinsame Einrichtungen für mehrere Bundesländer.

Von besonderer Bedeutung für die Länderminister sind die Fachministerkonferenzen ihres Geschäftsbereichs. Hier werden gemeinsam interessierende Themen erörtert, hier werden Forderungen gegenüber dem Bund erhoben. Der zuständige Bundesminister nimmt an diesen Konferenzen regelmäßig teil, teilweise wie bei der Innenministerkonferenz formal aber nur als »Gast«.

So üblich eine solche Teilnahme des Bundes bei Fachministerkonferenzen ist, so unüblich ist sie bei den Treffen der Ministerpräsidenten. Hier ist kein Vertreter des Bundes anwesend, höchstens bei den Vorbesprechungen der A- und B-Seite. Es gibt zwar zwei Mal im Jahr regelmäßige Besprechungen der Bundeskanzlerin mit den Ministerpräsidenten, und wenn es eine Krise gibt, dann trifft sich dieser Personenkreis auch häufiger, wie zum Beispiel in der Flüchtlingskrise.

Aber bei den eigentlichen Runden der Ministerpräsidenten ist der Bund nicht dabei. Das ist auch in Ordnung. Den Grund für diese unterschiedliche Praxis zwischen Fachminister- und Ministerpräsidentenkonferenzen kenne ich allerdings nicht.

Die Fachministerkonferenzen der Länder haben ein sehr unterschiedliches Gepräge. Auch ihr öffentlicher oder politischer Einfluss ist unterschiedlich. Die Justizministerkonferenz zum Beispiel entscheidet mit Mehrheit, also sehr oft nach parteipolitischer Zugehörigkeit. Das Gleiche gilt für die Konferenz der Jugend- oder der Integrationsminister. Die öffentliche Wirkung dieser Konferenzen ist vielleicht deshalb gering. Die Beschlüsse sind nicht überraschend, werden kaum zur Kenntnis genommen und verändern wenig.

Anders ist es bei der Kultusministerkonferenz und bei der Innenministerkonferenz. Nicht nur, weil die hier verhandelten Themen Kernbereiche der Länderzuständigkeiten sind. Hier gilt das Einstimmigkeitsprinzip. Die Länderminister müssen sich also zusammenraufen, damit es überhaupt einen Beschluss gibt. Gibt es keine Einigkeit, heißt es im Protokoll nur: »Das Thema wurde erörtert.«

Der Vorsitz dieser Konferenzen wechselt jedes Jahr zwischen den Ländern. Die Konferenzen selbst finden im Gastgeberland statt und stoßen sogar bundesweit auf große Beachtung. Sie dauern zum Teil mehrere Tage, enthalten auch repräsentative Bestandteile und führen so zu einer menschlichen Bindung der Minister untereinander. So ist es zum Beispiel unüblich, dass sich Innenminister in der Öffentlichkeit gegenseitig persönlich angreifen.

Die Themen der Tagesordnung sind zudem so, dass nur die Einstimmigkeit eine gemeinsame Handhabung in den Bundesländern sichert. Die Verabredung von gemeinsamen Standards für Bildungsabschlüsse wäre zum Beispiel sinnlos, wenn sie nur in einem Teil der Bundesländer Wirkung entfaltet. Oder: Die Verabredung eines Bleiberechts für bestimmte Gruppen von Ausländern, die Innenminister der Länder oft getroffen haben, muss ebenfalls für ganz Deutschland gelten.

Hinzu kommt, dass die meisten Probleme eines Landesministers zwar von der jeweiligen Opposition zu Hause kritisiert werden, aber von einem Kollegen in einem anderen Bundesland mit dem Parteibuch der Opposition in diesem Land genauso empfunden werden. Stundenausfall an Schulen oder Lehrermangel ist ein Thema, was jeder Regierung zusetzt. Das gibt es in vielen Bundesländern, ganz unabhängig von den Koalitionsfarben. Die Argumente der jeweiligen Opposition ähneln sich genauso wie die Verteidigungen der Regierungen. Misslungene Polizeieinsätze gibt es ebenfalls ab und zu in jedem Bundesland. Das kritisiert dann die Opposition zu Hause mit denselben Textbausteinen, wie es die eigene Partei in einem anderen Land tut, ganz gleich, welches Parteibuch die Opposition hat. Der Verweis auf ähnliche Probleme in anderen Bundesländern hilft dem Landesminister aber nicht. Das interessiert schlicht niemanden im eigenen Bundesland. Aber diese Problemparallelität führt zu menschlicher Solidarität zwischen den Landesministern.

So hatte zum Beispiel der Innenminister von Nordrhein-Westfalen Ralf Jäger während der Flüchtlingskrise im Jahr 2015 ein Problem mit Rechtsradikalen unter dem Sicherheitspersonal zum Schutz der Flüchtlingseinrichtungen. Die damalige CDU-Opposition in NRW kritisierte das natürlich. Auch ich wurde nach meiner Meinung dazu gefragt. Bei mir meldeten sich Landesminister meiner eigenen Partei mit der Bitte, Minister Ralf Jäger nicht zu kritisieren, denn es könnte ja sein, dass demnächst das gleiche Problem im eigenen Land auftreten könnte. Dann würden sie an dem gleichen Maßstab der Kritik gemessen. Und niemand könne angesichts des notwendig schnellen Personalaufbaus bei den privaten Sicherheitsfirmen verhindern, dass sich Rechtsradikale unter das Sicherheitspersonal der Bewachungsfirmen mischten. Wir haben dann gemeinsam die Regeln für die Sicherheitsüberprüfungen bei privaten Wachfirmen verändert.

Bei Interviews vertreten Landesminister stets die eigene Ressortposition. Ob diese Position innerhalb der Landesregierung Konsens ist, interessiert dann nicht, wenn es um eine Forderung an den Bund geht. Geht es nur um Landespolitik, wird sich ein Fachminister eines Landes aber natürlich hüten, die eigene Position als die des Landes auszugeben, wenn er Ärger mit dem Koalitionspartner oder dem Ministerpräsidenten vermeiden will. Ein Umweltminister eines Landes fordert die Bundesregierung dagegen ohne weiteres auf, etwas zu tun, was der eigene Kollege Wirtschaftsminister im eigenen Kabinett ganz anders sieht. In den Medien heißt es dann aber, das Land X fordere den Bund zum Handeln in einem bestimmten Bereich auf, obwohl das gar nicht der Fall ist.

Das hat auch Folgen für die Arbeit des Bundesrates. Im Bundestag werden in den Fachausschüssen die Entscheidungen des Plenums so vorbereitet, dass dieses den Empfehlungen der Ausschüsse immer folgt. Die Mehrheit im Ausschuss ist die gleiche wie im Plenum. Im Bundesrat ist das anders: Hier stimmen die Fachminister der Länder ab, wie sie wollen. Mit den Mehrheiten im Bundesratsplenum hat das nichts zu tun. Im Innenausschuss stimmen die Innenminister der Länder ab, wie sie wollen, selbst dann, wenn sie wissen, dass diese Meinung nicht innerhalb der Landesregierung Konsens ist. Die Justizminister stimmen in ihrem Ausschuss zum gleichen Thema ganz anders ab.

Erst für das Plenum des Bundesrates wird dann die Entscheidung der Landesregierung getroffen. Dazu gibt es die Festlegung in den Kabinettssitzungen der Landesregierungen wenige Tage vor der Sitzung des Bundesrates oder manchmal sogar erst am Donnerstagabend, wenn die Ministerpräsidenten der B-Seite mit der Bundeskanzlerin und dem Fraktionsvorsitzenden der CDU/CSU zusammensitzen, ebenso wie dies die A-Seite untereinander bespricht. Beide Gruppierungen tagen parallel. Manchmal gibt es dann in der Nacht eine Art informelle Vermittlungsausschuss-Sitzung, bei der die Kompromisse so gemacht werden, dass eine Mehrheit im Bundesrat zustande kommt.

So verhandelte ich als Chef des Bundeskanzleramtes zusammen mit den Ministern Franz Müntefering und Peer Steinbrück einmal nach den getrennten Sitzungen an einem Donnerstagabend in der Landesvertretung von Rheinland-Pfalz mit einigen Ministerpräsidenten von Union und SPD über die Höhe der Bundesbeteiligung an den Kosten der Unterkunft für Hartz IV-Empfänger so lange, bis wir eine Einigung erzielten, die dann wenige Stunden später die Zustimmung des ganzen Bundesrates fand.

Die Ministerpräsidenten toppen ihre Fachminister durch solche Verfahren viel intensiver, als dies die Bundeskanzlerin oder das Bundeskanzleramt gegenüber den Bundesministern in deren Fachministerkonferenzen in Deutschland oder in der EU tun. Dafür aber sind die Verhandlungspositionen der Bundesminister – mindestens bei den Verhandlungen auf EU-Ebene – im Vorfeld viel intensiver abgestimmt.

Die Ministerpräsidenten haben in den Ländern und für ihre Länder nach außen eine starke Position. Das liegt auch daran, dass die allermeisten einen bundespolitischen Anspruch haben. Das bedeutet, sie vertreten nicht nur gekonnt und manchmal unverschämt ihre finanziellen Interessen gegenüber dem Bund, sondern sie formulieren Bundespolitik mit. Sie beurteilen die Lage in Afghanistan, um zu bewerten, ob man dahin abschieben kann. Sie entwickeln Rentenkonzepte, machen nationale Umwelt-, Energie- und Verkehrspolitik. Und sie empfinden sich als Führungsreserve für politische Positionen im Bund. Außer Ludwig Erhard und Angela Merkel hatten alle Bundeskanzler der Bundesrepublik Deutschland vorher Ämter in Kommunen oder Ländern inne. Etliche Bundesminister in wichtigen Ressorts waren zuvor Ministerpräsidenten.

Bei den Ministerpräsidentenkonferenzen werden die MP's, wie die Ministerpräsidenten in Kurzform genannt werden, im Verhinderungsfall nicht vom stellvertretenden Ministerpräsidenten vertreten, sondern vom Chef der Staats- oder Senatskanzlei. Das liegt daran, dass die Stellvertreter dem Koalitionspartner angehören. Und die MP's haben bisher alle Versuche abgewehrt, dass in der MPK, also der Ministerpräsidentenkonferenz, das Land vom Koalitionspartner vertreten wird. Bei Terminen im eigenen Land ist das anders. Da vertritt den MP sein Vertreter oder ein Fachminister. Den Chef der Staatskanzlei, im inneren Betrieb ebenso wichtig wie der Chef des Bundeskanzleramts, kennt im Land kaum einer.

Ein Bundesminister ist im Verhältnis zum Bundeskanzleramt in seiner Amtsführung jedenfalls viel unabhängiger als ein Landesminister im Verhältnis zu seinem Ministerpräsidenten. Das hängt mit seiner ungleich stärkeren öffentlichen Rolle und seiner ungleich stärkeren internationalen Einbindung zusammen. Und: Ein Rücktritt oder eine Entlassung eines Bundesministers schlägt viel größere Wellen in der Öffentlichkeit, aber auch in der Politik und insbesondere in seiner Partei als die eines Landesministers.

Die Kabinettssitzungen in den Ländern finden am Dienstag oder am Mittwoch statt. Die Praxis ist sehr unterschiedlich: In einigen Ländern wie zum Beispiel in Hessen gibt es vor jeder Sitzung des Kabinetts eine Sitzung des Koalitionsausschusses. In anderen Ländern spielt der Koalitionsausschuss eine streitschlichtende Rolle nur bei wichtigen Einzelentscheidungen zu wenigen Extraterminen wie beim Bund. In manchen Bundesländern wie zum Beispiel in Sachsen nehmen an den Kabinettssitzungen auch die Vorsitzenden der Fraktionen der Koalition teil. Das haben die Fraktionsvorsitzenden der Koalitionspartner im Bundestag stets abgelehnt. Eine solche Teilnahme führt zwar zu früher Beteiligung, aber genauso zu einer frühen Bindung der Fraktionen an die Entscheidungen der Regierung. Es gibt auch Bundesländer, da nehmen die Staatssekretäre an den Kabinettssitzungen teil, so zum Beispiel in Schleswig-Holstein. In vielen Bundesländern ist die Praxis ähnlich wie im Bund, dass nur innerhalb der Landesregierung vorher abgestimmte Vorlagen Gegenstand der Beratung des Kabinetts sind. Es gibt aber auch Bundesländer wie Sachsen, bei denen umstrittene Vorlagen auf der Tagesordnung stehen, die dann erst während der Kabinettssitzung entschieden werden.

Im Prinzip gleich: Die verschiedenen Bundesministerien und ihr Gewicht

Die Zahl der Bundesministerien ist seit längerer Zeit gleich geblieben. Das politische Gewicht der Bundesministerien ist unterschiedlich. Im 19. Jahrhundert sind erstmals den Ministerien Themengebiete zugeordnet worden. Es entstanden zunächst die »klassischen« Ministerien: Finanzen, Auswärtiges, Inneres, Justiz und Krieg, später Verteidigung genannt. Bis heute sind sie die Ministerien mit dem Zusatz »der« und nicht »für«. Der Innenminister heißt also Bundesminister des Innern, der Außenminister heißt Bundesminister des Auswärtigen usw. Die nicht klassischen Ministerien heißen Ministerien »für« etwas, also für Umwelt oder für Wirtschaft. Bekommt ein klassisches Ministerium eine zusätzliche Aufgabe, dann gibt es zwei Titel, also der Bundesminister der Justiz und für Verbraucherschutz, neuerdings der Bundesminister des Innern und für Bauen und Heimat.

Die klassischen Ministerien sind zugleich auch Querschnittsministerien. Das bedeutet, sie sind nicht nur für ihren eigenen Zuständigkeitsbereich von Bedeutung, sondern sie werden bei Angelegenheiten anderer Ressorts stets beteiligt. Ihre Zuständigkeit ragt gewissermaßen in die Zuständigkeit der Nicht-Querschnittsministerien hinein. Das ist offenkundig beim Finanzministerium, denn meistens geht es auch um Geld. Aber auch das Innen- und das Justizministerium werden bei jeder Kabinettvorlage beteiligt. Denn stets geht es um die Rechtmäßigkeit zum Beispiel von Gesetzen, um die Vereinbarkeit eines Vorhabens eines Fachministers mit dem Grundgesetz oder um die Rechtsförmlichkeit, also darum, ob die Formulierung eines Gesetzes für die Umsetzung tauglich und anwendbar ist.

Natürlich gibt es inzwischen auch andere Themen, die in alle anderen Bereiche der Ministerien hineinragen, so das Digitale, der

Verbraucherschutz, Frauenfragen und der Umweltschutz. Frauenthemen spielen zum Beispiel eine Rolle im Arbeitsrecht und gehören insoweit zum Arbeitsministerium, genauso im Steuerrecht, wofür der Finanzminister zuständig ist, sowie bei der Frage der quotenmäßigen Besetzung von Frauen in Aufsichtsräten, was wiederum in die Zuständigkeit des Justizministers fällt. Die entsprechenden Ministerien sind dann zu beteiligen, aber im politischen Betrieb gelten sie (noch) nicht als Querschnittsministerien. Ich bin überzeugt davon, dass sich das bald ändert.

Und natürlich ist das Ministerium, das der Vizekanzler führt, stets zu beteiligen. Inzwischen ist es also auch ein Querschnittsministerium.

Die Querschnittsministerien sind zugleich Machtministerien. Wer immer beteiligt werden muss, wer immer um seine Zustimmung gefragt werden muss ist mächtig. Machtfragen sind in der Politik oft Beteiligungsfragen.

Das Verteidigungsministerium gehört eigentlich nicht dazu, denn die meisten Angelegenheiten der anderen Ministerien haben nichts mit Verteidigung zu tun. Insofern ist es kein Querschnittsministerium. Dennoch gilt das Verteidigungsministerium auch als Machtministerium. Zu Recht. Das erklärt sich zum einen historisch, hat aber zum anderen auch damit zu tun, dass der Verteidigungsminister den größten exekutiven Apparat führt.

Die Minister sind im Prinzip alle gleich. Sie verdienen dasselbe, und alle haben eine Stimme im Kabinett. In der politisch von außen betrachteten Hierarchie der Ministerien gilt die Übernahme eines Machtministeriums dennoch als Aufstieg, die Übernahme eines Fachministeriums durch einen Machtminister oder Querschnittsminister eher als Abstieg. Das gilt sogar zwischen den Querschnittsministerien. Als mich der sächsische Ministerpräsident Georg Milbradt vom Finanzminister zum Justizminister machte, wurde das allgemein als Degradierung verstanden. Und es war sicher auch so beabsichtigt. Ich habe sogar eine Nacht überlegt, ob ich dieses Angebot,

Justizminister zu werden, ablehne. Ich habe das dann nicht getan, weil ich eine persönliche Befindlichkeit gegenüber einer solchen Herabsetzung nicht überbewerten wollte. Außerdem ist es ehrenvoll, im Freistaat Sachsen Minister zu sein – egal ob nun als Finanz- oder Justizminister.

Später machte mich Ministerpräsident Georg Milbradt wie geschildert dann vom Justizminister zum Innenminister, was in der Öffentlichkeit dann als (Wieder-)Aufstieg kommentiert wurde.

Einige Ministerien sind Sicherheitsministerien. Das gilt natürlich für den Innenminister, aber auch für den Verteidigungsminister, den Justizminister und den Außenminister. Im weiteren Sinne müsste man eigentlich auch weitere Minister hinzuzählen: Der Entwicklungshilfeminister beschäftigt sich im Ausland natürlich mit Fragen der Sicherheit in den Entwicklungsländern. Der Finanzminister ist zuständig für den Zoll und für internationale Geldwäsche. Beide sind im Übrigen deswegen auch Mitglieder des Bundessicherheitsrats.

Manche Justizminister halten sich nicht für Sicherheitsminister, sondern sehen sich als Minister für Bürgerrechte. Ich halte das für falsch.

Der Innenminister ist zugleich auch der Verfassungsminister. Nach meinem Verständnis ist der Innenminister der Bürgerminister, der Minister für Freiheit und für den inneren Zusammenhalt einer Gesellschaft. Er schützt die Freiheit der Bürger, auch durch Sicherheitspolitik.

Der Justizminister ist zwar auch Verfassungsminister, aber vor allem für das schärfste Schwert zuständig, das der Rechtsstaat kennt, nämlich das Strafrecht und das Strafprozessrecht. Mit meinem Kollegen Heiko Maas habe ich über diese Frage ein ganzes gemeinsames Abendessen diskutiert. Und wir haben aus diesem gegenseitigen Verständnis unserer Ressorts eine sehr gute Zusammenarbeit entwickelt, was nicht heißt, dass wir uns nicht auch mit vielen Themen rund um die Abwägung zwischen Freiheit und Sicherheit auseinandergesetzt haben. Aber wir haben am Ende gute Kompromisse erarbeitet.

Die Beschäftigung mit Fragen der Sicherheit ist besonders sensibel. Absolute Sicherheit gibt es nicht, faktisch wird sie aber von einem großen Teil der Öffentlichkeit erwartet. Für die meisten Fragen der inneren Sicherheit sind die Bundesländer zuständig, die Verantwortung und die öffentliche Beachtung bei allen großen Sicherheitsvorfällen richten sich aber am meisten auf den Bundesinnenminister. Sicherheitsrelevante Ereignisse beschäftigen die ganze Öffentlichkeit. Sie kommen oft überraschend. Sie können auf einen Schlag die öffentliche Debatte verändern. Sicherheit herzustellen gehört zu den schwierigsten, den wichtigsten und den nobelsten Aufgaben jedes Staatswesens.

Sicherheitsminister sind besonders gefährdet. Sie ziehen Aggressionspotenzial auf sich. Es sind nicht in erster Linie die Terroristen, sondern eher schwierige Einzelpersönlichkeiten mit besonderen persönlichen Belastungen, die ihre Lebensumstände auf die Politik schieben und Aggressivität gegenüber den Repräsentanten der Sicherheit entwickeln.

Deswegen haben die Sicherheitsminister Personenschutz. Von außen wirkt das eindrucksvoll: Zwei schwere schwarze Limousinen, in der Regel gepanzert, fahren vor. Vor dem Minister steigen die Personenschützer aus dem Fahrzeug. Sie machen die Tür erst auf, wenn sie die Lage als sicher einschätzen, und sie begleiten den Minister bei allen Veranstaltungen. Manchen mag das gefallen. Die Personenschützer sind Polizisten des Bundeskriminalamts und der Bundespolizei. Sie sind erstklassig ausgebildete Fachleute. Sie sind sympathisch, diskret und verschwiegen. Nie hat ein Personenschützer in Deutschland einen Chef, auch keinen ehemaligen Chef, verraten oder ein reißerisches Buch geschrieben. Es entsteht ein enges Vertrauensverhältnis zwischen dem Personenschützer und dem gefährdeten Minister. So war es auch bei mir. Der Abschied von diesen

Menschen ist mir schwergefallen, als ich im März 2018 aus dem Amt geschieden bin.

Aber: Personenschützer sind auch bei privaten Terminen dabei. Sie kennen den Terminkalender, auch private Termine. Sie sind im Urlaub dabei. Sie sind eigentlich immer dabei. Sie sind vor jeder privaten Aktivität zu informieren. Das führt auch dazu, dass das ganze Leben eines gefährdeten Ministers verplant ist. Wenn meine Frau und ich am Sonntagmorgen verabredet hatten, dass wir um 15:30 Uhr spazieren gehen, dann sind wir auch um 15:30 Uhr losgegangen, selbst wenn wir spontan vielleicht erst später oder schon früher gegangen wären. Denn die Personenschützer waren bestellt, und ich wollte sie nicht lange warten lassen.

So bequem Personenschutz ist, so einschränkend ist er zugleich. Ich habe acht Jahre Personenschutz der Gefährdungsstufe eins erlebt, vorher als Schutzperson niedrigerer Gefährdungsstufen. Ich habe in dieser Zeit nie einen Parkplatz gesucht. Ich wurde am Flughafen nicht kontrolliert, zum Teil sogar unmittelbar an das Flugzeug gebracht. Meine Flugtickets wurden gebucht. Bei jeder Veranstaltung wurde mir der Weg gewiesen. Ich musste nichts suchen. Aber, so vertraut mir die Personenschützer auch geworden sind, es sind Fremde, die jederzeit mein Leben begleiten. Das ist bequem, aber lästig und in irgendeiner Form übergriffig. Es ist der Preis für den eigenen Schutz. Es ist ein hoher Preis.

Man kann Ministerien auch danach unterscheiden, welches Risiko mit ihnen verbunden ist. Deswegen möchte ich manche Ministerien auch als Risikoministerien bezeichnen. Damit ist gemeint, dass hier besonders häufig politische oder sonstige Risiken auftreten können, die für den Minister gefährlich werden können. Das gilt natürlich in erster Linie für die Sicherheitsministerien, aber auch für andere. So sind der Gesundheitsminister und der Landwirtschaftsminister mit Risiken konfrontiert, die mit dem Ausbruch von Epidemien oder Lebensmittelgefährdungen zu tun haben. Auch der Umweltminister kann mit Umweltkatastrophen so konfrontiert werden, dass es für sein politisches Überleben riskant wird. So etwas gilt nicht für den Finanzminister, für den Justizminister oder den Chef des Bundeskanzleramts, soweit es nicht um »Skandale« beim Bundesnachrichtendienst geht. Der Bundesjustizminister ist zwar für das Strafrecht zuständig, aber er hat bis auf die obersten Gerichte und den Generalbundesanwalt keinen nachgeordneten Bereich. Der Ausbruch eines Gefangenen aus einem Gefängnis ist stets Ländersache. Insofern führt ein Landesjustizminister auch ein Risikoministerium, nicht aber der Bundesjustizminister.

Risikominister bedeutet, dass ein solcher Minister gegebenenfalls auch zurücktreten muss, obwohl er selbst keinen eigenen Fehler gemacht hat, sondern die Verantwortung übernehmen muss für sachliche Fehler oder Organisationsmängel im nachgeordneten Bereich. Man kann auch juristisch formulieren, Risikominister machen gefahrgeneigte Arbeit. Aber dagegen gibt es nicht wie bei Anwälten oder Vorständen von Unternehmen eine Berufshaftpflichtversicherung, die Schäden für Verantwortungsübernahme ausgleicht.

Beklagen sollten sich Minister darüber nicht. Wer sich einem solchen politischen Risiko nicht aussetzen möchte, der sollte es lassen. Und so hält sich denn auch die Zahl der echten Bewerber für Risiko- und Machtministerien in Grenzen, weil manche kluge und talentierte Politiker auf die Frage, ob sie nicht Innen- oder Verteidigungsminister werden wollen, eher abwinken. Macht bedeutet eben auch Risiko, mehr aber noch Gestaltungsmöglichkeit und Chancen.

Minister haben unterschiedliche Charaktere. Sie haben auch einen je eigenen Führungsstil. Sie kommen aus verschiedenen Parteien. Sie haben eine individuelle Sozialisation. Und dennoch werden sie von langfristigen Mentalitäten und Traditionen eines Ressorts geprägt. Wie diese entstehen und weitergegeben werden, ist mir rätselhaft. Aber sie sind da. Solche Mentalitäten gibt es insbesondere in den alten »Häusern«, wie man sagt, in den klassischen Ressorts. Wie es in Schulen, in Hochschulen, in Kirchen oder in Unternehmen bestimmte lang anhaltende und zum Teil unveränderbare Mentalitäten, Bräuche, Traditionen, Sprachwendungen gibt, so gibt es das auch in den Ministerien des Bundes.

Das Bundesinnenministerium ist sehr juristisch geprägt. Der Kern der Arbeit ist immer noch, allerdings mit sinkendem Anteil, Gesetzgebung. Die Qualität der Mitarbeiter des Innenministeriums ist traditionell hoch. Darauf wird streng geachtet, schon bei der sorgfältigen Auswahl zu Beginn einer Laufbahn. Aber auch später. Die Beurteilungen im Innenministerium sind strenger als in anderen Ministerien. Das Innenministerium verhält sich eher abweisend gegenüber Seiteneinsteigern. Es ist strukturkonservativ, man denkt in Institutionen und Verfahren und schaut auf den Staat als Ganzes. Modernen Methoden wie einer Kosten-Leistungs-Rechnung oder Sprachwendungen von einer Kundenorientierung von Verwaltung steht man skeptisch gegenüber.

Neuerdings nimmt auch im Innenministerium die Zahl der IT-Fachleute zu. IT-Sicherheit ist ein neuer Kernbereich eines Innenministeriums ebenso wie die digitale Verwaltung. Das verändert Denkweisen. Zunehmend gefragt sind Mitarbeiter, die Projekte steuern können. Damit tut sich das Innenministerium schwer. Regelmäßige Rotation der Mitarbeiter ist ebenfalls eine gute Tradition im Innenministerium. Man muss, um Karriere zu machen, in mehreren Abteilungen gearbeitet haben. Traditionellerweise empfinden sich die Mitarbeiter in den Sicherheitsabteilungen als besonders wichtig. Es gab immer ein gewisses Neben- oder Gegeneinander mit den anderen Abteilungen, zwei Stränge im Innenministerium, die sich oft nicht mochten: der Sicherheitsbereich mit dem Sicherheitsstaatssekretär an der Spitze und »der Rest«. Der Staatssekretär für den »Rest« war dem Sicherheitsstaatssekretär früher oft eher in Abneigung verbunden.

Mir war es sehr wichtig, dies zu überwinden im Sinne eines alle Bereiche erfassenden Gemeinschaftsgeistes eines klassischen Ministeriums. In diesem Sinne habe ich wesentliche Personalentscheidungen getroffen. Und ich finde, das ist ganz gut gelungen.

Das Innenministerium war früher auch ein Ministerium, was sehr stark auf die Bundesrepublik Deutschland im Inneren bezogen gearbeitet hat. Internationale Bezüge waren lange eher unterbelichtet. Das hat sich fundamental verändert. Alle wesentlichen Bereiche des Innenministeriums wie Kriminalität und Terror, IT-Sicherheit und Cyber sowie das Thema Migration sind stark europäisch und international bestimmt und nur so erfolgreich zu beeinflussen. Das muss ein Innenministerium aktiv nutzen und nicht reaktiv bekämpfen oder duldend ignorieren. Auch hier hat ein Mentalitätswechsel begonnen, auf den ich, gemeinsam mit meiner Staatssekretärin Emily Haber, die aus dem Auswärtigen Amt stammte, stark eingewirkt habe.

Das Finanzministerium ist dagegen anders. Auch hier wird stark auf Qualität geachtet. Neben Juristen sind dort viele Volkswirte an wichtigen Positionen. Das Finanzministerium arbeitet seit langem sehr international, in den EU-Gremien, aber auch global. So ist es als einziges Fachressort stets beteiligt bei der Vorbereitung der G 7/8- und der G 20-Treffen. Aber zwischen den Abteilungen gibt es wenig Wechsel. Man macht in der jeweiligen Abteilung, also zum Beispiel in der Steuerabteilung, Karriere und nicht durch einen Wechsel zwischen den Abteilungen. Das Gleiche gilt für die Haushaltsabteilung oder den Zoll. Die Abteilungen haben ein eigenes Budget, die Zentralabteilung ist deswegen schwächer als in anderen Häusern.

Auch im Justizministerium ist ein häufiger Wechsel zwischen den Fachabteilungen eher selten. Deswegen finden sich in den einzelnen Referaten erstklassige Juristen, die anerkannte Experten sind, die sich wie kaum ein anderer in ihrem Rechtsgebiet auskennen, die wissenschaftlich arbeiten und veröffentlichen. Sie haben dann aber weniger Verständnis für Belange anderer Abteilungen und erst recht anderer Ressorts, die Auswirkungen auf den eigenen Zuständigkeitsbereich haben. Traditionellerweise empfindet sich das Justizministerium als ein Ministerium für Gesetzgebung. Daher fehlt es oft an praktischer Erfahrung und einer Vorstellung davon, dass Gesetze nicht alles sind, um die Wirklichkeit zu beeinflussen. Das Justizministerium ist wie das Innenministerium auf klassische Regierungsarbeit gepolt. Die Justizminister haben zwar selbst dafür gekämpft, dass ihr Ministerium die Zuständigkeit für den Verbraucherschutz bekommt. Genauso hat es den Justizminister immer gewurmt, dass das Innenministerium und nicht das Justizministerium für den Datenschutz zuständig ist. Aber bei der Arbeit im Ministerium ist ganz klar, dass der Verbraucherschutz nicht den gleichen Stellenwert hat wie die traditionellen Rechtsgebiete im Justizministerium. Justizminister Maas hat zum Beispiel zu den schon genannten Kleeblattgesprächen nie den beamteten Staatssekretär für den Verbraucherschutz mitgenommen.

Das Außenministerium ist wieder anders zusammengesetzt. Natürlich gibt es dort auch viele Juristen, aber genauso viele Historiker und Angehörige anderer Fächer. Auch hier ist ein Wechsel Normalität, ja geradezu Programm. Die Besetzungen im Ausland wechseln alle drei bis vier Jahre. Das gilt – etwas eingeschränkt – auch für die Positionen im Inland. Man will gerade nicht, dass durch eine lange Verweildauer die Identifikation mit dem auswärtigen Staat, in dem man arbeitet, zu eng wird.

Seit einiger Zeit ist allerdings zu beobachten, dass es im Auswärtigen Amt zwei Arten von Karrieren gibt: Die eine Laufbahn besteht darin, ganz überwiegend ins Ausland entsendet zu werden, die andere Laufbahn wird von Beamten geprägt, die vornehmlich im Auswärtigen Amt verbleiben. Dort wird operativ gearbeitet und verhandelt, während Diplomatentätigkeit im Ausland viel »public diplomacy« ist, also gut gemachte Lobby- und Öffentlichkeitsarbeit für Deutschland. Die Verhandler, die politischen Direktoren, die EU-, UN- und NATO- Botschafter sind aus einem anderen, einem härteren Holz geschnitzt. Aber auch hier gilt: Keine Position soll man länger als drei bis vier Jahre behalten.

Ein Mentalitätsunterschied gegenüber dem Innenministerium oder dem Verteidigungsministerium ist mir besonders aufgefallen: Im Außenministerium beschäftigt man sich gerne mit der Welt, wie sie sein könnte oder sollte. Im Innenministerium oder im Verteidigungsministerium muss man sich eher mit der Welt beschäftigen, wie sie tatsächlich ist.

Das führt zu anderen Mentalitäten: Im Innenministerium ist man eher skeptisch, was künftige Entwicklungen anbetrifft. Man sieht eher auf die Sorgen, weil man mit den Folgen negativer Entwicklungen besonders zu tun hat. Im Außenministerium betrachtet man eher die Chancen von neuen Entwicklungen, auch weil man die Folgen, wenn sie denn negativ sind, nicht selber zu bearbeiten hat.

Ein klassisches Beispiel dafür ist die Visapolitik: Ein Außenministerium möchte in der Regel, dass Deutschland zu vielen Ländern einen visumsfreien Verkehr hat. Das ist gut für Geschäftsleute, für Handel und Wandel und fördert die politischen Beziehungen, wenn die Bevölkerung dieses Landes nach Deutschland reisen kann, ohne zuvor ein Visum beantragen zu müssen. Darüber zu verhandeln, ist federführend Sache der Außenministerien, und sie werden von ausländischen Staaten gedrängt, die Visumsfreiheit einzuführen. Im Innenministerium ist man gegenüber einer Visumsfreiheit eher skeptisch. Neben ehrbaren Geschäftsleuten nutzen nämlich auch Kriminelle und andere die Visumsfreiheit, für die sie nicht gedacht war.

Kurz nach dem Beginn der Visumsfreiheit für Serbien und andere Balkanstaaten explodierte zum Beispiel die Zahl der Asylantragsteller aus diesen Ländern. Die Menschen reisten als Touristen ein und stellten dann einen Asylantrag. Sie wussten zwar, dass ihr Antrag aussichtslos war, aber in der Zeit der Prüfung im Asyl- und Gerichtsverfahren konnten sie hierbleiben und erhielten soziale Leistungen, die zum Teil höher waren als die Erwerbseinkommen in ihren Heimatländern.

Die negativen Folgen der Visumsfreiheit trägt der Innenminister, nicht der Außenminister. Im Außenministerium werden solche

Bedenken eher als kleinkariert empfunden, während man im Innenministerium die Haltung eines Außenministeriums als sorglos und leichtfertig betrachtet.

Welcher Partei die Minister auch immer angehören, mit solchen vorfindlichen Mentalitätsprägungen der Ministerien müssen sie leben. Um erfolgreich zu sein, muss man als Minister Mentalitätsunterschiede aufnehmen, um sie zu kennen, aber auch um sie gegebenenfalls beeinflussen und verändern zu können. Natürlich kann man sie vor allem nutzen, weil dann das eigene Haus besonders stark wird.

Gleichzeitig sollte ein Minister aber auch die Grenzen methodischer und inhaltlicher Art reflektieren, die mit solchen traditionellen Mentalitäten verbunden sind. Das bedeutet auch, Kompromisse mit anderen Ministern einzugehen, die im eigenen Haus nicht verstanden oder abgelehnt werden. Niemand ist eben allein auf der Welt. Wenn man sein eigenes Haus kennt und weiß, wie es tickt, dann kann man auch einen solchen Kompromiss besser erklären und seine Umsetzung im eigenen Haus besser durchsetzen.

Aufeinander angewiesen:
Das Ministerium und der Minister

Ein Minister verbringt die meiste Zeit im Ministerium. Dritten gegenüber habe ich gerne von »meinem Haus« gesprochen. Das markiert keinen Besitzanspruch, sondern eine Zugehörigkeit. Ein Minister muss dem eigenen Haus klarmachen, dass er der Chef ist, dass der Chef aber auch für die Mitarbeiter da ist und dass man nur gemeinsam Erfolg hat. Und so hat es mich gefreut, wenn Mitarbeiter Dritten gegenüber von »meinem Minister« gesprochen haben, wenn sie mich meinten.

Auch wenn es ungewöhnlich klingen mag, ein Minister erfährt nicht alles, aber das Wichtigste über das Geschehen seines Geschäftsbereichs aus Akten, inzwischen auch aus Mails. Akten sagen viel aus, wenn sie gut geführt sind.

Es geht mit der äußeren Form los. Ich habe immer großen Wert auf die äußere Form von Akten und Vorlagen gelegt. Alle Abteilungen mussten den gleichen Zeilenabstand und den gleichen Schrifttyp verwenden. Die Gliederung der Vermerke musste einheitlich sein. Stets sollte eine Vorlage einen Vorschlag enthalten zum weiteren Verfahren. Vielen erschien das im Ministerium zunächst als zu pingelig. Auch Journalisten haben sich darüber lustig gemacht, obwohl ihre Zeitungen auch sehr formal gestaltet sind, damit jeder Leser den Inhalt gleich an der richtigen Stelle findet. Wenn man aber als Minister im Auto, abends spät oder am Wochenende von vielen verschiedenen Abteilungen viele Vorlagen liest, und jede Abteilung oder jedes Referat verwendet eine andere Form der Vorlage, dann wird es für einen Minister unübersichtlich. Die gleiche äußere Form macht die Konzentration auf den Inhalt sofort möglich. Und die äußerlich gleiche Form einer Vorlage zwingt den Verfasser zur Konzentration auf den Inhalt. Auch Form macht Inhalt.

Man darf sich als Minister natürlich nicht auf die Aktenwirklichkeit und die Vorlagen allein verlassen, aber ohne Arbeit an und mit den Akten ist man auch verlassen.

Man hat mir zuweilen das Etikett der »Büroklammer« aufgeklebt. Später habe ich damit selbst kokettiert. Das ist natürlich übertrieben. Aber ohne ein gut geführtes Büro, ohne Aktenstudium, ohne gute Rücksprachen, ohne klare Dienstwege wird ein Minister nicht erfolgreich sein. Jedenfalls ist das meine Erfahrung.

Sehr wichtig für die Arbeit in einem Ministerium ist das sogenannte Debriefing. Viele politische Probleme entstehen durch mangelndes Debriefing. Damit ist Folgendes gemeint: Ein Minister erfährt oft etwas, ohne dass ein Mitarbeiter dabei ist. Ein Minister verhandelt oft etwas, was Mitarbeiter wissen müssen. Ein Minister macht oft Zusagen, ohne dass er die Einlösung der Zusage unmittelbar danach veranlassen kann. In all diesen Situationen ist es von ausschlaggebender Bedeutung, dass der Minister das, was andere zu tun haben, debrieft, also weitergibt und erläutert. Am besten natürlich gegenüber dem zuständigen Mitarbeiter. Aus Zeitgründen gelingt dies aber oft nicht. Deshalb ist es von überragender Bedeutung, dass der Leiter oder die Leiterin eines Leitungsstabs oder ein Büroleiter solche Nachrichten entgegennehmen, die dann von ihnen für die weitere Arbeit ins Haus weitergegeben werden müssen.

Ein neuer Minister findet ein Haus, »sein« Haus bei Amtsantritt so vor, wie sein Vorgänger es verlassen hat. Nur wenige Mitarbeiter kann oder sollte er mitbringen. Ich habe bei meinen vielen Wechseln in neuen Häusern meistens versucht, alle Mitarbeiterinnen und Mitarbeiter an ihren Arbeitsplätzen bei Rundgängen zu besuchen, auch wenn das Stunden, manchmal Tage dauerte. Zum Teil hatten sie noch nie einen Minister gesehen, obwohl sie jahrelang in einem Ministerium gearbeitet hatten. Oder nur aus der Ferne bei Personalversammlungen.

Ein Minister braucht Vertraute, aber nur mit Vertrauten kann man ein großes Ministerium nicht erfolgreich führen. Verlässt man sich nur auf Vertraute, macht man nur Besprechungen mit ihnen, so fühlen sich die anderen zurückgesetzt und ihre Arbeitsleistung wird schlechter.

Ich bin ein großer Verfechter der Linie, dass die Leitungsstäbe rund um den Minister nicht zu groß werden dürfen. Die Tendenz ist neuerdings aber genau andersherum. Ich finde: Je größer ein Leitungsstab ist, desto weniger initiativ werden die Abteilungen. Sie liefern dann alles beim Leitungsstab ab und warten auf weitere Vorgaben. Stattdessen sollte die Abteilung eines Ministeriums der eigentliche Ort der Entwicklung kreativer Vorschläge und der operativen Arbeit sein. Ein noch so großer Leistungsstab kann das nicht ersetzen.

Die Mitarbeiter in einem Ministerium, insbesondere die Mitarbeiter im Leitungsbüro, wissen sehr viel über das Leben eines Ministers, auch das Privatleben. Das gilt jedenfalls für Minister, die mit Angelegenheiten der Sicherheit zu tun haben. Dies folgt aus der Notwendigkeit einer ständigen Erreichbarkeit und dem logistischen Erfordernis, private von dienstlichen Terminen abzugrenzen. Das setzt ein großes Vertrauen des Ministers in seine engen Mitarbeiter voraus. Ich bin dankbar, dass es nicht nur mir gegenüber, sondern seit Jahrzehnten gegenüber vielen Ministern gelungen ist, dass Mitarbeiterinnen und Mitarbeiter nicht Dritten gegenüber aus dem Privatleben von Politikern berichtet haben.

Ein Minister muss aufpassen, dass er nicht vom Ministerium, von Terminen, von Interessenverbänden »aufgefressen« wird. Ich habe einmal analysieren lassen, wie viele Termine ich als Bundesinnenminister aktiv wollte und wie viele passiv an mich herangetragen wurden. Oder wo aus den Rhythmen in der Politik feste Termine entstehen wie zum Beispiel Kabinetts- oder Fraktionssitzungen. Das Ergebnis war erschütternd: Mehr als 80 oder 90 Prozent der Termine waren reaktiv. Oft haben wir daraufhin den Terminkalender durchforstet und aktive Termine eingefügt also solche Termine, die mir ohne jeden Anlass von außen am Herzen lagen. Aber das war schwer.

Ein Minister könnte von morgens bis abends arbeiten, ohne eine Initiative zu starten, ohne aktiv mit denjenigen zu sprechen, die nicht ihrerseits ein Gespräch beim Minister einfordern, oder ohne eine Vorgabe ins Haus zu geben. Im übertragenen Sinne könnte man sagen: Zum Fahren, zum Abgeben, zum Ausgesaugtwerden gibt es immer Zeit, die Zeit zum Nachdenken, zum Auftanken muss sich ein Minister erkämpfen. Damit meine ich nicht nur private Zeit, sondern aktive Arbeitszeit, die nicht nur Reaktion auf feststehende Termine oder von außen gesteuerte Ereignisse ist. Damit dies gelingt, braucht man Mitarbeiter im Umfeld, die darauf achten und den Minister schützen und beraten bei der Gestaltung des Terminkalenders. Und dazu muss man Mitarbeiter fördern, die dem Minister nachdrücklich widersprechen.

Oft werde ich gefragt, welches Amt in der Bundesregierung oder in den Ländern das Schönste war oder welches ich am liebsten wahrgenommen hätte. Die Antwort darauf ist nicht leicht. Am schönsten war, dass ich die Gelegenheit hatte, drei verschiedene wichtige Ämter in der Bundesregierung zu übernehmen. Auch mir hat der Wechsel im Ergebnis immer gutgetan, auch wenn ich zunächst nicht wechseln, sondern in »meinem« liebgewordenen Ressort bleiben wollte.

Die drei Ressorts, die ich geführt habe, sind sehr unterschiedlich. Das gilt sicher auch für das Amt und die jeweilige Perspektive anderer Minister. Aus eigener Erfahrung kann und will ich aber nur die Besonderheiten der drei Ämter beschreiben, die ich am besten beurteilen kann.

Nur geliehene Autorität?
Der Chef des Bundeskanzleramtes

Der Chef des Bundeskanzleramtes hat von allen Ressorts die Aufgabe mit dem breitesten Themenspektrum. Er beschäftigt sich mit allen Angelegenheiten in der Breite, aber nicht in der Tiefe. Er ist mit allem befasst, hat aber in der Regel keine eigene Verantwortung mit Ausnahme des allerdings sehr schwierigen Themenfeldes des Bundesnachrichtendienstes. Er ist so eine Art Generalsekretär der Bundesregierung, so die Bezeichnung seines französischen Kollegen, oder ein Stabschef, wie die entsprechende Position im Weißen Haus in den USA genannt wird. Seine Hauptaufgabe ist die Koordinierung der Arbeit der Bundesregierung.

Der Chef des Bundeskanzleramtes hat von Amts wegen wenig eigene Autorität. Er lebt von der abgeleiteten Autorität, die er vom Regierungschef übertragen bekommt. Beschwert sich ein Minister über den Chef des Bundeskanzleramtes, und die Bundeskanzlerin gibt dem Beschwerdeführer Recht, dann ist die Autorität des Chefs des Bundeskanzleramtes gestört. Der ChefBK, wie er im Berliner Politikbetrieb nur genannt wird, sollte bei seinen Handlungen stets offen lassen, ob das, was er gerade möchte, sein eigener Wille oder der Wille der Bundeskanzlerin ist. Eine zu frühe Berufung auf den Willen der Bundeskanzlerin verschleißt deren Autorität. Der ChefBK muss also viel auf seine eigene Kappe nehmen.

Der ChefBK schreibt in die Akten mit einem roten Stift. Das bedeutet, er ist nicht Ressortchef, obwohl er das Bundeskanzleramt führt, denn grün schreiben nur die Bundeskanzlerin und in den Fachressorts die Minister. Die Staatssekretäre schreiben mit Rot. Das weist sie als Stellvertreter aus. Insofern ist der ChefBK ein Stellvertreter und war ja früher auch formal Staatssekretär und nicht Minister.

Die unterschiedliche Nutzung der Farben ist historisch gewachsen und seit vielen Jahrzehnten sogar in der Gemeinsamen Geschäftsordnung der Bundesministerien geregelt. Sie macht die Urheberschaft von Bemerkungen auf den Akten und Vorlagen nachvollziehbar und ist deshalb sehr hilfreich für die Mitarbeiter und später für Historiker.

Der ChefBK koordiniert die Arbeit der Ministerien. Das bedeutet, er beschäftigt sich im Regelfall mit Problemen zwischen den Ressorts. Das ist sein Kerngeschäft. Er wird mit Problemen meistens zu spät befasst, weil die beteiligten Minister sehr lange glauben, dass sie damit allein fertig werden. Erst wenn das nicht mehr der Fall ist, wenden sie sich an das Bundeskanzleramt. Je größer aber ein Problem geworden ist und je später es an den ChefBK herangetragen wurde, desto schwieriger ist die Lösung.

Der ChefBK löst oft Probleme, von denen viele gar nicht wissen, dass es sie gab. Das waren für mich immer die schönsten Erfolge, wenn ich abends vergnügt nach Hause ging und ein Problem gelöst hatte, ohne dass bekannt war, dass es dieses gab, zum Beispiel einen Konflikt zwischen dem Umwelt- und dem Wirtschaftsminister über ein Abstimmverhalten in den Gremien der Europäischen Union.

Die Lösung von Problemen ist für einen ChefBK wichtiger als herauszustellen, wie groß sein Beitrag dazu war. Ich habe als ChefBK oft einem Ministerkollegen einen Kompromissvorschlag gemacht, ihn aber ermuntert, dies als seinen eigenen Vorschlag auszugeben. Oder umgekehrt: Wenn ein Kompromissvorschlag eines Kollegen von einem anderen Kollegen nur deshalb abgelehnt werden würde, weil er von diesem Kollegen kommt, dann habe ich seinen Vorschlag als meinen eigenen ausgegeben.

Für den ChefBK gibt es unterschiedliche Intensitäten der Koordinierung zwischen den Ressorts. So bedürfen Interessenunterschiede zwischen dem Umweltministerium und dem Wirtschaftsministerium meistens einer Koordinierung durch das Bundeskanzleramt. Ähnlich ist es, wenn das Landwirtschaftsministerium mit dem Umweltministerium über Kreuz ist. Dagegen versuchen das Innenministerium und das Justizministerium traditionell, ihre häufigen Konflikte ohne Beteiligung des Bundeskanzleramts zu lösen. Auch der Finanzminister ist erpicht darauf, den Haushalt allein mit den Ressorts zu verhandeln. Das Bundeskanzleramt versucht hier allerdings Einfluss zu nehmen, meistens weil sich die Ressorts über das Finanzministerium beschweren, die nicht der Partei angehören, die das Finanzministerium stellt.

Da international die Rolle der Regierungschefs zulasten der Außenminister zunimmt, gibt es eine bilaterale Abstimmung zwischen Kanzleramt und dem Auswärtigen Amt in allen wichtigen Fragen der Außenpolitik. Von besonderer Bedeutung sind für diese Abstimmung der Abteilungsleiter 2 im Kanzleramt, der sich gerne wie seine internationalen Kollegen »außenpolitischer Berater« nennt, und für Europafragen der entsprechende Abteilungsleiter oder auch »europapolitische Berater«. Ihr Hauptgesprächspartner im Auswärtigen Amt ist der dort die politisch operativen Geschäfte leitende beamtete Staatssekretär. Funktioniert diese Achse zwischen Kanzleramt und Auswärtigem Amt gut, dann läuft es auch zwischen Regierungschef und Außenminister. Und dann ist die Außenpolitik Deutschlands nach außen geschlossen und überzeugend.

Ein ChefBK muss mit dem Vorwurf leben, parteiisch zu sein. Die eigenen Leute in einer Koalition beklagen sich darüber, dass der

ChefBK die Interessen der eigenen Partei vernachlässigt und zu großzügig gegenüber dem Koalitionspartner sei. Der Koalitionspartner umgekehrt hat immer den Verdacht, dass der ChefBK die Interessen der Ressorts der eigenen Partei zulasten der anderen Ressorts begünstigt. Deshalb ist es sehr wichtig, dass der ChefBK mit allen Ressorts fair umgeht. Auf Sicht gesehen bekommt das der Regierungsarbeit am besten.

Als ich als Verteidigungsminister einmal politische Probleme hatte, suchte die damalige Generalsekretärin der SPD, Andrea Nahles, Stimmen von führenden Vertretern der SPD gegen mich. Sie sollten mich öffentlich kritisieren. Sie hat mir selbst erzählt, dass führende Sozialdemokraten eine solche Kritik an mir ablehnten, weil ich als ChefBK die SPD fair behandelt hätte. So musste sie allein mir gegenüber Kritik üben, die dann ohne großes Echo blieb, weil sie niemand von den wichtigen Sozialdemokraten aufgriff.

Der ChefBK hat den kleinsten Personalkörper zu leiten, aber die selbstbewusstesten Mitarbeiter. Ein Referatsleiter im Kanzleramt agiert wie ein Abteilungsleiter in einem Fachressort, ein Abteilungsleiter im Kanzleramt entsprechend wie ein Staatssekretär in einem Fachressort. Die Abteilungsleiter sind normale Abteilungsleiter und werden auch so bezahlt, sie nennen sich aber gerne wirtschaftspolitischer oder außenpolitischer Berater. Ich finde das zwar weniger aussagefähig, denn ein Berater berät eben nur. Aber international hat der Name Berater bei den Regierungschefs einen großen Klang. Und an diesem Klang möchte auch ein deutscher Abteilungsleiter im Kanzleramt Anteil haben.

Der ChefBK muss ständig verfügbar sein. Die Bundeskanzlerin sagte mir einmal, dass sie es gerne habe, dass ich da sei, wenn sie im Kanzleramt ist. Und fügte hinzu, dass sie es vor allem gerne sähe, dass ich da sei, wenn sie nicht da ist. Also immer.

Das Amt des Kanzleramtsministers ist kein öffentliches Amt. Er sollte so gut wie keine öffentlichen Interviews geben, es sei denn, es geht um eigene Ressortbelange wie um den Bundesnachrichtendienst. Seine Wirkung und sein Einfluss beruhen gerade darauf, dass Ausmaß und Intensität seines Einflusses nicht bekannt sind. Außerdem werden öffentliche Äußerungen des Kanzleramtsministers aus der Sicht der Fachressorts immer als eine Form von Einmischung empfunden und intern kritisiert. Auch das schwächt die Autorität des Kanzleramtsministers. Solche Zurückhaltung fällt manchen Politikern schwer, aber ich halte sie für eine erfolgreiche Wahrnehmung der Aufgabe eines Kanzleramtsministers für sehr wichtig.

Der selbstständigste Posten: Der Verteidigungsminister

Im Unterschied zum Chef des Bundeskanzleramtes ist das Aufgabengebiet des Verteidigungsministers schmal, aber tief. Die Themenbreite ist begrenzt, aber die Verantwortung für den größten Personalkörper eines Ressorts mit etwa 250 000 Mitarbeitern ist enorm.

Der Verteidigungsminister bekommt wie kein anderer Minister die Probleme im nachgeordneten Bereich persönlich zugerechnet. Zwar gibt es eine große Verantwortung der Truppenführer und tief gestaffelte militärische Hierarchien. Aber dennoch muss der Verteidigungsminister schnell den Kopf hinhalten, wenn es irgendwo ein Problem innerhalb der Bundeswehr gibt.

So wurde ich als Verteidigungsminister befragt, wie es sein könne, dass Kinder an einem Tag der offenen Tür irgendwo in Deutschland mit Waffen spielen konnten. Das ist an sich ein Vorgang, der medial vor Ort abgehandelt werden müsste. Und ein guter Truppenführer vor Ort kann mit so etwas auch gut umgehen.

Demgegenüber gab es einmal einen gewichtigen Vorwurf innerhalb der Bundespolizei, nämlich dass ein Polizist einen Flüchtling im Bahnhof von Hannover, auf dem Revier und in der Arrestzelle misshandelt hätte. Später stellte sich der Vorwurf als im Wesentlichen falsch heraus. Aber während die Vorwürfe hochkamen, konnten die meisten Presseanfragen durch die Bundespolizei selbst abgearbeitet werden. Undenkbar im Verteidigungsministerium.

Das Amt des Verteidigungsministers ist sehr international ausgerichtet. Viele Reisen sind mit diesem Amt verbunden, sehr viele Kontakte mit Kollegen und häufige Treffen der Verteidigungsminister innerhalb der NATO und der EU.

Der Verteidigungsminister ist der selbstständigste Minister. Damit meine ich: Er hat am meisten Autonomie über seine Termine. Es gibt keine Landesministerkonferenzen, an denen er teilnehmen müsste. Er verantwortet wenig Gesetzgebung. Er sieht sich wenigen Interessenverbänden gegenüber, anders als etwa der Innenminister oder der Wirtschaftsminister. Es gibt wenig repräsentative Termine am Wochenende. Es gibt wenige, aber dann natürlich wichtige Termine, bei denen seine Anwesenheit erwartet wird.

Der Verteidigungsminister hat die empfindsamsten Mitarbeiter. Das gilt insbesondere für die Soldaten. Dabei muss man aber unterscheiden, ob es sich um Mitarbeiter im Ministerium oder draußen in der Truppe handelt. Das Miteinander in der Bundeswehr ist schon etwas Besonderes. Die Kameradschaft ist überall zu spüren. Das ist nicht nur ein Gerede. Es gibt oft so etwas wie einen guten Geist des Miteinanders, und das auch zwischen unterschiedlichen Dienstgraden.

Ich habe einige Male als Verteidigungsminister Reden gehalten, wenn Fähnriche ihr Studium abgeschlossen hatten und zum Leutnant und damit zum Offizier befördert und berufen wurden. Dabei habe ich diese jungen Menschen immer darauf hingewiesen, dass ihr Beruf nicht Offizier sei, sondern Soldat. Sie sollten nie vergessen, dass der einfache Rekrut und der Generalinspekteur als oberster Soldat als gemeinsames Band das Soldat-Sein und die damit verbundene Kameradschaft hätten. Das kann man in der Praxis auch so erleben.

Auf der anderen Seite sind Soldaten empfindsam. Sie leisten gute Arbeit und wollen dafür gelobt werden. Ähnliches gilt übrigens auch für Polizisten. Auch dazu ein Beispiel:

Ich habe im Februar 2013 einen Vortrag vor jungen studierenden Soldaten in der Universität der Bundeswehr in München gehalten. Dort habe ich mit den Soldaten diskutiert und die These vertreten, dass öffentliche Anerkennung für die Soldaten am besten durch gute Arbeit entsteht. Und nicht durch den Wunsch nach Anerkennung. Ich habe in dem Zusammenhang formuliert, dass Soldaten nicht nach Anerkennung gieren sollten. Dies fand bei den jungen selbstbewussten angehenden Offizieren Zustimmung. Wenig später habe ich das in einem Interview wiederholt. Durch die Verkürzung in Agenturmeldungen wurde daraus gemacht, ich machte den Soldaten einen Vorwurf, sie würden nach Anerkennung gieren. Das bereitete mir große Probleme, und das hätte ich nicht so formulieren sollen. Intern bestätigten mir zwar viele Soldaten, dass ich Recht hätte. Öffentlich traute sich das aber niemand zu sagen.

Aber es ist schon so, dass Uniformträger einerseits dafür stehen, in einem harten Beruf auch über Leben und Tod entscheiden zu müssen, und dass sie andererseits sehr gerne dafür öffentlich gewürdigt werden wollen.

Auch ein Verteidigungsminister muss ständig verfügbar sein, rund um die Uhr. Das gilt zum Beispiel für die sogenannten Renegade-Fälle. Dabei geht es darum zu entscheiden, wie zu verfahren ist, wenn sich ein Flugzeug im deutschen Luftraum aufhält und sich nicht zu erkennen gibt oder auf andere Weise die Gefahr besteht, dass dieses Flugzeug für einen Anschlag genutzt werden könnte. In einem solchen Fall, der oftmals im Jahr geschieht, steigen Flugzeuge der Luftwaffe auf, parallel gibt es eine Meldekette zum Verteidigungsminister, der dann als Inhaber der Befehls- und Kommandogewalt entscheiden muss, was zu geschehen hat. Meist lösen sich die Fälle harmlos auf. Ein Pilot hat zum Beispiel aus Unachtsamkeit die Kennung ausgeschaltet. Hält der Verteidigungsminister allerdings in einem ernsten Fall den Einsatz von Waffen zum Abschuss des Flugzeugs für geboten, so darf er dazu nicht selbst den Befehl geben, sondern muss nach einer Entscheidung des Bundesverfassungsgerichts auch die des Bundeskabinetts einholen. In der Praxis wird dafür allerdings oft die Zeit nicht reichen. Dann muss er eben selbst die Entscheidung treffen, mit allen Konsequenzen. Ich persönlich hätte im Zweifel wohl für den Abschuss entschieden.

Der Verteidigungsminister hat schließlich den direktesten Umgang mit den Themen Tod und Leben, mit Töten und mit Getötet-Werden sowie mit Tapferkeit. Und die Verantwortung trägt der Verteidigungsminister. Nur von seinen Soldaten verlangt unser Staat im Soldatengesetz und in der Tradition Tapferkeit bis hin zum Einsatz des eigenen Lebens. Das gilt so streng nicht einmal für Polizisten. Ich habe einmal einen Tapferkeitsorden an einen Soldaten verliehen, der einen afghanischen Soldaten erschossen hatte, um weiteres Morden an deutschen Soldaten zu verhindern. Das gelang. Und das war sicher eine richtige und wichtige Tat. Aber war sie auch tapfer? Nach längerem Überlegen habe ich mich entschlossen, diese Medaille zu verleihen. In dieser Situation einen anderen Menschen zu erschießen, um andere Leben zu retten, das hielt ich dann doch für tapfer. Solche Entscheidungen kann nur ein Verteidigungsminister treffen.

Zuständig für das Allgemeine: Der Innenminister

Der Chef des Bundeskanzleramtes arbeitet breit und nicht tief. Der Verteidigungsminister arbeitet tief und nicht breit. Der Innenminister arbeitet breit und tief.

Er hat – auch ohne die Erweiterung seines Zuständigkeitsbereichs in dieser Legislaturperiode – nach dem Verteidigungsministerium den größten Personalkörper mit 19 Behörden und rund 65 000 Mitarbeitern. Das sind sehr unterschiedliche Behörden von den Sicherheitsbehörden bis zu einem Forschungsinstitut im Sport oder dem Bundesamt für Geodäsie und Kartografie. Die Themenbreite des Bundesinnenministeriums ist so weit, dass ich intellektuelle Probleme hatte, die wesentlichen Themen aller Geschäftsfelder zu erfassen oder sie mir zu merken, was mein inhaltlicher Anspruch war. So schön es dann ist, Querschnittsminister zu sein und damit bei anderen Ministerien mitreden zu können – schon der eigene Geschäftsbereich fordert die ganze Person.

Trotzdem ist ein breiter Ressortzuschnitt für den Innenminister wichtig und richtig. Denn genauer betrachtet hängen viele Dinge in seinem Geschäftsbereich zusammen, die vielleicht auf den ersten Blick nichts miteinander zu tun haben.

Der Innenminister ist der Minister für den gesellschaftlichen Zusammenhalt, für das Gemeinwohl, für das Allgemeine. Das Innenministerium ist das große Bürgerministerium, gerade kein enges Fachministerium. Das Innenministerium ist so etwas wie das Fachministerium für das Allgemeine.

Deshalb kommt es auch darauf, in den Themenbereichen des eigenen Ministeriums genauso wie bei den Themen, bei denen man als Querschnittsminister mitredet, das Allgemeine, das Verbindende zu suchen und zu betonen. Das gilt für den Sport genauso wie für die Verwaltung, die Statistik, den Katastrophenschutz, das Verfassungsverständnis, das Dienstrecht für die Beamten und erst recht für die öffentliche Sicherheit.

Der Innenminister des Bundes wird von der Bevölkerung als der Hauptverantwortliche für Sicherheit wahrgenommen, obwohl die meisten Befugnisse für die öffentliche Sicherheit bei den Bundesländern liegen. Eine Umfrage würde vielleicht sogar ergeben, dass die Mehrheit der Bevölkerung glaubt, der Bundesinnenminister sei so eine Art oberster Chef der gesamten deutschen Polizei. Das ist aber mitnichten so.

Aus diesem Spannungsverhältnis zwischen der objektiv begrenzten Zuständigkeit und der subjektiv als umfassend angenommenen Zuständigkeit ergibt sich eine große Verantwortung der öffentlichen Kommunikation für den Bundesinnenminister. Er muss vor Ort Gesicht zeigen, auch wenn die Geschehnisse nicht in seine Zuständigkeit fallen. Er muss sich vor die Polizei stellen, auch wenn es eine

Landespolizei war, selbst wenn etwas nicht in Ordnung war und die Opposition das Verhalten der Polizei kritisiert. Das Gleiche gilt für andere Behörden wie etwa das Bundesamt für Migration und Flüchtlinge oder den Verfassungsschutz. Stellt sich der Innenminister aber vor die Behörden, und es gibt tatsächlich etwas auszusetzen, dann wird schnell der Vorwurf erhoben, der Minister kaschiere Fehler oder Mängel in seinem eigenen Bereich. Auch mit diesem Spagat muss ein Innenminister leben lernen wie wohl jeder Chef eines großen Personalkörpers.

Ein Innenminister hat sehr viele »Mitspieler«, mit denen er umgehen und mit denen er auskommen muss, um selbst Erfolg zu haben. Er ist angewiesen auf eine gute Zusammenarbeit mit seinen Länderkollegen in der Innenministerkonferenz. Dasselbe gilt für die Kollegen in Europa, denn zunehmend werden wichtige Zuständigkeiten in der Europäischen Union wahrgenommen. Gute bilaterale Beziehungen zu wichtigen Verbündeten auch außerhalb der EU sind ebenfalls ausschlaggebend, so etwa zu den USA, zur Schweiz, zu Israel oder manchen Staaten des Nahen Ostens.

Er muss mit den unterschiedlichsten Verbänden zusammenarbeiten, von den Datenschutzbeauftragten bis zur Gewerkschaft der Polizei oder der Deutschen Polizeigewerkschaft, vom BITKOM, dem wichtigsten Verband bei der Digitalisierung, bis zum DOSB, dem Deutschen Olympischen Sportbund, oder dem Deutschen Feuerwehrverband, die jeweils ihr eigenes Selbstbewusstsein haben, mit wichtigen Terminen, zu denen der Minister erwartet wird, und mit einer je eigenen Sprache, die verstanden und möglichst gesprochen werden muss, um Bindung in die jeweilige Gruppe zu bekommen. Vor ehrenamtlichen Mitgliedern der Feuerwehr muss er anders formulieren als vor dem Deutschen Juristentag, ohne in der Sache etwas anderes zu sagen.

Der Innenminister wird sogar für Dinge verantwortlich gemacht, die nicht in seinem Verantwortungsbereich liegen, so insbesondere für falsche oder mindestens umstrittene Entscheidungen der

Gerichte. Das gilt zum Beispiel, wenn ein festgenommener Gefährder oder ein Asylbewerber, der eigentlich abgeschoben werden müsste und in Abschiebehaft sitzt, von den Gerichten freigelassen wird. Eine Justizschelte liegt dann nahe, hilft aber nicht weiter, sondern verstärkt nur die Skepsis gegenüber dem Rechtsstaat insgesamt.

Der Innenminister ist heutzutage nach dem Außenminister und vielleicht dem Finanzminister der internationalste Minister, was man auf den ersten Blick sicher nicht vermutet. Die deutsche Innenministerkonferenz tagt zweimal im Jahr, die europäischen Minister treffen sich alle acht bis zehn Wochen.

Ich habe meine europäischen Kollegen häufiger getroffen als meine deutschen. Das ist keine Wichtigtuerei des Kalenders, sondern Ausfluss der Problemlösung. Der Terror kennt keine nationalen Grenzen, IT- Sicherheit muss mindestens europäisch verbessert werden, und das Flüchtlingsthema ist europäisch und international. Die Menschen erwarten hier schnelle nationale Lösungen, die bessere und nachhaltige Lösung gibt es aber nur europäisch oder international in Verbindung mit nationalen Maßnahmen, auch wenn es manchmal länger dauert. Grenzkontrollen einschließlich Zurückweisungen an den europäischen Außengrenzen sind wirksamer als an den deutschen Außengrenzen und haben weniger schädliche Wirkungen für den Reiseverkehr und die deutsche Wirtschaft. Und die Austauschbarkeit von Daten Verdächtiger in Europa erleichtert jedem Polizisten die Arbeit und ist ein größerer Sicherheitsgewinn für unsere Bürger als nur viele neue Stellen für Polizisten, die auch wichtig sind.

Auch der deutsche Innenminister muss ständig verfügbar sein. Ich habe jede Nacht mit dem auf laut gestellten Handy am Bett geschlafen. Auch tagsüber, am Wochenende und im Urlaub ist der Bundesinnenminister immer im Bereitschaftsdienst. Das kann die Bevölkerung zu Recht erwarten, auch wenn es manchmal schwer zu leben ist. So ist der Bundesinnenminister der erste Krisenminister, denn die meisten Krisen gibt es in seinem Bereich.

Am schwierigsten: Das Amt der Bundeskanzlerin

Die Arbeit der Bundeskanzlerin kann ich nur aus enger Zusammenarbeit mit ihr beurteilen. Deshalb verwende ich hier die feminine Form der Bezeichnung.

Die Bundeskanzlerin hat den mit Abstand schwierigsten, anspruchsvollsten und arbeitsreichsten Job in der Regierung. Ihr Arbeitspensum ist so immens, dass man allein davor nur den Hut ziehen kann, wie sie das schafft.

Die Bundeskanzlerin muss zu allen wichtigen Themen auskunftsfähig sein, wenn nicht aus dem Stand, dann aber innerhalb kürzester Zeit. Allein das verlangt harte Arbeit, ein gutes Gedächtnis und eine ungeheure Intelligenz. Sie muss nahezu alle Sitzungen leiten, außer bei Europäischen Räten oder internationalen multilateralen Treffen. Und es macht einen großen Unterschied, ob man »nur« an einer Sitzung teilnimmt und sich einmischt, wenn man das für richtig hält, oder ob man die Sitzungen leitet mit der Konsequenz, immer aufpassen und nötigenfalls regelnd eingreifen zu müssen.

Die Bundeskanzlerin hat nach dem Grundgesetz die volle Personalhoheit über das Kabinett. Sie hat die sogenannte Organisationsgewalt und die Richtlinienkompetenz. Vieles davon ist allerdings dadurch faktisch beschränkt, dass die Regierungen in Deutschland Koalitionsregierungen sind.

Die Personalhoheit heißt: Die Bundeskanzlerin allein schlägt dem Bundespräsidenten vor, welche Minister von ihm ernannt werden sollen. Das Gleiche gilt für Entlassungen. Der Bundespräsident hat praktisch kein Recht, einen Vorschlag der Bundeskanzlerin abzulehnen, es sei denn, der Vorschlag ist willkürlich. Dieses weitgehende Recht der Personalauswahl durch die Bundeskanzlerin gilt politisch aber nur für das Personal der eigenen Partei. Im Koalitionsvertrag wird die Ressortverteilung verhandelt, und die Koalitionspartner bestimmen dann selbst, wen sie in die Regierung schicken wollen.

Mit Organisationshoheit ist die Festlegung der Zuständigkeiten der Bundesregierung gemeint. In der ersten Sitzung des Kabinetts in einer neuen Legislaturperiode wird der »Organisationserlass« der Bundeskanzlerin besprochen. Darin ist geregelt, wofür genau ein Ministerium zuständig ist. Das ist nämlich nicht schon damit entschieden, dass der eine Minister für Wirtschaft und der andere für Forschung und Technologie zuständig ist. Im Organisationserlass wird genau geregelt, was das im Einzelnen bedeutet. Oder wenn es um Mobilität geht: Was macht der Wirtschafts- und was macht der Verkehrsminister? All diese Fragen werden zwar nicht im Koalitionsvertrag, aber zwischen den Spitzenvertretern der Koalitionspartner einvernehmlich besprochen. Der Organisationserlass trifft keine Vollregelung über alle Zuständigkeiten, sondern er ändert immer nur die Zuständigkeiten, die sich im Verhältnis zur Vorgängerregierung geändert haben. Die übrigen Zuständigkeiten bleiben, wie sie sind. Das macht diesen Organisationserlass für Nichtkenner ziemlich unverständlich. Um dem abzuhelfen, werden die Zuständigkeiten in Form von Schaubildern, Organigramm genannt, veröffentlicht.

Die Richtlinienkompetenz steht nach dem Grundgesetz ebenfalls der Bundeskanzlerin zu. Das ist kein Weisungsrecht der Bundeskanzlerin gegenüber einem Minister. Das Grundgesetz kennt einen Dreiklang im Artikel 65: Der Minister leitet seinen Geschäftsbereich selbstständig und unter eigener Verantwortung (Ressortprinzip). Über Meinungsverschiedenheiten entscheidet die Bundesregierung gemeinsam (Kollegialprinzip). Die politische Führungsverantwortung aber liegt allein bei der Bundeskanzlerin (Richtlinienkompetenz). Das bedeutet, dass sich die Bundeskanzlerin in wesentlichen politischen Entwicklungen, die Teil der Gesamtverantwortung der Bundesregierung sind, durchsetzen können muss.

Einfach gesagt: Der Regierungschef muss auch mal ein Machtwort sprechen können. Je seltener, umso wirksamer. Die Richtlinienkompetenz wird allerdings ebenfalls begrenzt durch die politischen Zwänge einer Koalition. Bei Ministern der eigenen Partei ist die Bundeskanzlerin deshalb ungleich stärker in der Beeinflussung als gegenüber Ministern des Koalitionspartners. In Ausnahmefällen, und einen solchen gab es in der Auseinandersetzung zwischen CDU und CSU über die Frage der Zurückweisungen an den deutschen Grenzen im Sommer 2018, zeigt allerdings allein die öffentliche Berufung auf die Richtlinienkompetenz Wirkung. Sie ist dann aber im Kern nicht mehr und nicht weniger als eine Drohung mit der Entlassung des Ministers. Die Bundeskanzlerin würde sich in einem solchen Fall, wenn der Minister anders handelt, als sie das unter Berufung auf die Richtlinienkompetenz vorgibt, mit der Entlassung eines Ministers durchsetzen, müsste aber die Folgen eines etwaigen Bruchs der Koalition mitbedenken.

Es gibt allerdings die faktische Richtlinienkompetenz, die im Wesentlichen auf der persönlichen Autorität des Regierungschefs beruht. Sie ist die wirksamste Ausübung der Richtlinienkompetenz. Und neuerdings entwickelt sich eine faktische Richtlinienkompetenz durch internationale und europäische Beschlüsse, an deren Herbeiführung die Bundeskanzlerin ziemlich frei mitwirkt, die dann aber in der Innenpolitik das Kabinett und die deutsche Politik binden. Deshalb versuchen übrigens viele Fachminister, Beschlüsse in ihren Fachräten der Europäischen Union zu belassen und nicht dem Europäischen Rat der Regierungschefs zu übergeben.

Insbesondere von außen wird oft an die Kompetenz des letzten Wortes der Bundeskanzlerin appelliert, wenn es um die Durchsetzung eigener Interessen geht. Dieses Anliegen müsse jetzt aber wirklich mal zur Chefsache gemacht werden, so heißt es dann. So wenden sich zum Beispiel die Ministerpräsidenten der Länder gerne an die Bundeskanzlerin, wenn sie wissen, dass ein Fachminister nicht das tut, was sie gerne möchten, so zum Beispiel der Bundesfinanzminister oder der Minister eines Koalitionspartners. Sie wissen zwar selbst, dass in ihren Kabinetten die gleichen Regeln gelten wie beim Bund, und doch setzen sie in die Bundeskanzlerin die Erwartung, dass sie sich anders, nämlich stärker durchsetzt, als sie selbst es könnten. Ähnliches gilt für Wirtschaftsvertreter oder für die Repräsentanten großer Verbände, wo der Vorstandsvorsitzende eines Unternehmens oder der Präsident eines Verbandes nach innen eine ungleich stärkere Position hat als die Bundeskanzlerin.

Die Bundeskanzlerin wird überschüttet mit Terminwünschen, die sie nicht einmal annähernd erfüllen kann. Jede Absage erzeugt aber Frustration, dass die Bundeskanzlerin den Bereich oder die Person des Einladenden offenbar nicht wichtig genug nimmt. Kommt die Bundeskanzlerin aber zu einem Termin, dann wird in der Regel eine fundamental wichtige und bedeutende Rede erwartet und möglichst eine politische Zusage im Sinne des Veranstalters. Das aber ist bei der Fülle der Reden objektiv nicht leistbar, zumal auch der Bundestag erwartet, dass solche wichtigen Reden im Parlament vorgetragen werden, und andere Institutionen allein deswegen sauer sind, weil die Bundeskanzlerin solche wichtigen Ausführungen bei jemand anders gemacht hat.

Die Bundeskanzlerin muss wie kein anderes Regierungsmitglied jedes Wort auf die Goldwaage legen. Denn jede Andeutung oder jede zugespitzte Formulierung wird sofort verbreitet, und zwar in der Kurzform einer Agenturmeldung. Aus einer Andeutung wird dann rasch eine Ankündigung oder ein Versprechen gemacht.

Die Reden der Bundeskanzlerin werden auch wegen dieser Zusammenhänge zuweilen als langweilig empfunden. Sie ist sicher auch nicht die beste aller Redner. Der Hintergrund der Kritik an ihren Reden ist aber auch oft einfach der, dass es an diesem lange für diese Rede festgelegten Tag zu diesem Zeitpunkt vor diesem Publikum nichts wirklich Neues zu sagen gab. Das war übrigens bei Helmut Kohl oder Gerhard Schröder nicht viel anders. Und wenn Gerhard Schröder dann mal drastisch formulierte, wie etwa im Juli 2001 mit der Forderung, alle Sexualstraftäter »für immer wegzuschließen«, dann mag das vielleicht auf den ersten Blick Zustimmung auslösen, hat aber wenig nachhaltige Wirkung, wenn sich in der Sache nichts verändert.

Die Bundeskanzlerin Angela Merkel hat ihre größte Wirkung und damit auch das Gewicht ihrer Richtlinienkompetenz in kleinen Gesprächen mit Ministern in der Regierung. Dort kann sie ihre überragende Sachkenntnis ausspielen. Durch die Konzentration auf die Sachebene werden dann am ehesten Kompromisse möglich, die sie selbst vorschlägt oder auf die sie eingeht, wenn sie ein anderer macht. Sehr oft gehen Gesprächspartner aus diesen Gesprächen in der Überzeugung, sie hätten der Bundeskanzlerin den Lösungsvorschlag unterbreitet, der das Ergebnis des Gesprächs bildete. Dabei stand dieser exakt in der Gesprächsvorbereitung für die Bundeskanzlerin oder sie hatte ihn sich selbst überlegt. Sie hatte nur die Gesprächsführung so angelegt, dass der Gesprächspartner als derjenige erscheint, der das Ergebnis herbeigeführt hat.

Angela Merkel wird oft als kühl, berechnend und misstrauisch beschrieben. Gewiss, leichtgläubig und vertrauensselig darf ein Regierungschef nicht sein. Dann wird er über den Tisch gezogen. Nüchternheit ist ein guter Ratgeber gerade in Krisenzeiten und angesichts des emotionalen Auf und Ab der öffentlichen Meinung. Ich habe Angela Merkel in Jahrzehnten enger Zusammenarbeit oft als warmherzig, witzig und dem Gesprächspartner als Menschen zugewandt erlebt. Als sie mich fragte, ob ich Chef des Bundeskanzleramtes werden wollte, akzeptierte sie kein sachliches Gegenargument. Sie sagte, nur wenn die Familie dagegen sei, werde sie eine Absage akzeptieren.

Angela Merkel ist misstrauisch, wenn Vertrauen missbraucht wird. Sie ist nicht empfindlich gegenüber Kritik. Sie akzeptiert Kritik von Mitarbeitern, wenn sie intern vorgetragen wird und gut begründet ist. Verschwiegenheit ist die Gegenleistung für Vertraulichkeit und ihr Vertrauen.

Wichtig sind der Bundeskanzlerin Klausurgespräche sowie Neujahrsessen des Bundeskabinetts, die jedes Jahr statt einer Weihnachtsfeier stattfinden. Während dieser Gespräche geht es immer um eine Sache, aber auch darum, dass sie jedem und jeder das Gefühl gibt, Teil des einen Bundeskabinetts zu sein. Sie sitzt dann lange, manchmal angesichts ihres Arbeitspensums zu lange bei den Kolleginnen und Kollegen bis tief in die Nacht, um ein menschliches Miteinander zu ermöglichen. Auch das trägt ihr großen Respekt bei den Kabinettskollegen ein. Ich kenne kein Mitglied des Bundeskabinetts, welcher Partei auch immer, das nicht großen Respekt vor der sachlichen Kompetenz und der menschlichen Zuwendung der Bundeskanzlerin hat.

5.
Begleiter und Beobachter

Kollegen: Konkurrenz und Zusammengehörigkeit

Als Bundesminister hat man Kollegen auf mehreren Ebenen. Wenn man als Minister zugleich Bundestagsabgeordneter ist, sind Kollegen alle Mitglieder des Deutschen Bundestages. Näher in Kontakt ist man aber insbesondere mit denjenigen in der eigenen Fraktion und beim Koalitionspartner, mit denen man fachlich besonders viel zu tun hat.

Die für denselben Bereich zuständigen Minister auf Landesebene sind ebenfalls Kollegen eines Bundesministers. Es ist für den Erfolg eines Bundesministers sehr wichtig, dass die Landesminister das auch so empfinden, dass »ihr« Bundesminister ihr Kollege und nicht irgendwie etwas Besseres oder gar Höheres ist. Ähnliches gilt für die Europäische Union, wo die Minister aus anderen Staaten durchaus echte Kollegen sein können. Ich habe das jedenfalls so empfunden.

Vor allem aber die Kollegen aus dem Bundeskabinett empfindet man als solche. Man trifft sich nahezu jede Woche. Es gibt häufige bilaterale Gespräche. Oft wird miteinander verhandelt, mit den einen mehr, mit den anderen weniger. Natürlich sind die Kollegen im Kabinett, die der Koalitionspartner stellt, auch Konkurrenten. Sie sind zwar weniger Konkurrenten um die eigene Position, aber es gibt einen Wettstreit darüber, welche Seite im Kabinett erfolgreicher arbeitet, wer sich gegen wen durchsetzt und wie gut man selbst im Regierungsgeschäft aussieht. Das ist weniger für die Öffentlichkeit von Interesse, denn diese möchte eine geschlossene und erfolgreiche Regierungsarbeit. Für die eigenen Leute in Partei und Fraktion und für die Presse ist es aber wichtig, dass das eigene Profil herausgearbeitet wird, und das gerne auch zulasten des Koalitionspartners.

Dabei gibt es aber einen Unterschied zwischen den Kabinettsmitgliedern der Union und der SPD. Mein Kollege Sigmar Gabriel hat mir einmal erzählt, dass aus der Sicht der SPD die Minister als in eine fremde Regierung entsandte Minister angesehen werden. Für die Union ist das anders: Da sind die Minister Teil der Regierung, die als die eigene empfunden wird. Gewiss gibt es Kritik aus dem eigenen Lager an der Regierungsarbeit und an zu viel Nachgiebigkeit gegenüber dem Koalitionspartner, dennoch wird jedes Unionsmitglied sagen: »Das ist unsere Regierung und nicht eine fremde.«

Jeder Minister hat eine Art doppelter Loyalität. Die eine gilt der Regierung, die andere der Partei und der Fraktion. Beides darf nicht vernachlässigt werden, sonst kann die Regierung entweder nicht gut und erfolgreich arbeiten, oder es fehlt ihr die Unterstützung des eigenen Lagers. Mit diesem Spannungsverhältnis muss man umgehen. Vor allem muss man es wissen.

Je länger die gemeinsame Arbeit in der Regierung dauert, desto eher empfindet man sich als Kollegen und umso eher gilt die Loyalität zuerst der Regierung. Das ist auch richtig so, denn bei Amtsantritt schwört der Minister auf das Wohl des deutschen Volkes, nicht der eigenen Partei.

Genau so wächst eine Regierung in Krisen zusammen. Das war so bei der Finanzkrise im Jahr 2008. Als wir nicht genau wussten, ob die Insolvenz einer Bank oder die Rettung einer in Schieflage geratenen Bank richtig ist und welche Auswirkungen das auf die ganze deutsche, europäische und die Weltwirtschaft hat, als wir zitterten, ob die Kreditklemme der deutschen Wirtschaft wegen nicht funktionsfähiger Banken zu einem Zusammenbruch der sogenannten Realwirtschaft führen könnte, da ging es dann nicht mehr um CDU/CSU oder SPD, sondern um unser Land. Da sprachen wir im kleinsten Kreis über unsere Befürchtungen und sprachen uns Mut zu. Das schweißt zusammen. Ähnlich war es bei der Eurokrise, bei der Flüchtlingskrise und auch beim Umgang mit der Herausforderung der Terrorgefahr. Insofern müsste man fast jeder Regierung mal eine Krise wünschen ...

Damit man sich in einer Regierung vornehmlich als Kollege empfindet und nicht als Konkurrent, muss man etwas tun. Das tut die Bundeskanzlerin durch eine Reihe von bereits erwähnten Maßnahmen. Aber auch die einzelnen Minister sollten hier eigene Beiträge leisten. Für mich war das immer sehr wichtig. So habe ich am Beginn einer Regierungszeit nach und nach diejenigen Kollegen zum Abendessen eingeladen, die ich noch nicht so gut kannte. Dabei haben wir uns unser bisheriges Leben erzählt, gegessen und getrunken und insgesamt viel voneinander verstanden. Währenddessen ist dann oft auch wie bei den Abenden der Klausurtagungen des Kabinetts das Du entstanden. Ich bin ein Mensch, der nicht so schnell duzt. Und ich duze auch mehr Christdemokraten als Sozialdemokraten. Aber unter Kollegen ist es dann doch oft so gekommen, dass wir uns geduzt haben.

Eine Ausnahme habe ich mit dem Justizminister Heiko Maas gemacht. Auch wir sind in einem frühen Stadium zusammen essen gegangen. Wir haben viel miteinander verhandelt, zum Beispiel die Vorratsdatenspeicherung, die Asylpakete I und II, die Verschärfung des Ausweisungsrechts oder ein neues Gesetz über das Bundeskriminalamt. Ich hatte mich längst mit anderen Kollegen im Kabinett geduzt wie etwa mit Andrea Nahles. Heiko Maas und ich haben wirklich sehr gut zusammengearbeitet. Und dennoch habe ich während unserer gemeinsamen Regierungszeit ihm das Du nicht angeboten. Ich fand das unangemessen, weil wir eben in der Regel die streitigen Verhandlungspartner waren und insoweit auch Konkurrenten. In dem Moment, als es den Anschein hatte, dass es keine Große Koalition mehr geben würde, habe ich ihm sofort das Du angeboten, und er hat sich sehr darüber gefreut.

In der politischen Kultur in Deutschland gibt es einige ungeschriebene Regeln über Zuständigkeiten und Einmischung. Auch sie müssen von Ministern beachtet werden, um erfolgreich zu sein.

Immer dann, wenn sich ein Minister über Dinge äußert, die im Geschäftsbereich anderer Minister oder anderer staatlicher Ebenen liegen, gibt es allein deswegen Ärger. Dies gilt insbesondere dann, wenn ein Bundesminister über die Bundesländer spricht. Umgekehrt wird es dagegen als normal angesehen, wenn ein Landesminister Kritisches über den Bund sagt. Der »Kleine« darf mehr als der »Große«. Es gibt praktisch so etwas wie eine »Beweislastumkehr« in der Öffentlichkeit: Wenn ein Bundesminister sich kritisch über den Zustand in einem Bundesland äußert, dann muss er politisch beweisen, dass er Recht hat. Im Zweifel gilt die Kritik als unfair. Wenn sich aber ein Landesminister kritisch über den Bund äußert, dann gilt dies im Zweifel als richtig, weil das Land ja schwach und der Bund stark ist und etwas ändern kann.

Vor allem aber gilt – und wird dennoch von vielen Politikern und Journalisten nicht beachtet –, dass sich die Bevölkerung für Zuständigkeitszuweisungen und gegenseitige Kritik nicht interessiert oder sich dadurch von der Politik insgesamt abwendet. Politiker und Minister sind nach Auffassung der großen Mehrheit der Bevölkerung dazu da, Probleme zu lösen und sich nicht gegenseitig für eine mangelnde Problemlösung verantwortlich zu machen.

In den Parteiöffentlichkeiten, also in der Mitgliedschaft und in den Gremien der Parteien, ist das allerdings ganz anders. Dort sind solche Vorwürfe gegenüber dem Koalitionspartner oder gegenüber einer anderen staatlichen Ebene beliebt, werden häufig gemacht und befriedigen angeblich die Befindlichkeit der jeweils eigenen Partei. Deswegen ist die Versuchung so groß, die eigene Parteiseele zu streicheln und von den eigenen Leuten dafür belobigt zu werden.

Zu den Gepflogenheiten in Deutschland gehört es auch, dass sich ein Minister bei Äußerungen nicht darauf berufen kann, dass er nur als Mitglied einer Partei, nicht aber als Minister gesprochen hat. Mit dem Moment der Amtsübernahme werden alle Äußerungen als solche eines Ministers aufgenommen, auch wenn er hundertmal betont, dass es sich in diesem Fall um die Aussage eines führenden Mitglieds einer Partei handelt. Das führt im Laufe der Amtszeit zu politischer Zurückhaltung in der Sprache und nach Ansicht mancher Parteigänger zu fehlendem Profil. Betont ein Minister aber trotzdem sein politisches Profil, und äußert er sich häufig zu Dingen, die nicht in seinem Zuständigkeitsbereich liegen, so gilt er rasch als profilsüchtig und übergriffig.

Medien: Distanz und Nähe

»Ein Teil dieser Antwort würde die Bevölkerung verunsichern.« Diesen Satz habe ich bei einer Pressekonferenz aus Anlass der Absage des Fußball-Länderspiels in Hannover am 17. November 2015 so gesagt.

Die meisten, die damals bei der Pressekonferenz dabei waren, hatten Verständnis für diesen Satz. Das lag an der gespannten Atmosphäre vor Ort. Wir Politiker und die anwesenden Journalisten waren zu so etwas wie einer verschworenen Gemeinschaft geworden. Für sich genommen und isoliert übermittelt führt ein solcher Satz aber eher zur Verunsicherung als zur Beruhigung, wie er von mir gemeint war. Zwar ist der Satz inzwischen Kult geworden, es gibt viele Witze dazu, aber dennoch war das damals ein Fehler.

Der Hintergrund für diese Formulierung war folgender: Der voraussichtliche Anschlag war als Doppelanschlag angekündigt.

Zunächst sollte ein Anschlag im Stadion stattfinden. Die Erwartung war, dass dort eine Panik ausbrechen und alle überstürzt zum Hauptbahnhof strömen würden. Dort sollte dann später eine zweite Bombe gezündet werden, die dann alle diejenigen treffen sollte, die sich sicher wähnten, weil sie dem Stadion entkommen waren.

Zum Zeitpunkt der Pressekonferenz waren immer noch Zehntausende am Hauptbahnhof, nachdem sie das Stadion ruhig und geordnet verlassen hatten. Wir hatten den Zeitpunkt der Pressekonferenz immer weiter nach hinten verlegt, damit sich möglichst viele vom Bahnhof wegbegeben hatten. Aber irgendwann hatte die Öffentlichkeit einen Anspruch darauf, dass wir erklärten, was los war.

In dieser Situation wurde ich in der Pressekonferenz gefragt: Ist die Lage vorbei?

Hätte ich nein gesagt, dann wäre sofort gefragt worden, warum und wo denn noch Gefahr drohe. Das hätte dann bei einer wahrheitsgemäßen Antwort vielleicht eine Panik auslösen können, wenn das Stichwort Hauptbahnhof gefallen wäre. Hätte ich ja gesagt, und es wäre danach zu einem Anschlag am Hauptbahnhof gekommen, dann hätte ich nicht nur zurücktreten müssen, sondern es wäre zu Recht der Vorwurf erhoben worden, wie wir es zulassen konnten, die Menschen in diese Gefahr zu schicken, und nicht sofort den Hauptbahnhof geräumt haben.

Natürlich hätte es bessere Antworten gegeben als die von mir gewählte, etwa: »Die Lage ist vorbei, wenn alle sicher zu Hause sind.« Aber sie sind mir eben in diesem Moment unter dem Druck der Situation nicht eingefallen.

Jedes Wort von Ministern, und erst recht in einer solchen Situation, wird auf die Goldwaage gelegt. Alle Sätze werden festgehalten. Man kann damit wieder konfrontiert werden, sogar nach Jahren. Durch geschickt gewählte Ausschnitte eines Gedankengangs oder durch die einseitige Verkürzung einer längeren Rede kann ein missverständlicher Zusammenhang hergestellt werden.

Das ist so. Das ist nicht zu ändern. Und Minister müssen damit leben. Aber es löst schon einen erheblichen Druck auf sie aus. Damit dies nicht zu oft geschieht, bedarf es achtsamer Worte eines Ministers, gut ausgebildeter Journalisten und eines fairen Umgangs miteinander.

Die häufigste Form der Äußerung eines Ministers sind Presseerklärungen, Interviews und ein sogenannter O-Ton. »O« wahrscheinlich wegen Original. Gemeint ist, dass der Minister vor Kameras und Mikrofonen auftritt und später nichts von dem korrigieren kann, was er gesagt hat. Wenn es wichtig ist, werden solche Statements live in den Nachrichtenkanälen übertragen.

Für einen solchen O-Ton gibt es zwei Varianten:

Zum einen gibt es das Statement vor einer guten Hintergrundkulisse. Gerne wird dazu in einem Ministerium ein Aufsteller benutzt mit einem blauen Hintergrund und dem Bundesadler oder dem Logo des Ministeriums. Man nennt das »die blaue Wand«. Die entstehenden Bilder werden gut ausgeleuchtet. Das war bei mir immer besonders wichtig, weil ich sehr kurzsichtig bin und deshalb bei falscher Ausleuchtung Spiegelungen der Brille das Bild negativ beeinflussen. Der Minister kann vorher sogar geschminkt werden, damit er gut aussieht. All das, das »Setting«, wie es genannt wird, unterstreicht die Verbindung der Person mit dem Amt und macht die Aussage besonders amtsbezogen und wichtig. Ein solcher O-Ton wird inhaltlich gründlich vorbereitet. Jeder Satz muss sitzen. Er darf nicht zu lang sein und muss »tagesschautauglich« sein, weil die Tagesschau von einem solchen Ereignis und dem Statement des Ministers nur ganz wenige Sätze wiedergibt.

Man kann nach einem solchen O-Ton Fragen zulassen oder das Podium verlassen, ohne dass Fragen gestellt werden dürfen. Das Erstere wirkt souverän. Man kann als Minister zeigen, dass man gut vorbereitet ist und viel weiß, auch auf kritische Nachfragen. Der Nachteil und das Risiko bestehen darin, dass dann von den Journalisten nur über die Antwort auf eine bestimmte Frage berichtet werden kann, nicht aber über den Inhalt des eigentlich vorbereiteten Statements. Lässt man dagegen keine Fragen zu, so wirkt das unbeholfen, und Journalisten berichten vielleicht nicht gut oder kommentieren deswegen nicht gut, weil sie beleidigt sind, dass sie keine Fragen im Anschluss an das Statement stellen durften. Das muss in jedem Fall abgewogen werden. Manchmal ist es auch so, dass man über den Pressesprecher eine Frage bei einem Journalisten »bestellt«. Das macht man dann, wenn man eine bestimmte Botschaft setzen will, sie aber nicht gleich im Statement ansprechen möchte.

Zu einem solchen O-Ton müssen Journalisten eingeladen werden. Sie müssen erst ins Ministerium kommen und ihre Kameras aufbauen. Der zeitliche Vorlauf dafür ist in Berlin nicht kürzer als eine Stunde.

Deswegen haben es viele Journalisten lieber, wenn sie einen Minister bei einer Veranstaltung abfangen und ihn dann quasi im Vorbeigehen nach einem bestimmten Sachverhalt fragen. Die Frage muss dann mit dem Thema der Veranstaltung, zu der der Minister kommt und auf die er konzentriert ist, nichts zu tun haben.

Manchmal habe ich dem Drängen der Journalisten zu einem solchen O-Ton vor Ort nachgegeben, insbesondere wenn ich selbst aus Zeitgründen keine andere Gelegenheit hatte, eine bestimmte Botschaft vorzutragen. In der Regel habe ich aber zu den Ministern gehört, die solche O-Töne im Vorbeigehen meistens abgelehnt haben. Man ist in einer solchen Situation oft nicht konzentriert genug. Vor allem aber hat man nicht in der Hand, wie der Hintergrund einer solchen Aufnahme aussieht. Geht es jedoch um ein wichtiges Thema und ist der Hintergrund eher beiläufig, dann ist die Wirkung der Aussage nicht so wichtig wie die Wirkung des optischen Hintergrundes.

Ein sehr wichtiges Element der Begegnung zwischen Ministern und Journalisten sind Pressekonferenzen. Das können Pressekonferenzen im eigenen Ministerium sein oder sonst auf eigene Einladung. Es kann aber auch die Regierungspressekonferenz sein. Dort ist man als Minister nur Gast. Veranstalter ist der Verein Bundespressekonferenz e.V. Auch in der Termingestaltung ist man hier nicht so frei. Finden die Veranstaltungen dort statt, dann werden auch Fragen zu anderen aktuellen Themen gestellt. Diese Pressekonferenzen dauern oft eine Stunde. Manche Minister setzen sich einer solchen Regierungspressekonferenz nicht gerne aus, weil sie die Vielfalt der Fragen fürchten. Für mich war das ein geeignetes und gerne genutztes Forum, in größeren Zusammenhängen ein Thema zu erläutern und im Frage-Antwort-Spiel zu zeigen, was ich kann.

Die O-Töne und die Pressekonferenzen richten sich an alle, an eine unbekannte Öffentlichkeit. Ein Interview dagegen macht man nur mit einem Medium, einer Zeitung, einem TV-Sender. Die Berichterstattung in diesem Medium ist dann breit, andere greifen den Inhalt eines Interviews oft aber nicht auf, nur weil es in einer anderen Zeitung stand. Nur sogenannten Leitmedien gelingt es, mit Interviews auch andere Medien zu zwingen, über den Inhalt eines Interviews zu berichten.

In Deutschland ist es üblich, dass man als Minister die während des Interviews spontan gegebenen Antworten nach Vorlage durch den interviewenden Journalisten noch einmal gegenlesen darf und diesen Text dann für die Veröffentlichung freigeben muss. Im angelsächsischen Bereich ist das unüblich. Da wird gedruckt, was der Interviewte gesagt hat, wie live im Fernsehen. Dennoch ist die deutsche Tradition sinnvoll, weil es die Gelegenheit gibt, die Antworten so zu formulieren, wie man sie gemeint hat. Und das gedruckte Wort ist nicht so flüchtig wie das gesendete.

Für mich war immer wichtig, dass das Interview von meinem Pressesprecher und mindestens einem Dritten, möglichst dem zuständigen Staatssekretär, vor der Freigabe gelesen wird. Oft genug kam dann zusätzlich meine Leiterin des Leitungsstabes zu mir, um mir zu sagen, dass ich einen bestimmten Satz nach ihrer Meinung so nicht sagen könne. Er würde etwas auslösen, was nicht gut sei. Oft war ich betriebsblind bei solchen Sätzen und hatte eine doppelbödige Botschaft nicht bemerkt. Die Leiterin des Leitungsstabes als

141

Dritte wohl. Meistens bin ich dann diesem Ratschlag gefolgt. Allerdings ist es gegenüber guten Journalisten natürlich nicht möglich, beim Gegenlesen das krasse Gegenteil der gegebenen Antwort in das Interview hineinzumogeln.

Es geschieht immer wieder, dass durch die Verkürzungen einer längeren Antwort eine Aussage des Ministers in einem Interview so durch Agenturmeldungen zugespitzt verbreitet wird, dass die Aussage zwar nicht falsch zitiert wird, aber doch einen anderen Zusammenhang oder durch Weglassungen einen anderen Zungenschlag bekommt. Manche Journalisten legen es auf diesen Effekt an. So entsteht manche Aufregung über ein Interview am Wochenende, das zwar keiner gelesen hat, was aber alle zu kennen glauben, weil sie die verkürzte Version irgendwie mitbekommen haben. Liest man dann später das Interview im Original, dann fragt man sich oft, warum diese Aufregung entstanden ist. So war es zum Beispiel, als der damalige SPD-Kanzlerkandidat Peer Steinbrück im Wahlkampf 2013 auf eine entsprechende Frage das zu geringe Gehalt der Bundeskanzlerin im Vergleich zu anderen Positionen kritisierte, aber sofort hinzufügte, für sich persönlich wolle er nicht mehr Gehalt bekommen, wenn er Bundeskanzler werden sollte. Im Laufe mehrerer Agenturschleifen wurde daraus, Steinbrück fordere mehr Geld für sich als Bundeskanzler. Das war unfair.

Und so war es bei der Veröffentlichung meiner Thesen zur Leitkultur im Mai 2017, wo ich u. a. deskriptiv feststellte, dass es üblich sei, dass man sich in Deutschland die Hand gibt, woraus dann in ähnlicher Geschwindigkeit gemacht wurde, ich verlange, dass man sich in Deutschland die Hand gibt.

Manchmal ist aber auch die Formulierung desjenigen, der das Interview gibt, geradezu eine Einladung zu einem solchen Missverständnis. Obacht ist also geboten.

Minister haben oft die Gelegenheit, Journalisten bei Reisen mitzunehmen. Das gilt insbesondere für den Außen- und den Verteidigungsminister. Das ist in Ordnung. Der Journalist ist dann nah dran. Insbesondere wenn es keine oder zu wenige Journalisten vor Ort gibt, sichert das Mitreisen eine Berichterstattung. Der Minister wiederum kann erwarten, dass Sinn und Zweck der Reise gerade auch vor einem innenpolitischen Hintergrund durch mitreisende Journalisten besser dargestellt wird als nur von Journalisten vor Ort. Dennoch liegt im gemeinsamen Reisen eine Gefahr für die Unabhängigkeit der Berichterstattung. Schon bei der Auswahl der Journalisten. Und dann durch die Gespräche im Flugzeug bei der Hinreise und der Rückreise. Deswegen ist es wichtig, die Auswahl der Journalisten nach objektiven Kriterien festzulegen und allen Medien gegenüber bekannt zu machen. Und es ist längst üblich geworden, dass die Journalisten beziehungsweise ihre Medienhäuser die Reisen selbst bezahlen.

Und dann gibt es im Verhältnis zwischen Ministern und Presse noch das Hintergrundgespräch. Das ist ein Gespräch zwischen einem Minister und einem oder mehreren Journalisten, von dem es die Vereinbarung gibt, dass darüber nicht berichtet werden darf. Man nennt das in Berlin ein Gespräch »unter 3« oder »off the record«. Die Bezeichnung entstammt der Satzung der Bundespressekonferenz. »Unter 1« kann die Quelle und der Inhalt einer Aussage wörtlich wiedergegeben werden.

»Unter 2« heißt, dass zwar die Informationen und das Umfeld der Quelle wiedergegeben werden können, aber nicht in wörtlicher Rede zitiert werden darf.

Ein Pressegespräch in diesem Sinne »unter 3« ist auf den ersten Blick ein Widerspruch in sich. Meine Erfahrung ist zudem, dass man sich auch in einem Hintergrundgespräch mehr oder weniger so einlassen muss, dass ein späteres Zitat nicht peinlich wird. So hat mich einmal der damalige Wirtschaftsminister Michael Glos angesprochen, ich hätte mich in einem Hintergrundgespräch abfällig über ihn geäußert. Zu dem Zeitpunkt war das sogar richtig, hinterher haben Michael Glos und ich ein wunderbares kollegiales Verhältnis entwickelt. Aber das war mir eine Lehre. Es gehört sich zwar nicht, dass ein Journalist aus einem Hintergrundgespräch Dritten gegenüber oder sogar der Öffentlichkeit gegenüber berichtet. Aber es geschieht leider.

Ein Hintergrundgespräch hat den Sinn, Dinge besser zu erläutern, Begründungszusammenhänge darzulegen. Der Minister versucht, die Deutungshoheit für eine bestimmte politische Entwicklung zu bekommen. Die Journalisten versuchen, Informationen zu bekommen, die sie sonst nicht bekommen. Und das privilegiert diejenigen, die bei einem solchen Hintergrundgespräch dabei sind. Oft werden auch wirklich vertrauliche Dinge berichtet, etwa im Sicherheitsbereich, damit Journalisten möglichst etwas nicht schreiben oder nicht so schreiben, um eine Ermittlung von Polizei oder Staatsanwaltschaft durch vorzeitige oder falsche Berichterstattung nicht zu behindern oder zu erschweren. Und sehr beliebt im Hintergrundgespräch sind Fragen der Journalisten zu Personalentscheidungen.

Es gibt zur Berechtigung von Hintergrundgesprächen zwei Thesen: Die eine sagt, ein Hintergrundgespräch sei schlecht für die Pressefreiheit, weil der Minister Journalisten zur Vertraulichkeit zwinge, obwohl er doch mit Journalisten redet. Der Minister instrumentalisiere die Journalisten zu seinen Gunsten und zulasten der Pressefreiheit.

Die gegenteilige These sagt umgekehrt, dass der Journalist Dinge erfahre, die er sonst nicht erfährt. Der Politiker werde mit dem Hintergrundgespräch und seiner Atmosphäre eingewickelt und zur Preisgabe vertraulicher Inhalte verleitet, zugunsten der Recherchen der Presse und zulasten der erforderlichen Vertraulichkeit des Regierungshandelns. Ein Hintergrundgespräch verlasse die sonst vorhandene Balance zwischen Ministern und Journalisten.

Ich halte beide Thesen für übertrieben. Gute Minister und gute Journalisten wissen mit dem Instrument des Hintergrundgesprächs verantwortlich umzugehen. Es ist für beide Seiten von Nutzen, wenn man sich der genannten Gefahren beiderseits bewusst ist.

Manche Minister gehen gerne in Talkshows, manche so gut wie nie. Der frühere Präsident des Deutschen Bundestages Norbert Lammert, wahrlich ein wortgewandter Politiker, hat die Beteiligung an Talkshows prinzipiell abgelehnt. Eine Talkshow erreicht viele Zuhörer. Das ist natürlich verlockend. Aber es sind vermutlich immer dieselben Zuschauer. Und Meinungsänderungen nach Talkshows sind selten. Zudem kann man als Teilnehmer selten einen Gedanken richtig »entwickeln«. Es gibt auch sicher zu viele Talkshows. Die Wirkung von Talkshows wird nach meiner Meinung überschätzt. Ich habe die meisten Einladungen zu Talkshows abgesagt und zuweilen doch teilgenommen, wenn es mir wichtig war, meine Sicht der Dinge darzustellen. Wenn sich durch die Zusammenstellung der Gäste allerdings eine krawallige Sendung abzeichnete, habe ich abgesagt. Eine Talkshow, die sich nur mit lautstarken und empörten persönlichen Vorwürfen und Vorhaltungen der Gäste untereinander beschäftigt, entspricht nicht meinem Politikstil. Gut geeignet scheinen mir längere Formate mit nur einer Person zu einem Thema zu sein wie etwa »Was nun, Herr oder Frau …?« Da wird ein Thema sorgfältig ausgeleuchtet und die befragte Person wird sichtbar. Aber für den betroffenen Politiker ist das ein anstrengendes und riskantes Format.

Insgesamt ist das Verhältnis zwischen Ministern und Journalisten kompliziert. Auch Journalisten haben eine politische Meinung. Sie wollen sie mitteilen und die öffentliche Meinung beeinflussen. Nicht nur, aber besonders in Kommentaren. Mir hat einmal ein bedeutender Journalist gebeichtet, dass er seine Kommentare nicht für die normalen Zeitungsleser, sondern eigentlich für uns Politiker schreibt. Und Journalisten wollen Schwachstellen aufdecken, was ihre Pflicht ist.

Minister wollen, dass gut über sie und ihre Leistungen berichtet wird. Sie wollen Schwachstellen verdecken und Erfolge groß herausstellen. Journalisten finden Minister sympathisch oder unsympathisch. Und das Gleiche gilt auch umgekehrt.

Aus alledem entsteht ein natürliches Spannungsverhältnis. Man kann am besten damit umgehen, wenn sich jeder seiner Rolle bewusst ist und es keine Übergriffigkeiten gibt.

Das Privatleben sollte außen vor bleiben. Ich habe so gut wie keinen Journalisten je geduzt. Kein Journalist bekam während meiner Zeit als Minister meine Handynummer. Auch gemeinsame Saufgelage sollten unterbleiben. Es ist ein Irrtum zu glauben, dass eine besondere persönliche Nähe zu Journalisten einen Minister bei einem kommenden »Skandal« vor Kritik schützt. Eine den jeweiligen Rollen angemessene Distanz sollte immer gewahrt bleiben. Journalisten sollten sich nicht als die besseren Politiker verstehen. Und Politiker sollten nicht glauben, sie wüssten genau, wie gute Berichterstattung geht, gerade über sie selbst.

Minister werden im Laufe ihrer Amtszeit von den Journalisten nicht immer gleich bewertet. Neue Minister werden meistens freundlich beschrieben und begleitet. Nach einer gewissen Zeit besteht die Tendenz, die inzwischen nicht mehr ganz neuen Minister herunterzuschreiben nach dem Motto, sie hätten die hochgespannten Erwartungen nicht erfüllt.

Minister werden nach einem Rücktritt oder einer Nicht-Wiederberufung meistens ebenfalls freundlich beschrieben, weil der Rückblick eben immer gelassener ausfällt. Das habe ich dankbar selbst erlebt. Nachrufe sind meist freundlich. Das gilt auch im Leben außerhalb der Politik. Ohnehin sind ehemalige Politiker meistens die Guten, während aktive Politiker sehr kritisch beschrieben werden. Obwohl es die gleichen Menschen sind.

Im Laufe einer langen Regierungszeit aber gibt es ein Auf und Ab in der Berichterstattung. Das hat sicher auch mit unterschiedlichen Leistungen der Minister zu tun, die mal besser und mal schlechter agieren. Aber es ist eben auch so, dass nach meiner Erfahrung unabhängig von der persönlichen Leistung auf eine Phase guter Berichterstattung eine Phase schlechter Berichterstattung folgt. Manchmal gibt es dafür einen Anlass, manchmal auch nicht. Es gibt so etwas wie einen Mainstream in der Presse, nach dem Minister einmal rauf- und dann wieder runtergeschrieben werden. Einige wenige wichtige Journalisten können den Wechsel des Tenors einer Berichterstattung oder Kommentierung herbeiführen. Andere folgen dann. Das ist keine Kampagne, wie viele Politiker das gerne glauben. Es ist der Drang von Journalisten, ab und zu etwas Neues zu schreiben. Das gilt in der Sache und bei der Einschätzung von Personen. Es gibt eine nicht klar erklärbare Konstante der Berichterstattung, dass sie auf und ab geht.

Die geeignete Reaktion von Ministern auf diese »konjunkturellen Schwankungen« in der Berichterstattung und Kommentierung kann nur Gelassenheit sein. Jeder sollte sich darüber im Klaren sein, dass eine sehr gute Berichterstattung nicht lange anhält, dass aber umgekehrt eine sehr schlechte Berichterstattung auch nicht ewig durchgehalten wird. Von dieser Grundthese gibt es natürlich Ausnahmen. Manche Minister haben einen bestimmten festen Ruf – ob negativ oder positiv –, den sie nicht mehr abschütteln können. Aber die Regel bleibt. Und sie mindert Freud und Leid.

Kampagnen von Journalisten gibt es natürlich durchaus. Dies kann dann der Fall sein, wenn ein Minister mit einem Skandal zu tun hat und die Berichterstattung so negativ ist, dass ein Rücktritt nicht ausgeschlossen, möglich oder notwendig ist oder es im Laufe der Berichterstattung wird. Dann kann es eine Situation geben, dass Journalisten ein Jagdfieber entwickeln, um nach und nach einen Minister »zur Strecke zu bringen«. Ich verzichte hier auf die Nennung von Beispielen, aber ich weiß von seriösen Journalisten, dass es eine solche Entwicklung der Berichterstattung in einer Krise geben kann. Oft sind dann nachdenkliche Journalisten verstört, wenn der Rücktritt tatsächlich erfolgt und sich im Nachhinein doch die Lage anders darstellt, als sie von der Mehrheit der Presseberichterstattung widergegeben wurde, um ebendiesen Rücktritt herbeizuschreiben. Dann heißt es, das hätte man so ja nicht gewollt …

In der Bundespolitik gibt es andauernd Umfragen. Mindestens einmal die Woche. Diese Umfragen betreffen die Wahlabsichten der Bürger, ihre Einstellung zu Themen, aber auch zu Personen.

Die Fragestellungen zu Personen sind bei den verschiedenen Umfragen oft unterschiedlich. Viele Menschen kennen diese Unterschiede nicht. Aber es macht schon etwas aus, ob danach gefragt wird, ob man einer Person eine wichtige Aufgabe in der Zukunft wünscht, oder ob man danach gefragt wird, ob man einer Person vertraut, oder ob man der Politik, für die die Person steht, zustimmt.

Jeder Minister weiß und wird es in Interviews auch immer sagen, dass Umfragen nicht so wichtig sind, dass sie nur aktuelle Stimmungen wiedergeben und einen selbst nicht beeinflussen dürfen. Das stimmt meistens nicht. Natürlich schauen auch Minister auf Umfragen, gerade zur eigenen Person. Und auch gerade im Vergleich zu Kollegen, die als Konkurrenten wahrgenommen werden oder die man selbst so sieht. Sie freuen sich über gute Umfragewerte und ärgern sich über schlechte. Das ist nur menschlich. Die Berichterstattung über die persönlichen Zustimmungswerte über das Medium hinaus, das eine Umfrage in Auftrag gegeben hat, nimmt nach meinem Eindruck zwar ab. Aber im politischen Berlin nehmen alle solche Umfragen zur Kenntnis. Und sie haben im Sinne eines Schönheitswettbewerbs oder eines Sängerwettstreits schon einen Einfluss auf das informelle Ansehen eines Ministers in seinem eigenen oder im fremden politischen Lager.

Auch im Ausland werden solche Umfragen sorgsam registriert und den Ministern vor Gesprächen mit seinen Kollegen in der Gesprächsvorbereitung vorgelegt. Als ich einmal in einer solchen Umfrage einen Platz vor der Bundeskanzlerin bewertet wurde, fragte mich mein britischer Kollege – ich war damals Verteidigungsminister –, ob ich nun Probleme mit der Bundeskanzlerin bekäme, weil doch bekannt sei, dass die Bundeskanzlerin Probleme mit starken Männern habe. Das konnte ich guten Gewissens verneinen.

Lobbyisten und Experten: Einflüsterung und Fachwissen

Als Minister hatte ich in meiner Aktentasche immer eine Ausgabe des Märchens »Der kleine Häwelmann« von Theodor Storm dabei. Dabei geht es um einen kleinen Jungen mit dem Namen Hans, der immer mehr und noch mehr Aufmerksamkeit beansprucht, nicht genug bekommen kann, auf dem Mondstrahl aus dem Haus in seinem Bettchen fährt und immer »mehr, mehr« schreit, bis er schließlich abstürzt.

Ein solches Verhalten habe ich oft bei Interessenverbänden und Unternehmen kennengelernt. Es konnte nie genug sein. Jeder Fortschritt, den sie zuvor eingefordert hatten, war nicht genug. Dann hieß es: Zwar ein erster Schritt, aber … Ich habe dann in solchen Gesprächen zuweilen die Geschichte vom kleinen Häwelmann erzählt oder sogar ein Exemplar dieses kleinen Märchens an die Betroffenen gesendet. Bewirkt hat es wahrscheinlich wenig, außer Erstaunen. Manche waren sicher beleidigt.

Interessenverbände sind unersättlich. Das mag man kritisieren, es hat mich auch oft geärgert, es ist aber verständlich. Denn sie vertreten nun einmal einseitig ihre Interessen. Und ihre Klientel wäre wohl nicht zufrieden, wenn alles gelöst wäre. Denn dann wäre der Interessenverband ja vielleicht sogar überflüssig … Aber genauso wie es legitim ist, dass die Interessenverbände ihre Interessen einseitig vertreten, ist es notwendig, dass die Regierung die Interessen der Allgemeinheit vertritt und solche einseitigen Betrachtungsweisen zurückweist.

In Deutschland ist das Image der Interessenverbände unterschiedlich. Es gibt die Verdächtigen, die »Bösen«. Dazu gehört zum Beispiel der Verband der Tabakindustrie oder der Verband der Rüstungsindustrie. Dann gibt es die »Guten«. Das sind zum Beispiel die Verbraucherschutzverbände, die Umwelt- oder die Sozialverbände.

Und dann gibt es die neutral Bewerteten, so etwa die Gewerkschaften oder den Bundesverband der Industrie. Den einen wird skeptisch begegnet, ganz gleich wie die Argumente sind. Den anderen wird tendenziell geglaubt, oder ihre Äußerungen finden auf Anhieb Zustimmung. Bei den Neutralen hängt die Akzeptanz eher von der politischen Grundauffassung oder der Qualität der Argumente ab.

So unterschiedlich der Hintergrund der Interessenverbände ist, so ähnlich ist die Arbeitsweise. Es gibt Geschäftsstellen mit hauptamtlichen Mitarbeitern. Es gibt Jahrestagungen, zu denen die Minister eingeladen werden. Es gibt Zeitschriften und Newsletter, die inzwischen die Posteingänge der E-Mail-Adressen so zustopfen, dass sie kaum noch zur Kenntnis genommen werden. Es werden Parlamentarische Abende veranstaltet, Preise verliehen, Konzerte durchgeführt, Partys gemacht und Gutachten zur Untermauerung der eigenen Position vergeben.

In den Sitzungswochen gibt es dienstags, mittwochs und donnerstags Gelegenheit für Minister und Abgeordnete, zu den schon geschilderten Parlamentarischen Abenden oder Veranstaltungen der Interessenverbände zu gehen. Viele sind interessant und gut gemacht, andere eher peinlich. Dort sind immer dieselben Leute. Die Veranstalter geben sich große Mühe. Ein wirklicher Imagegewinn oder eine Imageveränderung, wenn nötig, ist damit trotzdem nicht verbunden. Es gibt zu viele derartige Veranstaltungen, und sie unterscheiden sich inzwischen oft nur danach, ob die »Location« cool ist.

Für mich war die Unterscheidung der Interessenverbände in »Gut« und »Böse« nie bedeutend. Ihre Akzeptanz in der Öffentlichkeit mag unterschiedlich sein, ihre Rolle und Bedeutung bei der demokratischen Willensbildung ist gleich. Sie vertreten in der Regel legitime Interessen, ihre Sachkenntnis ist oft wichtig für eine umfassende Erfassung einer Problematik – auch in der Regierung. Sie haben eine Multiplikatorenrolle in ihre jeweilige Klientel hinein, die man nicht vernachlässigen sollte. Deswegen sind Beteiligungen, Gespräche und die Teilnahme an Veranstaltungen auch für Minister und für ministerielle Mitarbeiter völlig in Ordnung und nicht zu beanstanden. Dabei ist es dann auch selbstverständlich, dass ein Argument eines Interessenverbandes, das überzeugt, auch aufgenommen wird und Eingang findet in die Willensbildung eines Ministeriums oder des Ministers. Ich habe das oft erlebt. Warum soll man ein gutes Argument nicht übernehmen, nur weil es von einem Interessenverband vorgetragen wird?

Ich habe die Hysterie darüber, wann sich welcher Minister mit welchem Interessenverband wo getroffen hat, nie verstanden. So ist es zum Beispiel die Aufgabe eines Verteidigungsministers, sich mit der Rüstungsindustrie zu treffen und entsprechende Firmen zu besuchen. Und wie soll der Wirtschaftsminister vernünftige Entscheidungen treffen, wenn er sich nicht mit Unternehmen und ihren Verbänden treffen dürfte?

Problematisch ist nur, wenn der Minister oder ein Ministerium einen bestimmten Interessenverband bevorzugt, wenn auf Interessenverbände einer bestimmten Richtung einseitig eingegangen wird und natürlich, wenn die Einflussnahme nicht korrekt erfolgt oder nicht korrekt entgegengenommen wird, wenn sie intransparent ist.

Es gibt Verbände, denen es gelungen ist, aus den Ministerien zuweilen Vorlagen an den Minister zu bekommen, bevor der Minister sie auf dem Tisch hat. So ist es beim Bundeswehrverband, der im Ministerium bestens vernetzt ist. Man hört es auch aus dem Gesundheitsministerium. Das ist natürlich nicht in Ordnung. Aber das ist kein Problem des Verbandes, sondern ein Problem innerhalb des Ministeriums.

Zurück zum kleinen Häwelmann. Ärgerlich am Verhalten der Verbände ist oft ihre Unersättlichkeit. Sie sagen in Gesprächen, dieser oder jener Punkt sei der wichtigste für die nächste Zeit. Kaum ist er gelöst, gibt es einen anderen wichtigsten Punkt. Eine Steuersenkung ist immer zu wenig, die Entlastung bei den Sozialversicherungskosten reicht nie aus, eine Gebührenerhöhung ist entweder viel zu hoch für die Bürger oder viel zu niedrig für diejenigen, die eine gebührenpflichtige Leistung erbringen, je nach Betrachtungsweise. Die Erhöhung eines Haushaltstitels im Etat mit einem beachtlichen Zuwachs ist allenfalls ein »Schritt in die richtige Richtung«. All das nervt. Und es führt dazu, dass wirkliche Erfolge in der Öffentlichkeit kaum als solche dargestellt werden. Denn dass die Regierung selbst etwas, was sie gemacht hat, gut findet, ist ja selbstverständlich.

Wenn aber die betroffenen Verbände eine Maßnahme als entweder nicht genug oder umgekehrt als zu viel kritisieren, dann scheint sie von außen betrachtet ja wirklich nicht gut zu sein. Natürlich ist die Opposition gegen das, was die Regierung macht. Und so zieht eine Stimmung allgemeiner Mäkeligkeit in die Gesellschaft, eine »Häwelmann-Stimmung«.

Im Privaten setzt man selten das vollständig durch, was man möchte. Das ganze private Leben besteht aus Kompromissen. Und damit kann jeder Private ganz gut umgehen. Warum soll das denn in der Politik und beim Regieren anders sein?

Ein Experte ist jemand, der besonders viel von einer Sache versteht. In der Öffentlichkeit hat ein Experte deswegen eine besonders hohe Glaubwürdigkeit. Er gilt als neutral und nicht abhängig. Experten sind wichtig für jede Gesellschaft. Mit Generalisten allein ist kein Staat zu machen. Und es ist richtig, wenn Experten ihren Sachverstand der Öffentlichkeit zur Verfügung stellen. So weit, so gut.

Ich habe in meiner politischen Laufbahn unzählige gute Gespräche mit Experten geführt. Sie haben meine Gedankenwelt erweitert. Und ich habe viel gelernt. Ich konnte Experten Fragen stellen, die ich mich sonst nicht zu stellen getraut hätte oder die mir niemand sonst hätte beantworten können. Am besten waren solche Gespräche, wenn sie vertraulich verliefen.

Inzwischen stelle ich aber fest, dass der Begriff des Experten inflationär benutzt und missbraucht wird. Experte ist kein geschützter Begriff. Jeder kann sich so nennen oder sich so bezeichnen lassen. Und das geschieht auch.

Jeden Tag hören wir von Wirtschaftsexperten, Börsenexperten, Autoexperten, Migrationsexperten, Klimaexperten, Terrorexperten, Gesundheitsexperten, Fußballexperten und so weiter und so fort. Sie geben gute Ratschläge, meistens was andere tun müssten oder zu unterlassen haben, vor allem die Regierungen. Sie sagen die Zukunft voraus, ohne offenzulegen, auf welchen Annahmen ihre Vorhersagen beruhen. Und besonders gerne warnen sie. Wer warnt, wird immer gerne gehört. Wer dramatisch warnt, umso mehr.

Scheinbar lieben die Deutschen Warnungen. Experten können es auch bei der Warnung belassen, sie sind ja nicht dafür zuständig, etwas zu tun, was verhindert, dass die negative Entwicklung, vor der sie gewarnt haben, eintritt. Und wenn sie etwas vorschlagen zur Umsetzung, um einer Warnung zu begegnen, so machen sie das aus Expertensicht. Politische Erwägungen der Durchsetzbarkeit erscheinen dann als kleinkariert. Und all das geschieht öffentlich.

Es gibt auch Expertengremien. Viele Minister haben solche Beiräte von Experten, die Gutachten abgeben und sie beraten. Von besonderer Bedeutung war immer der Sachverständigenrat zur Begutachtung der gesamtwirtschaftlichen Entwicklung. Auf diese Gutachten und Empfehlungen des Rates für die Wirtschaftspolitik der Zukunft wurde gehört. Sie werden die »fünf Weisen« genannt. Das Gleiche galt zum Beispiel für die Gutachten der Monopolkommission.

Inzwischen aber nimmt die öffentliche Wirkung selbst dieser früher hoch angesehenen Gutachten und Empfehlungen ab, weil es zu viele Experten und zu viele beratende Gremien gibt. Die Antriebskraft der sogenannten Experten sind oft nicht Sachverstand und das Bemühen, für die Expertenmeinung überzeugend zu wirken, sondern Eitelkeit, Öffentlichkeitsdrang und vielleicht sogar bezahlte Interessenvertretung.

Je weniger bekannt ein Experte ist, umso mehr muss er seine Expertenmeinung so vortragen, dass sie als absolut richtig erscheint.

Zweifel, Abwägungen, Gegenargumente wirken dann nicht mehr überzeugend, sodass allein die Sicherheit im Auftreten des Experten für öffentliche Wahrnehmung sorgt, nicht aber das abwägende Vortragen eines wirklich guten Experten oder Wissenschaftlers mit herausragendem Ruf. Weil Letztere für öffentliche Statements und Talkshows entweder nicht gefragt werden oder sich dem verweigern und es für eine abwägende Argumentation keine Sendezeit gibt, entsteht ein schiefes Bild der wirklichen Diskussionen in der Fachwelt.

Ich erinnere mich daran, dass nach der Finanzkrise im Winter 2008/2009 die Autokrise folgte und manche Experten in Deutschland mit dem Brustton der Überzeugung öffentlich vortrugen, in Zukunft würden in der Welt keine großen Autos mehr gebaut. Wenig später war davon nichts mehr zu hören. Die Wirklichkeit entwickelte sich anders.

Und es gibt Terrorexperten, die zunächst beim Bundeskriminalamt oder anderen Sicherheitsbehörden nachfragen, was im Zusammenhang mit einer Terrorgefahr los sei, um dann dieses Wissen als eigenes Wissen dem Publikum als Terrorexperte vorzutragen.

Daraus entsteht Expertengläubigkeit. Und das bestärkt das Vorurteil, dass Politiker sowieso keine Ahnung hätten, denn dieses oder jenes andere Ergebnis hätten Experten ja bestätigt. Für die meisten meiner Kollegen aus all den Jahren meiner Zeit als Staatssekretär oder Minister kann ich dagegen sagen, dass sie sich fleißig Sachkunde angeeignet haben, gut Bescheid wussten und die Zusammenhänge kannten, vor allem solche, die über das einzelne Expertenwissen hinausweisen.

Als ein Ausdruck besonders gründlichen und wichtigen Expertenwissens gelten Gutachten. Ich meine hier Gutachten, die die politische Willensbildung sachverständig beeinflussen sollen. Solche Gutachten sind oft sinnvoll, wenn es etwa um versicherungsmathematische Berechnungen bei der Altersvorsorge geht, wenn die Auswirkungen einer Infrastrukturmaßnahme wie der Bau einer

Autobahn auf das Mobilitätsverhalten der Bevölkerung untersucht werden und so weiter.

Es gibt aber auch Gutachten, die werden als Kampfinstrument zur Verhinderung oder Herbeiführung einer politischen Maßnahme eingesetzt. Das beliebteste Instrument hierfür ist ein Gutachten, das zu dem Ergebnis führt, eine bestimmte Maßnahme verstoße gegen das Grundgesetz. Eine Reihe dieser Gutachten wird bezahlt von denjenigen, die eine geplante Maßnahme verhindern wollen. Das Argument der Verfassungswidrigkeit ist dann ein angeblich besonders bedeutendes Argument. Wichtig ist dann nicht einmal der Inhalt des Gutachtens, sondern der Name des Gutachters. So war es immer wieder bei Gutachten über die angebliche Verfassungswidrigkeit des Solidaritätszuschlages, bei Gutachten über den Abbau von Subventionen bei der Einspeisung von erneuerbaren Energien ins Energienetz oder auch bei solchen über die Entscheidungen der Bundesregierung zur Flüchtlingspolitik.

Ich habe mich oft gewundert, welche großen Namen der Jurisprudenz bereit waren, solche Gutachten zu schreiben. Die gute Nachricht ist allerdings, dass es inzwischen so viele solcher Gutachten gibt, dass sie allein deswegen oft nicht mehr ernst genommen werden. Sie beeinflussen auch sinnvollerweise häufig nicht die Entscheidung der Bundesregierung und schon gar nicht eine Entscheidung des Bundesverfassungsgerichts. Ich weiß, dass im Gericht auch eine große Skepsis gegenüber der Inflation von Gutachten vorherrscht, die viele geplante Maßnahmen für angeblich verfassungswidrig halten, nur weil sie einem nicht passen.

Mitarbeiter und Minister: Kompetenz, Loyalität und Unabhängigkeit

Ein Minister ist auf seine Mitarbeiter angewiesen. Die Mitarbeiter brauchen aber auch »ihre« Minister.

Ein sächsischer Staatsminister hat bei seinem Abschied einmal erklärt, er habe gedacht, als Minister sitze er am Steuer eines Autos, und mit dem Lenkrad verändere er die Fahrtrichtung des Autos. Erst später habe er gemerkt, dass es keine Verbindung gegeben habe zwischen seinem Lenkrad und den Rädern ... Ich teile diese Auffassung nicht.

Ein Minister bekommt viele Vorlagen. Diese Vorlagen informieren ihn über Sachverhalte, sie erbitten eine Entscheidung und machen Vorschläge zum weiteren Vorgehen. Die Entscheidungen des Ministers werden umgesetzt. Ministervorlagen gehen auf dem Dienstweg zu ihm durch die Hände vieler Mitarbeiter. Schon rein inhaltlich wären diese Vorlagen oft unverständlich, wenn man sich als Minister nicht mit der Sache beschäftigte, um die es in der Vorlage geht. Man muss als Minister nicht jedes Detail verstehen, aber doch den Kern einer Vorlage. Die getroffene Entscheidung muss nach außen begründet werden, oft auch vom Minister selbst. Gesprächspartner verlangen eine sachkundige Auskunft des Ministers. Ein Journalist fragt im Interview nach konkreten Inhalten des Geschäftsbereichs.

Sicher, für all das bekommt ein Minister eine gute Vorbereitung. Aber er kann nicht im Gespräch oder beim Interview immer nur in seinen Unterlagen blättern und Texte vorlesen. Er muss sich als sicher im Stoff präsentieren, um nach außen überzeugen zu können.

Für jede Führungsposition braucht man Sachkompetenz, Führungskompetenz und Methodenkompetenz.

Wer glaubt, er könne als Führungspersönlichkeit auf eines dieser drei Elemente verzichten, wird seinem Führungsanspruch nicht gerecht und nicht erfolgreich sein oder bleiben. Je höher man in einer Institution steigt, desto weniger wichtig wird zwar Sachkompetenz im Einzelnen, umso wichtiger aber Führungs- und Methodenkompetenz. Aber ohne Sachkenntnis geht es nicht. Und schon gar nicht ohne Interesse an der Sache. Gesprächspartner bekommen sehr schnell mit, ob das Interesse eines Ministers ernst ist oder gespielt.

Ich habe oft bei Gesprächen oder Verhandlungen davon Gebrauch gemacht oder war umgekehrt Gegenstand eines Vorschlages, dass man nun die entscheidenden Dinge im kleinsten Kreis, sogar nur unter vier Augen besprechen solle. Mir ist das immer entgegengekommen. Da kommt es dann nämlich auch auf Sachkenntnis an. Wer diese scheut, wird Gespräche im kleinsten Kreis vermeiden. Und das schmälert Einfluss und Reputation. Wer immer seine Mitarbeiter dazuholt, erweckt den Eindruck mangelnder Selbstständigkeit.

Allerdings sollte ein Minister nicht meinen, es wäre seine Aufgabe, der beste Sachbearbeiter oder der beste Kenner aller Materien zu sein. Das kann er gar nicht, und das sollte er auch nicht. Eine solche Haltung führt sofort zur Demotivation der Mitarbeiter und mehr noch: Sie werden inaktiv, informieren den Minister nicht mehr gut, schon gar nicht über Probleme, weil er ja sowieso alles weiß. Angeblich. Deshalb ist es ratsam, auch nach einem Vier-Augen-Gespräch noch einmal die Mitarbeiter mit dem Gesprächsergebnis zu befassen, bevor man endgültig zustimmt. Sonst macht man Fehler.

Ein Minister muss sich auf die Sachinformationen aus seinem Haus verlassen und verlassen können. Er kann nicht alles selbst nachprüfen oder nachprüfen lassen. Dafür gibt es nicht genug Zeit und das erzeugt nur ein Klima des Misstrauens in einem Ministerium mit der Folge, dass der Minister noch weniger zuverlässig informiert wird.

Darin liegen aber auch ein Problem und ein Risiko. Die Sachinformationen gibt ja ein Mitarbeiter, ein Referatsleiter oder ein Abteilungsleiter aus seinem Bereich. Wenn es dort ein Problem gibt, dann müsste er es ja eigentlich selbst gelöst haben oder lösen wollen und können, oder das Problem müsste ihm wenigstens bekannt gewesen sein. Das ist aber oft nicht der Fall. Und dann könnten die Vorgesetzten kritisch nachfragen. Aus diesem erwarteten und aus Sicht des Betroffenen zu vermeidenden Verhalten der Vorgesetzten entsteht ein Mechanismus, der dazu führt, dass die Informationen nach oben in der Hierarchie immer »besser« werden, das heißt Sachverhalte positiver beschrieben werden, je höher sie gemeldet werden.

Dieses Phänomen gibt es sicher nicht nur in einem Ministerium, sondern in jeder großen Institution. Das kann gefährlich werden für den Minister. Immer dann, wenn ein wirklicher oder angeblicher Skandal oder auch nur eine Fehlentwicklung aufgedeckt wird, ist die entscheidende Frage, wie der Minister eingebunden war. Die beliebteste und schwierigste Frage ist dann, ab wann der Minister »etwas« gewusst hat. Und »das etwas« hat es in sich. Denn wenn es einen Skandal gibt oder scheinbar gibt, dann kommt es nicht mehr darauf an, was der Minister genau von dem problematischen Sachverhalt erfahren hat, sondern dass er überhaupt ein unklares »etwas« erfahren habe. Eine Andeutung kann dann schon ausreichen zu fragen, was denn der Minister mit dieser Information gemacht hat und warum er nicht entschlossener gehandelt habe, um den ihm ja nun mitgeteilten Mangel abzustellen. Im Nachhinein ist das »etwas« nämlich plötzlich der volle Sachverhalt.

Und dann beginnen die Angriffe auf den Minister wie folgt:

Entweder habe der Minister nichts gewusst, dann sei das schlecht, weil er sich nicht von Problemen unterrichten lasse und sein Haus nicht im Griff habe. Oder er habe »etwas« gewusst und nichts getan, dann zeige das, dass er das Problem nicht erkannt, die Dinge verschleiert habe oder zu schwach sei, den Mangel abzustellen. Ab wann der Minister »etwas« gewusst hat, das ist die schwierigste Frage im Umgang mit Problemen.

Fachwissen für einen Minister ist auch nötig, um Mängel zu erkennen. Fachwissen ist aber genauso für einen Minister erforderlich, damit er Autorität im eigenen Haus gewinnt und erhält. Die allermeisten Mitarbeiter wollen Führung in der Sache, sie wollen wissen, wofür sie arbeiten sollen und in welche Richtung der Minister eine Entwicklung beeinflussen möchte. Sicher gibt es auch sehr ehrgeizige Mitarbeiter, denen es vor allem darauf ankommt, ihre eigene Meinung dem Minister so unterzujubeln, dass sie nach außen als dessen Meinung erscheint. Oder sie machen alles allein nach dem Motto: Es ist doch egal, wer unter mir Minister ist.

Auch das muss man erkennen und solche Mitarbeiter, die meistens fachlich besonders gut sind, so führen, dass sie im Sinne des Ministers arbeiten und nicht für sich.

Nach meiner Erfahrung ist die durchschnittliche Qualität der Mitarbeiter in unseren Bundesministerien hoch. Auch im internationalen Vergleich muss die deutsche Ministerialbürokratie keinen Vergleich scheuen, weder fachlich noch was den Arbeitseinsatz angeht. Nicht nur in Krisen waren die Mitarbeiter bereit, sehr viel zu arbeiten, auch bis spät in die Nacht und am Wochenende. Während der Finanzkrise und während der Flüchtlingskrise musste ich Mitarbeiter manchmal nachts nach Hause schicken oder ihnen untersagen, so spät noch dienstliche E-Mails zu schicken.

Aber es ist nicht nur die Dienstbereitschaft, die in unseren Bundesministerien gut ist. Es ist auch die Qualität, die mich in vielen Funktionen überzeugt hat. Das Auftreten ist nicht so »laut« oder aufdringlich, wie ich das bei manchen Mitarbeitern aus der Wirtschaft erlebt habe. Dafür aber wird mit hohem qualitativen Anspruch an sich selbst gearbeitet und meistens auch mit dem Bewusstsein, dass man das für das Gemeinwohl tut. Damit kann unser Land alles in allem zufrieden sein.

Neben Fachwissen, gutem und klarem Führungsstil und dem Wissen, wie man Dinge durchsetzt, braucht ein Bundesminister noch weitere Fähigkeiten, die seine Arbeit erleichtern. Das sind ganz banale Dinge: Es ist sehr hilfreich, wenn ein Minister einen guten Schlaf hat, auch wenn es nur wenige Stunden sind. Abschaltenkönnen ist für das politische Überleben sehr hilfreich. Und dazu gehört ein guter Schlaf. Daneben ist es wichtig, dass ein Minister im Auto lesen und arbeiten kann. Wem dabei schlecht wird, der wird sein Arbeitspensum schwerlich schaffen. Manches kann man dabei trainieren. Das Auto ist jedenfalls wie ein rollendes Büro. Ein Minister verbringt viele Stunden in seinem Dienstwagen. Deswegen sollte er in der Lage sein, beim Autofahren seine Akten abzuarbeiten. Und schließlich gehört es jedenfalls in Berlin zur politischen Unsitte und ist inzwischen dennoch völlig normal, dass während des Arbeitens gegessen wird, meistens zu schnell und oft ungesund. Auch daran muss man sich als Minister wohl gewöhnen.

Ein Ministerium besteht aus den Fachabteilungen und dem Bereich, der dem Minister direkt zugeordnet ist. Dafür gibt es viele verschiedene Konstruktionen und Bezeichnungen: Leitungsbüro, Zentralstelle, Ministerbüro. In den großen Ministerien der Bundesregierung hat sich die Bezeichnung Leitungsstab eingebürgert. Zum Leitungsstab gehören in der Regel das Ministerbüro, der Pressestab, das Kabinetts- und Parlamentsreferat, die Redenschreiber und oft auch ein Element politischer Planung. Manchmal gibt es auch außerhalb des Leitungsstabes einen eigenen Planungsstab oder sogar eine Planungsabteilung, so zum Beispiel im Auswärtigen Amt.

Der Leitungsstab organisiert das ganze politische Leben eines Ministers, bereitet Termine vor und nach, organisiert den Transport, die Redenvorbereitung, den Umgang mit dem Parlament und anderen Ressorts, soweit die Chefebene betroffen ist, kümmert sich um die Presseauftritte und um all die Dinge, wofür es im Ressort keine spezielle Zuständigkeit gibt.

Vielfach haben Minister die Neigung, den Leitungsstab möglichst umfangreich mit Mitarbeitern auszustatten. Dort ist das Vertrauen zu den Mitarbeitern höher, die Treffen sind häufiger, der Umgangston ist informeller. Oft sind im Leitungsstab diejenigen Mitarbeiter versammelt, die der politischen Richtung des Ministers nahestehen oder sogar Parteimitglieder sind.

Ich war dagegen immer der Meinung, dass ein Leitungsstab oder ein Ministerbüro nicht zu groß sein sollte. Denn je größer der

Leitungsstab ist, desto weniger machen die Fachabteilungen. Sie empfinden diesen Stab als Kontrolle und Oberinstanz und arbeiten deswegen weniger sorgfältig, weil ja doch im Leitungsstab alles Wichtige gemacht wird. Der Leitungsstab kann aber nie so kundig sein, alle fachlichen Aspekte zu bedenken und zu berücksichtigen. Auch wenn es manchmal nicht so ist, so müsste es doch so sein, dass die wesentlichen Initiativen der fachlichen Arbeit von den Fachabteilungen eines Ministeriums ausgehen und nicht vom Leitungsstab.

Es gibt hier auch ein Hierarchie- und Akzeptanzproblem: Die Mitarbeiter des Leitungsstabes haben formal einen niedrigeren Rang als die Abteilungsleiter. Gleichzeitig geben sie oft Weisungen, Anregungen, kritische Fragen des Ministers in die Abteilungen über den Abteilungsleiter weiter. Daraus kann ein Problem entstehen. Mitarbeiter des Leitungsstabes haben stets nur eine abgeleitete Autorität, die vom Minister stammt. Wenn sie diese missbrauchen, dann wird die Autorität des Ministers und erst recht die seiner engsten Mitarbeiter im Ministerium beschädigt.

Wenn der Leitungsstab wie ein großes Fettauge oben auf der Suppe schwimmt ohne Berührung zum Rest, dann entfernt sich der Minister von seinem Haus. Und in Krisenzeiten hilft dem Minister dann niemand mehr.

Ich halte es daher für richtig, im Leitungsstab nicht nur die fachlich besten, sondern auch diejenigen Mitarbeiter einzusetzen, die charakterlich mit der Nähe zum Minister und der abgeleiteten Weisungsbefugnis ins Ministerium umgehen können. Und ich halte es für wichtig, dass es einen regelmäßigen personellen Wechsel zwischen Stab und Linie gibt, dass also Mitarbeiter des Leitungsstabes zumeist aus der Linie der Fachabteilungen rekrutiert werden und nach einigen Jahren in die Fachabteilungen zurückkehren. So entsteht gegenseitiges Verständnis für die Rolle eines Leitungsstabes und Ministerbüros ebenso wie für die Facharbeit einer Abteilung.

Ein Minister sollte seinen Mitarbeitern im Prinzip vertrauen. Misstraut er aus Prinzip seinen Mitarbeitern, so werden sie ihn nicht

gut beraten, ihm nicht von Problemen im eigenen Verantwortungsbereich berichten, ihn nicht vor Fehlern bewahren und alles nach
oben schieben nach dem Motto »Melden macht frei«.

Genauso wenig sollte ein Minister aber ganz ohne Misstrauen
auskommen. Es gibt genug Mitarbeiter, die Vertrauensseligkeit aus-
nutzen, Vertrauen missbrauchen, vielleicht sogar dem Minister schaden wollen und nur ihr eigenes Ding machen.

Auf die Mischung kommt es also an. Ich halte Führung durch
Vertrauen für ungleich wirksamer als Führung durch stetes Misstrauen. Allerdings wäre auch blindes Vertrauen leichtfertig. Ich
möchte vielmehr von einem »begründeten« Vertrauen sprechen: Im
Laufe der Zusammenarbeit stellt sich nämlich heraus, ob es über ein
allgemeines Gefühl des Vertrauenkönnens hinaus konkrete Anhalts-
punkte oder Situationen gibt, die ein Vertrauen auf der persönlichen
Ebene so begründen können, dass es für die Zukunft keiner weiteren Beweise mehr bedarf.

Führung durch in dieser Weise begründetes Vertrauen schließt
Kontrolle, kritische Nachfragen, das Nachgehen von Verdachtsmo-
menten nicht aus. Aber nach meiner Erfahrung arbeiten Mitarbeiter nicht nur besser, sondern auch loyaler, wenn ihnen der Minister
grundsätzlich Vertrauen entgegenbringt und sie dies spüren.

Führung durch begründetes Vertrauen gelingt aber nur, wenn
man als Minister darauf besteht, dass die Mitarbeiter loyal sind.
Loyal sein heißt, das zu tun, was der Chef möchte und was der allgemeinen Linie der Regierung entspricht, aber genauso Offenheit,
Bereitschaft zum Widerspruch gegenüber dem Chef, die Vertraulichkeit nach außen zu wahren und den Chef zu schützen.

Illoyalität darf man als Minister nicht dulden. Sonst funktioniert
auch Führung durch Vertrauen nicht. Ich habe mich von fachlich
herausragenden Mitarbeitern getrennt, weil ich den Eindruck hatte,
dass sie nicht loyal sind. Ein solches Signal wirkt auch ins ganze
Haus.

Wer Illoyalität duldet, darf sich nicht wundern, wenn Illoyalität wächst. Wer Loyalität und Vertrauen belohnt, wird beides ernten. Dazu gehört auch, sich vor seine Mitarbeiter zu stellen, wenn es ein Problem gibt. Mitarbeiter haben ein gutes Gespür dafür, wenn ihnen die Schuld in die Schuhe geschoben werden soll, nur damit sich der Minister entlastet. Das rächt sich beim nächsten Mal. Und ein nächstes Mal gibt es immer.

Zugleich bekommt ein Minister in der Öffentlichkeit aber ein Problem, wenn er sich zwar vor seine Mitarbeiter stellt, aber dadurch der Eindruck erweckt wird, er wolle Missstände verschleiern oder nicht zur Aufklärung beitragen. Zwischen der Rückendeckung für seine Mitarbeiter und dem Vorwurf der Vertuschung von Problemen liegt manchmal ein schmaler Grat, zumal der Minister in einer Krise doppelt beobachtet und bewertet wird:

Er soll einerseits aufklären, von Anfang an alles auf den Tisch legen, obwohl es erst auf den Tisch geholt werden muss, er soll notfalls personelle Konsequenzen ziehen durch Rauswurf oder Versetzung von Mitarbeitern oder eigenen Rücktritt. Und das schnell, jedenfalls aber schneller, als es in aller Regel mit gründlicher Sachaufklärung geht.

Verhält er sich aber so, dass er die im Ressort Verantwortlichen kritisiert oder rauswirft, dann heißt es andererseits, er schaffe Bauernopfer zur Vermeidung des eigenen Rücktritts oder er verletze seine Fürsorgepflicht, indem er irgendjemand anders seine Solidarität verweigere. In einer solchen Lage gibt es kein Richtig oder Falsch. Man muss sich auf sein Gefühl verlassen, ob an Vorwürfen wirklich etwas Gewichtiges dran ist. Und wenn das nicht ganz klar ist, dann muss man sich als Minister im Zweifel vor seine Mitarbeiter stellen. Sicherheitshalber ist es ratsam hinzuzufügen, dass das für den bisherigen Erkenntnisstand gilt …

Jedes Ministerium hat einen nachgeordneten Bereich, also Fachbehörden für bestimmte Aufgaben, die diesem Ministerium zugeordnet sind und von diesem Ministerium rechtlich und fachlich geführt werden. Man spricht hier von der Rechts- und Fachaufsicht eines Ministeriums über eine Behörde. Die großen Ministerien haben einen großen nachgeordneten Bereich: Der Innenminister hat derzeit weit über 60 000 Mitarbeiter und knapp 20 nachgeordnete Behörden. Der Verteidigungsminister hat den größten Personalkörper unter sich mit weit über 200 000 Beschäftigten, vielen Präsidenten, Inspekteuren und dem Generalinspekteur der Bundeswehr.

Besonders schwierig wird es, wenn die nachgeordnete Behörde eine gewisse Unabhängigkeit aufweist, die entweder rechtlich geregelt ist oder sich im Laufe der Zeit so ergeben hat. Gewisse rechtliche oder tatsächliche Unabhängigkeiten genießen zum Beispiel das Statistische Bundesamt, das Bundeskartellamt, die Bundesnetzagentur, das Bundesamt für die Aufsicht des Kreditwesens oder auch der Generalbundesanwalt.

Bei diesen Behörden überlegt sich ein Minister – durchaus aus unterschiedlichen Gründen – sehr genau, ob er ihnen eine fachliche Weisung gibt, also von seiner Aufsicht tatsächlich Gebrauch macht. Dies käme in der Öffentlichkeit überwiegend nicht gut an, selbst dann, wenn der Minister nach der Rechtsordnung formal ein Weisungsrecht hätte.

Die Leiter und Präsidenten der nachgeordneten Bereiche sind selbstbewusste Chefs ihrer Behörde. Sie führen oft Tausende von Mitarbeitern, sie werden vom Kabinett berufen, viele sind der Öffentlichkeit gut bekannt und sogenannte politische Beamte, das heißt, sie können nach dem Beamtenrecht von heute auf morgen ohne Angabe von Gründen in den einstweiligen Ruhestand versetzt werden. Der Präsident des Bundeskriminalamtes oder der Präsident des Bundesamtes für den Verfassungsschutz sind ebenso öffentliche Figuren wie auch der Generalinspekteur der Bundeswehr. Der Präsident des Robert-Koch-Instituts genießt eine hohe Autorität, wenn er eine öffentliche Empfehlung zum gesundheitlichen Verhalten der

Bevölkerung gibt. Der Präsident der Bundesanstalt für Finanzdienstleistungsaufsicht kann sogar eine Bank schließen.

Die Führung dieser selbstbewussten Präsidenten ist für jeden Minister eine Herausforderung. Entwickeln sie ein Eigenleben, dann führt die Geschicke im Geschäftsbereich nicht mehr der Minister. Die Präsidenten bestimmen dann zum Beispiel mit Interviews die Linie des Ministeriums, ohne dass der Minister zu Wort gekommen ist und dann entweder an den Inhalt des Interviews gebunden ist oder dem Präsidenten auf offener Bühne widersprechen muss. Werden die Präsidenten dagegen zu eng durch das Ministerium geführt, dann sind sie keine starken Präsidenten, genießen in ihrem Amt und nach außen keine Autorität, und jeder Fehler in ihrer Behörde wird unmittelbar dem Ministerium und dem Minister zugerechnet.

In sehr fachlichen Dingen sollte sich der Minister auf jeden Fall zurückhalten. Nach einem Polizeieinsatz wird dem Minister niemand abnehmen, dass er den Polizeieinsatz selbst besser geführt hätte. Aber dennoch trägt der Minister auch dafür eine Verantwortung.

Und der Minister trägt die Verantwortung dafür, dass die Präsidenten und Leiter der nachgeordneten Behörden nicht die Politik bestimmen, sondern sie umsetzen und erklären.

Besonders kompliziert ist dieses Verhältnis zwischen Minister und Präsidenten im Sicherheitsbereich. Die Präsidenten der Sicherheitsbehörden wollen möglichst viele Stellen und möglichst viele Befugnisse. Das ist verständlich. Dafür bekommen sie öffentliche Unterstützung. Und für deren Durchsetzung scheint es besonders wirksam zu sein, vor problematischen Entwicklungen zu warnen, die eintreten könnten, wenn die Sicherheitsbehörden nicht mehr Stellen und Befugnisse bekommen.

Ein Innenminister ist aber nicht allein auf der Welt. Mit dem Finanzminister muss er wie jeder andere Minister auch um Geld für Stellen und Sachausstattung für die Sicherheitsbehörden streiten. Gerade in den letzten Jahren waren wir übrigens mit einem in der

Geschichte der Bundesrepublik bespiellosen Aufwuchs der Stellen im Sicherheitsbereich besonders erfolgreich. Mit dem Justizminister und dem Koalitionspartner gibt es dann streitige Debatten um Befugnisse. Das bedeutet naturgemäß das Eingehen auf Kompromisse.

Mit diesen Kompromissen sind die eigenen Präsidenten aber manchmal nicht einverstanden, weil sie mehr für sich und ihre Behörde erwartet und erhofft hatten. Auch das ist normal. Wenn das dann allerdings öffentlich geäußert wird, dann entsteht der Eindruck, als nehme der Innenminister oder sogar die ganze Regierung die Sicherheitssorgen der Präsidenten der Sicherheitsbehörden nicht ernst genug oder gefährde damit die Sicherheit Deutschlands.

Oder es gibt Debatten über die Sinnhaftigkeit einzelner wichtiger operativer Maßnahmen. So hatten wir am 13. September 2015 eine streitige Debatte in einer Besprechung mit den Präsidenten der Sicherheitsbehörden, insbesondere mit dem Präsidenten der Bundespolizei, über die Frage des Umfangs von Zurückweisungen an den deutschen Grenzen im Zusammenhang mit der Einführung von Grenzkontrollen. Ich entschied letztlich gegen den Rat des Präsidenten der Bundespolizei. Davon war in einem vorhergehenden Kapitel schon die Rede.

Solche Debatten sind im Binnenverhältnis zwischen Ministerium/Minister und den nachgeordneten Bereichen sinnvoll, ja geradezu notwendig. Dann müssen alle Argumente auf den Tisch. Aber wenn der Minister entschieden hat, dann muss das gelten. Und das darf nicht durch öffentliche Interviews oder Hintergrundgespräche durch die Präsidenten unterlaufen werden. Geschah das dennoch, so haben meine Staatssekretäre oder ich das gerüffelt. Bis zu einer Entlassung kam es aber nicht. Dafür waren die Betroffenen fachlich zu gute Präsidenten. Debatten in der Bevölkerung können und müssen auch in Ministerien ihren Niederschlag finden. Und die Flüchtlingskrise war etwas ganz Besonderes.

Es gibt also zwischen dem Ministerium und dem Minister einerseits sowie den Präsidenten und Mitarbeitern des nachgeordneten

Bereichs andererseits ein Spannungsverhältnis zwischen Selbstständigkeit und Eigenleben. Ich bin mit diesem Spannungsverhältnis so umgegangen, dass ich mit den Präsidenten regelmäßig Vier-Augen-Gespräche geführt habe und sie dadurch um ihren Rat gefragt und zugleich an mich gebunden habe. Meine Staatssekretärin und ich haben ihnen zuweilen und anlass- oder themenbezogen öffentliche Zurückhaltung für einige Zeit verordnet. Das Ministerium hat ihnen aufgegeben mitzuteilen, ob und wann sie große Interviews geben, und sie auch gebeten, den Text vorher mitzuteilen. Die Pressestelle des Ministeriums hat allerdings nur ganz selten in die Texte eingegriffen.

Lösen ließe sich das von mir genannte Spannungsverhältnis auch dadurch, dass ein Minister den Präsidenten nachgeordneter Behörden aufgibt, überhaupt keine Interviews zu geben und keine öffentlichkeitswirksamen Auftritte durchzuführen. Das mag auf den ersten Blick für den Minister hilfreich sein. In vielen Partnerländern Deutschlands ist es etwa im Sicherheitsbereich undenkbar, dass der Präsident eines Nachrichtendienstes überhaupt Interviews gibt. Ich habe anders entschieden. Denn die Nutzung der Fachargumente durch die Präsidenten der Fachbehörden hat eine große und positive öffentliche Wirkung. Andernfalls liegt die gesamte Argumentationslast für die Überzeugungsbildung für eine Position nur auf den Schultern des Ministers. Und das geht bei einem großen Geschäftsbereich nicht. Auch hier gilt: Wenn Präsidenten ihre Behörden selbstständig und selbstbewusst führen, natürlich unter Aufsicht des Ministeriums, dann arbeiten sie im Zweifel besser, als wenn sie unselbstständig geführt werden.

Wenn man dem folgt, dann muss man einzelne Ausreißer deshalb in Kauf nehmen und die Folgen eindämmen oder den betroffenen Behördenleiter entlassen oder versetzen. Auf jeden Fall aber muss eine solche Entscheidung eine Ressortentscheidung des zuständigen Ministers sein und bleiben. Dazu können vertrauliche Gespräche des Ministers mit dem Regierungschef und dem Koalitionspartner gehören. Die Verwendung eines noch so wichtigen Behördenleiters sollte nicht die ganze Regierung oder Koalition beschäftigen. Andernfalls schwächt das den Minister gegenüber seinen Kollegen und weckt nur Begehrlichkeiten, auch künftig bei unliebsamen Personalentscheidungen in andere Ressorts hineinzuregieren.

Von Bedeutung ist auch, dass die Präsidenten und Leiter insbesondere großer nachgeordneter Behörden ein Gefühl dafür entwickeln, dass es im selben Geschäftsbereich eines Ministeriums und auch bei anderen Ministerien andere Institutionen gibt, die ebenso wichtig sind. Das wird nämlich oft vernachlässigt. Jeder hält seinen Bereich für den entscheidenden. Das darf aber für einen Minister nicht der Fall sein. Die Präsidenten haben ein feines Gespür dafür, wenn ein Minister den einen Bereich bevorzugt und den anderen eher vernachlässigt. Deshalb sind gemeinsame Behördenleitertagungen wesentlich. Hier werden die Ziele des Ministeriums erläutert. Und hier kommt es darauf an zu verdeutlichen, wie die jeweiligen Behörden zusammenarbeiten können und wie nur durch Zusammenarbeit ein gutes Ganzes entsteht.

Ratgeber, Institutionen, Autoritäten und Freunde: Nötige Korrektive

Für einen Minister ist guter Rat nicht teuer.

Damit meine ich nicht Beratungsunternehmen, die für einen Minister oder ein Ministerium eine gut bezahlte Beratungsleistung abliefern. Das ist teuer. Damit sollte man es nicht übertreiben und immer auf die korrekte Distanz zwischen Unternehmen und dem eigenen Haus achten. Manchmal allerdings ist auch eine solche Beratungsleistung sinnvoll und sollte nicht vorschnell kritisiert werden.

Ich meine vielmehr einen ehrlichen und guten Rat für den Minister selbst. Der ist unbezahlbar und kostet in der Regel nichts. Die Schwierigkeit besteht für einen Ministeralltag eher darin, diejenigen Personen zu finden oder sich zu erhalten, die einen solchen Rat geben.

Ein Minister ist unentwegt Ratschlägen ausgesetzt. Jeder Kommentar einer Zeitung ist ein Ratschlag an den Minister. Jede Empfehlung eines Experten ebenfalls. Oder auch eine Vorlage aus dem eigenen Ressort. Solche Ratschläge sind normal, üblich, wichtig, aber allein nicht entscheidend.

Diejenigen, die einen solchen Ratschlag geben, denken dabei oft genug an sich selbst und an die Vorteile, die sie hätten, wenn der Minister ihrem Ratschlag folgte.

Mir geht es hier um Ratschläge, die ausschließlich im wohlverstandenen Interesse des Ministers gegeben werden. Dabei kann es darum gehen, von einem bisher für richtig gehaltenen Weg abzuweichen. Oder es fehlt die Kraft für eine Entschuldigung, und der Ratschlag geht dahin, diese Kraft aufzubringen. Eine gute Leistung des Ministers ehrlich zu loben, eine schlechte Leistung ehrlich zu kritisieren und eine überfällige Entscheidung anzumahnen – solche Ratschläge sind selten im politischen Betrieb möglich. Sie sind aber sehr wichtig.

Für einen Minister ist es wichtig, Menschen zu haben, die solche Ratschläge geben. Das ist nicht einfach. Denn diejenigen, die am meisten davon verstehen, sind vorwiegend Mitarbeiter, die in einem Abhängigkeits- oder Hierarchieverhältnis stehen. Und diejenigen, die dem Minister am nächsten stehen und solche Empfehlungen geben könnten, kennen sich oft in der Materie oder in den Institutionen nicht aus und können deshalb menschliche Zuwendung, aber keinen politisch geeigneten Ratschlag geben.

Im Ergebnis hilft es nichts, solche Ratschläge müssen möglich sein. Das bedeutet, ein Minister braucht Mitarbeiter, die sich trauen, auch Unnagenehmes zu sagen. Das muss unter vier Augen geschehen oder vertraulich im kleinen Kreis, und es darf nicht vom Minister sanktioniert, sondern sollte belobigt werden, auch wenn es unangenehm ist. Ein Minister ist auch gut beraten, in seinem Freundeskreis Menschen zu haben, die sich mindestens in vergleichbaren

Institutionen auskennen und die aus der Distanz einen guten Rat geben können.

Auch gute Kollegen sind dafür wichtig. Ich habe oft einem Ministerkollegen oder einem Politikerkollegen gesagt oder gesimst, dass ich eine Äußerung für falsch oder unglücklich halte oder auch eine Entscheidung nicht für gut. Das Gute war, dass diese Kollegen sich in aller Regel für einen solchen Rat bedankt haben und nicht beleidigt abgewunken haben. Deswegen ermuntere ich gerne dazu, auch unter Kollegen in Vertraulichkeit und mit Empathie mit kritischen Ratschlägen zu helfen.

In jeder Gesellschaft, auch in Deutschland, gibt es Institutionen, deren Wort Gewicht hat. Das sind im Gelärme unserer Zeiten nicht viele. Aber ich finde es gut, dass es sie gibt. Sie dürfen ihre Autorität dabei allerdings nicht selbst aufs Spiel setzen.

Sicher gehören zu solchen Institutionen nach wie vor und Gott sei Dank unsere christlichen Kirchen, die evangelische ebenso wie die katholische. Es gibt regelmäßige Treffen der Parteivorstände der großen Volksparteien mit den Spitzen der Kirchen. Wenn sie dort zu einem ethisch relevanten Thema wie etwa der Sterbehilfe oder den Grenzen der Forschung an Embryonen ein gewichtiges Wort einlegen, dann hat das eine politische Wirkung wie kaum eine andere Stellungnahme im politischen Geschäft. Der Deutsche Evangelische Kirchentag und der Katholikentag sind geistige und gesellschaftliche Zeitanzeigen wie wenige andere Großveranstaltungen in Deutschland. Dort streiten Kirchenmitglieder mit Politikern und anderen Repräsentanten des gesellschaftlichen Lebens über die Zukunft, mit Respekt und in guter, klarer, versöhnlicher Sprache. Eine Denkschrift des Rates der Evangelischen Kirchen in Deutschland oder ein Beschluss der Bischofskonferenz der katholischen Kirche in Deutschland wurden beachtet. Keineswegs wird einer solchen öffentlichen Meinungsäußerung immer gefolgt, aber sie wird diskutiert und in die Meinungsbildung einbezogen. Erst recht, wenn der Papst sich äußert.

Je gefälliger und austauschbarer allerdings die Stellungnahmen der Kirchen werden, wenn sie ihr Spezifisches verlieren und sich äußern wie jeder andere Interessenverband auch, dann werden sie von der Regierung auch so behandelt: als wichtig, aber wie andere unter »ferner liefen«. So wird eine Stellungnahme der Kirchen zum Mindestlohn oder zum Rentenniveau nicht mehr beachtet als die des Deutschen Gewerkschaftsbundes. Deshalb ist hier Zurückhaltung angeraten.

Auch die Debattenbeiträge des Zentralrats der Juden in Deutschland werden gehört und beachtet, natürlich insbesondere zu Themen der deutschen Vergangenheitsbewältigung. Sie haben es nicht immer leicht, weil oft der Eindruck entstehen kann, dass es stets nur um ihre Interessen geht, etwa beim Kampf gegen den Antisemitismus. Das führt bei manchen jüngeren Bürgern sogar zu Verhärtungen oder Ablehnungen. In Wahrheit aber geht es in solchen Fällen immer um uns alle, ganz gleich, welchen Glauben wir haben. Und es würde uns besser zu Gesicht stehen, wenn es solcher mahnenden Worte unserer jüdischen Freunde und Mitbürger gar nicht bedürfte.

Schwieriger ist es schon bei den Muslimverbänden. Ihre Wirkung in die muslimische Gemeinde hinein ist wegen des geringen Organisationsgrades der Muslime sehr begrenzt. Sie sind zudem zersplittert. Den größten öffentlichen Widerhall findet zwar der Zentralrat der Muslime in Deutschland, der zugleich aber die kleinste Anzahl von Muslimen vertritt. Seine Äußerungen werden zwar gehört, aber sie entfalten wenig Wirkung. Das ist schade, weil so eine gebündelte, vor allem eine große und gemäßigte muslimische Stimme in Deutschland bei den Debatten fehlt. Umso lautstarker beteiligen sich einzelne Muslime an den öffentlichen Debatten, gerne in Talkshows, durch Bücher oder Interviews. Leider vertreten sie dabei oft die eigene Meinung, die zwar interessant und lehrreich sein kann, aber nicht unbedingt die Muslime in Deutschland repräsentiert.

Neben den Kirchen und anderen religiösen Institutionen gibt es von Regierung und Parlament geschaffene Einrichtungen, die öffentlichen und unabhängigen Rat geben sollen. Als Beispiele seien genannt: der Deutsche Ethikrat, der Rat für Nachhaltige Entwicklung, der Wissenschaftsrat, die Leopoldina, die älteste Akademie der Wissenschaften in Halle, und eine Fülle von Sachverständigenräten und Kommissionen. Viele davon arbeiten hochklassig, sind aber wenig bekannt, sprechen eine Sprache, die nicht allgemeinverständlich ist, und haben wenig Autorität.

Viele Institutionen mit einer großen ideellen oder moralischen Wirkung gibt es also nicht. Der Sport, die Gewerkschaften, die Wirtschaft, das sind alles gewichtige Stimmen, die auch gehört werden, denen aber doch stets unterstellt wird, dass sie ihre eigenen – gewiss legitimen – Interessen vertreten. Vor allem die Medien haben neuerdings mit den gleichen Akzeptanzproblemen zu kämpfen wie die Politiker. »Lügenpresse« ist dafür das unfaire Stichwort.

Es mag noch von Zeit zu Zeit Appelle geben, die von wichtigen Persönlichkeiten des öffentlichen Lebens unterzeichnet und unterstützt werden, die als Rat für die Gesellschaft angesehen werden könnten. Aber auch hier gibt es eine gewisse Abnutzung durch Überfluss. All das ist in ein Empörungsritual entschwunden. Wenn alle immerzu empört sind, einen Ruck erwarten, der durch die Gesellschaft gehen solle, einen Aufstand der Anständigen in Interviews herbeisehnen, dann nutzt sich das ab.

So sind es eher Einzelpersönlichkeiten, die eine solche öffentliche Wirkung entfalten. Das kann das Opfer eines Verbrechens sein. So haben sich die Angehörigen der Opfer des Terroranschlags auf dem Breitscheidplatz mit ihren Appellen überzeugend und bewegend eingebracht. Daraufhin wird jetzt das gesamte Recht der Entschädigung von Opfern entsprechender krimineller Straftaten überarbeitet.

Ehemalige Politiker wie die verstorbenen Altbundeskanzler Helmut Schmidt, Helmut Kohl oder wie ehemalige Bundespräsidenten können eine solche Rolle für unsere Gesellschaft entwickeln. Sicher auch mal ältere bekannte und beliebte Schauspieler, Sportler, Wissenschaftler, Autoren. Interessanterweise eher ältere Persönlichkeiten oder solche, die nicht mehr im Amt sind. Ihnen wird eher abgenommen, dass sie eine Äußerung aus der satten Erfahrung eines längeren Lebens und Wirkens machen.

Die zentrale Instanz für breite öffentliche Wirkung ist der Bundespräsident. Er hat nach unserer Verfassung nur wenige formale Rechte. Umso mehr zählt sein öffentliches Wort. Das war bei allen Bundespräsidenten so, etwa bei der Rede Richard von Weizsäckers am 8. Mai 1985 zum 40-jährigen Gedenken an das Kriegsende und das war so, als Bundespräsident Frank-Walter Steinmeier mit einer sehr kurzen Erklärung von wenigen Minuten die verworrene Lage nach den gescheiterten Sondierungsgesprächen zwischen Union, Grünen und FDP im Herbst 2017 ordnete. Mit dieser Erklärung bewegte er die SPD zum Umdenken und »zwang« sie in Gespräche über die Bildung einer weiteren Großen Koalition. Auch der Satz »Unser Herz ist weit, doch unsere Möglichkeiten sind endlich« von Bundespräsident Joachim Gauck in seiner Rede zum Tag der deutschen Einheit am 3. Oktober 2015 war so ein Satz, der die Gefühlslage der ganzen Nation auf den Punkt brachte.

Ich halte solche Institutionen oder Personen für den inneren Zusammenhalt unseres Landes für wichtig. Jede Gesellschaft braucht Vorbilder und gemeinschaftsstiftende Erlebnisse. Wir sollten über öffentliche Formate nachdenken, damit die Meinungen und Appelle von solchen Persönlichkeiten mehr Wirkung entfalten.

»Der ist mein Freund, die ist meine Freundin.« Das hört man oft in der Politik. Meistens stimmt es nicht. Es gibt viel Kollegialität in der Politik, Kameradschaft, Gefährtenschaft, aber wenig echte Freundschaften. Aber offenbar kommt es gut an, wenn man vorgibt, viele Freunde zu haben, nicht nur in sozialen Netzwerken. Und viele politische Freunde scheinen zu suggerieren, man selbst sei beliebt.

Dennoch stehen sich einige Politiker untereinander persönlich besonders nahe. Oft sind sie in Jugendorganisationen wie der Jungen Union, dem Ring Christlich-Demokratischer Studenten oder den Jungsozialisten zusammen großgeworden. Das prägt für ein ganzes politisches Leben.

Volksparteien können bei ihren Mitgliedern schon so etwas auslösen wie ein entferntes Gefühl von Familie. An Wahlabenden ist davon etwas zu spüren, im Sieg und in der Niederlage. Auch bei Koalitionsverhandlungen wird unter uns klar, wer zu uns gehört und wie wir zusammenstehen.

Christdemokrat zu sein oder auch Sozialdemokrat ist mehr, als nur ein Parteibuch zu haben. Dazu gehört auch eine innere Bindung. Als ich vom Parteitag der CDU bei meinem Abschied als Bundesinnenminister nach den Dankesworten der Bundeskanzlerin und Parteivorsitzenden gefeiert worden bin, minutenlang und im Stehen, da gab es so ein Gemeinschaftsgefühl. Und es hat mich sehr berührt und gerührt.

In Wirklichkeit ist der Freundschaftsbegriff aber enger. Nicht jeder und jede, die man sympathisch findet, mit der oder mit dem man politisch gut zusammenarbeitet, ist ein Freund. Ein Mensch kann sich glücklich schätzen, wenn er fünf oder zehn echte Freunde im Leben hat. Ein Freund ist jemand, den man als erstes anruft, wenn man eine Krebsdiagnose von sich oder einem Familienmitglied erhalten hat. Ein Freund ist jemand, bei dem man weinen kann.

In der Politik ist solche echte Freundschaft selten. Das ist kein Vorwurf. Das gilt sicher auch für gute Kollegialität oder Kameradschaft in anderen Berufen, bei denen vorschnell von Freundschaften gesprochen wird. Ich finde es eher traurig, wenn Politiker nur Freunde unter Politikern haben. Das verengt den Blick und die Erfahrungen. Politiker sollten auch untereinander keine Filterblase bilden, also nur unter sich verkehren, sogar im Privatleben. Deswegen ist es wichtig, dass auch ein Minister alte Freundschaften von außerhalb der Politik pflegt und neue stiftet. Das ist nicht leicht, denn es fehlt an Zeit und an Gelegenheit. Und sicher werben manche um Freundschaft zu einem Minister, denen es um alles Mögliche geht, nicht aber um echte Freundschaft.

Noch wichtiger als gute Freunde ist für Politiker und Minister die Familie. So haben wir Familienrat gehalten, als mich die Bundeskanzlerin im Herbst 2005 fragte, ob ich als Chef des Bundeskanzleramtes in die neue Bundesregierung eintreten würde. Hätte die Familie widersprochen, hätte ich abgesagt. Und in politischen Krisen oder auch in Zeiten höchster Forderung oder Überforderung ist es die Familie, die den Geborgenheitskern ausmacht, in den sich Politiker zurückziehen können.

Familien sind auch sehr wichtig für die Bodenhaftung und die Alltagstauglichkeit von Ministern. Es ist nämlich keineswegs so, dass eine Familie alles stehen und liegen lässt, wenn der Minister – der ja zugleich auch Ehepartner, Vater oder Mutter ist, nach Hause kommt. Dort gibt es die kleinen und die großen unpolitischen Sorgen anderer Art. Wenn der Minister damit konfrontiert wird, stört es ihn zwar auf den ersten Blick, weil man nach einer anstrengenden Woche gerne sofort die volle Zuwendung für sich in Anspruch nehmen würde. Aber gerade das Umgekehrte, dass eine Schulnote oder eine kleine Verletzung oder ein lokales Ereignis jetzt und in diesem Moment wichtiger ist als das Politikerleben, das ist die beste Erfahrung, die ein Minister machen kann und die ihn auf den Boden der normalen Wirklichkeit zurückholt, was wichtig ist, um nicht abzuheben.

Bürger: Ausgangspunkt und Ziel der Politik?

Nach Artikel 20 unseres Grundgesetzes »geht alle Staatsgewalt vom Volke aus«. Da heißt es »vom Volke«, nicht vom einzelnen Bürger. Natürlich besteht das Volk aus Bürgerinnen und Bürgern, aber eben aus vielen.

Insofern ist, so merkwürdig und hart sich das anhören mag, nicht der einzelne Bürger Ausgangspunkt und Ziel des Handelns der Regierung, sondern die Bevölkerung.

Ein Finanzminister muss eine gerechte und faire Steuerbelastung für alle Steuerzahler finden und nicht für jeden einzelnen Steuerzahler.

Ein Innenminister muss für möglichst gute öffentliche Sicherheit für alle sorgen und nicht für einen einzelnen Bürger, wissend, dass einzelne Bürger immer wieder Opfer von Verbrechen werden.

Ein Arbeits- und Sozialminister muss ein ausgewogenes und für verschiedene Generationen tragbares und nachhaltiges Rentensystem vorschlagen und nicht eine möglichst hohe Rente für einzelne Rentner.

Ein Minister darf sich natürlich keinen zu großen persönlichen Abstand zu den Bürgern leisten, aber er muss sich einen gewissen geistigen Abstand, eine Distanz zu den vielen Einzelschicksalen bewahren, die er im Laufe seines politischen Alltages erlebt. Sonst würde die Zufälligkeit der persönlichen Begegnungen gerade dieses Bürgers mit einem Minister die Dinge zu stark beeinflussen, sonst kämen Sympathie oder Antipathie zu einzelnen Bürgern zu sehr ins Spiel, die jeder Minister wie jeder andere Mensch auch empfindet. Und sonst würde der Minister den Überblick verlieren. Eine gewisse persönliche Distanz schärft sogar den Blick auf die eigentlichen Probleme.

Aber aus dieser grundsätzlichen, demokratietheoretischen Überlegung heraus darf man nicht meinen, dass der einzelne Bürger für einen Minister nicht wichtig sei. Das Gegenteil stimmt. Ein Minister trifft so viele Menschen, die sich für bedeutend halten oder bedeutend sind, so viele Funktionsträger und Spitzenvertreter irgendeiner Organisation, dass der Blick auf die »Normalos«, wie der frühere Trainer von Borussia Dortmund, Jürgen Klopp, das mal genannt hat, verloren gehen kann. Ein Einzelproblem, das einem Minister vorgetragen wird, kann exemplarisch für viele sein und so ein

Gesicht bekommen. Das ist dann für den Minister und seine Arbeit im politischen Berlin eine große Hilfe. Eine allgemeine Einschätzung kann durch Begegnungen mit einzelnen Bürgern konkret und von diesen konkret formuliert werden.

Für mich ist meine Arbeit im Wahlkreis immer auch deswegen so wichtig, weil hier die politische Fachsprache auf die allgemein verständliche Sprache der normalen Menschen trifft. Ich muss das, was wir im Bundestag oder in der Regierung aushandeln, »übersetzen«, so dass es verstanden wird. Die Bürger in meinem Wahlkreis sind die besten Lehrmeister für die Vereinfachung meiner politischen Sprache. Anschließend rede ich in Berlin auch anders.

Und umgekehrt hören die Bürger von mir Gedanken, die sie so nicht aus den Nachrichten bekommen: Hintergründe, Zusammenhänge, Menschliches. Ich erkläre ihnen auch, dass es andere Meinungen als die ihre gibt, die auch ihre Berechtigung haben. Insofern bin ich ihr Erklärer von Politik.

Diese doppelte Funktion des Aufeinander-angewiesen-Seins macht den eigentlichen Reiz der Wahlkreisarbeit aus, gerade auch für einen Minister.

Oft übertrieben? Kritik und der Umgang mit ihr

»Die Politiker«, das ist oft eine Gattungsbezeichnung. Und dann heißt es: Die Politiker hörten nicht zu, sind für manche sogar »Volksverräter«, hätten zu viel Abstand zur Bevölkerung, dächten nur an sich und verträten nur ihre eigenen Interessen oder solche, denen sie besonders nahe stehen.

Das hört man oft. Und das schmerzt.

Ich finde das auch unfair.

Zunächst zum Politikerbegriff: Wer ist denn damit überhaupt gemeint? Ist der Stadtrat einer Stadt oder Gemeinderat einer kleinen Gemeinde Politiker in diesem Sinne? Formal gesehen ja. Aber das sind Menschen, die haben einen anderen Beruf, die opfern viel Freizeit dafür, dass die Interessen der Bürgerinnen und Bürger der Stadt oder der Gemeinde gut vertreten sind. Sie wollen dort etwas für die Gemeinde erreichen. Und selbst wenn das Motiv im Einzelfall Ehrgeiz, Machtstreben oder Eitelkeit sein mögen, das Ergebnis ist ein Engagement für die Allgemeinheit und zu begrüßen. Es gibt Gegenden, da ist es inzwischen schwer geworden, Kandidaten für eine Kommunalwahl zu finden. Ein Grund ist, dass viele keine Lust haben, viel Zeit für die Gemeinderatsarbeit zu opfern, um sich dann noch als »Politiker« beschimpfen zu lassen.

Aber auch die Politiker, die auf Landes- oder Bundesebene Abgeordnete oder Minister sind, sollten nicht mit diesen abfälligen Urteilen bedacht werden. Nach meiner Erfahrung ist die ganz große Mehrheit dieser Politiker fleißig und an der Sache interessiert. Natürlich denkt jeder an seine Wahl. Jeder möchte gewählt oder wiedergewählt werden. Ja, was denn sonst in einer Demokratie?

Jedes Unternehmen hat das Ziel, dass seine Produkte gekauft werden. Dafür muss das Produkt gut sein, und dafür wird Werbung gemacht. Auch in der Politik hat Werbung allein keinen Erfolg, wenn das Produkt nicht gut ist. Und das Produkt sind das Engagement des Politikers und die Früchte seiner Arbeit.

Politiker sollten also wegen der Inhalte, die sie vertreten, oder wegen ihrer Erfolge und Misserfolge kritisiert werden, von mir aus wegen ihrer Art, Politik zu machen – aber nicht, weil sie Politiker sind. Und mit einer Sprache, die nicht persönlich herabwürdigend ist.

Politiker, und insbesondere Minister, erleben eine merkwürdige Diskrepanz in der Beurteilung und bei der Kritik, der sie ausgesetzt sind: Im privaten Gespräch gibt es für einen Minister eher unangemessen viel Lob. Nach einer Rede habe ich oft gehört, wie gut die Rede gewesen sei. War sie schlecht, habe ich nichts gehört. Jede Bitte an einen Minister wird meistens mit einem Lob eingeleitet. Gerade wenn man schlicht da ist, wird man gelobt, und sei es nur, weil man einer Einladung gefolgt ist. Eine nüchterne und normale Kritik gibt es im direkten Gespräch mit den Menschen nicht oder viel zu selten. Vielleicht sind die meisten dazu auch zu feige.

Umso wichtiger ist es, dass man sich als Minister auf andere Weise so organisiert, dass es eine harte und faire direkte Kritik gibt. Die können echte Freunde oder Familienmitglieder äußern. Die sind aber meistens bei den entsprechenden Terminen nicht dabei. Deshalb muss man es Mitarbeitern zumuten, eine solche Kritik zu üben. Das ist für die eigene Weiterentwicklung als Minister und die kritische Haltung zu sich selbst unverzichtbar.

So übertrieben also oft im direkten Gespräch das Lob und das Kompliment sind, so übertrieben ist umgekehrt auch die öffentliche Kritik. Da ist schnell vom Versagen die Rede, den Politikern fehle der Plan, sie hätten kein Gesamtkonzept, seien überfordert, hätten nicht die Wahrheit gesagt, Versprechungen nicht eingehalten, ihre Rede sei schlecht gewesen und so weiter und so fort. Eine solche Kritik ist das gute Recht insbesondere der Presse.

Mir kommt es an dieser Stelle nur darauf an, darauf hinzuweisen, das ein Minister anders als andere »Normalos« entweder zu viel gelobt oder zu viel getadelt wird. Es fehlt das Maß. Deshalb ist man in der Gefahr, dass (übertriebene) Lob zu glauben und die (übertriebene) Kritik als unangemessen und Teil einer Kampagne gegen die eigene Person zu sehen. So entsteht natürlich ein merkwürdiges Selbstbild, was andere, die nicht in der Politik arbeiten, so nicht kennen. Sich bei alledem eine selbstbewusste und zugleich kritische Selbsteinschätzung zu bewahren, ist nicht leicht.

6.
Bühnen der Politik

Die Mischung macht's:
Der Föderalismus und der Bund

Im praktischen Alltag eines Landesministers und eines Bundesministers ist das föderale Gefüge, also das Zusammenwirken von Bund und Ländern von ausschlaggebender Bedeutung für Erfolg oder Misserfolg: Die Bundesregierung kann innenpolitisch fast nichts bewirken ohne die Länder, sei es wegen der Gesetzgebung über den Bundesrat, sei es wegen der sonstigen Zusammenarbeit der Regierungen, sei es wegen der Umsetzung der Gesetze des Bundes durch die Länder.

Die Länder sind umgekehrt auf finanzielle Unterstützung ebenso angewiesen wie auf die Gesetzgebung des Bundes.

Bei den großen Krisen der letzten Jahre ist es dabei trotz vieler streitiger Debatten im Ergebnis immer zu einer Verantwortungsgemeinschaft von Bund und Ländern gekommen. Das galt für die Finanzkrise, die Eurokrise, den Umgang mit großen Fluten oder für die Flüchtlingskrise. Bis eine solche Verantwortungsgemeinschaft zustande kommt – und auch abseits davon –, gibt es ein stetes Gerangel zwischen den Ebenen in unserem Verfassungsstaat.

Dabei ist die Vorgabe des Grundgesetzes eigentlich klar: Der Bund macht dort die Gesetzgebung, wo er zuständig ist – vor allem im Bereich des Steuer- und Wirtschaftsrechts, in der Rechts- sowie in der Sozialpolitik. Wenn dem Bund nicht ausdrücklich durch das Grundgesetz eine Gesetzgebungskometenz zugesprochen wird, dann sind überall sonst die Länder zuständig und damit verantwortlich. Die Länder führen die Gesetze des Bundes aus. In der Regel darf der Bund nur dann finanzieren, wenn er auch für die Gesetzgebung zuständig ist. Finanzierungsverantwortung und Gestaltungsverantwortung sollen zusammengehören. Und umgekehrt: Wer nicht finanziert, soll sich heraushalten.

Nachdem diese klaren Grundsätze durch die Einführung vieler sogenannter Gemeinschaftsaufgaben ins Grundgesetz in den 70er Jahren durchlöchert worden waren, was bedeutet, dass Bund und Länder eine bestimmte politische Aufgabe gemeinsam finanzieren können, und nachdem fast alle Gesetze des Bundes im Bundesrat auf die Zustimmung der Länder angewiesen waren, weil in diesen Gesetzen Vorgaben für die Verwaltung der Länder aufgenommen worden waren, wurden zwischen Bund und Ländern zwei Föderalismuskommissionen in den Jahren 2003/2004 und 2006/2007 errichtet, die die Zuständigkeiten zwischen Bund und Ländern verändern sollten.

Das Leitbild insbesondere für die Föderalismuskommission I war das Konzept der Entflechtung. Gemischte Aufgaben, für die Bund und Länder gleichzeitig verantwortlich waren, sollten möglichst entfallen. Zustimmungsrechte der Länder beim Gesetzgebungsverfahren im Bundesrat sollten zurückgeführt werden, damit der Bund selbstständiger Gesetze erlassen kann. Regelungen in Bundesgesetzen zu Verwaltungsverfahren in den Ländern sollten die Gesetze nicht allein deswegen zustimmungspflichtig im Bundesrat machen. Im Gegenzug sollten die Zuständigkeiten der Länder erweitert werden.

Entflechtung bedeutet zugleich, dass Zuständigkeit, Finanzierung und Verantwortung in einer Hand zusammengefasst werden. Das wiederum bedeutet im Föderalismus, dass die Ergebnisse des politischen Handelns von Ländern in eigener Zuständigkeit zu unterschiedlichen Ergebnissen in den Bundesländern führen. Man muss nicht gleich vom Wettbewerbsföderalismus sprechen, um zu erkennen und zu befürworten, dass es Tradition des deutschen Föderalismus ist, dass unterschiedlich regierte Bundesländer eine unterschiedliche Politik machen. Wer dies nicht will, sollte die Bundesländer gleich ganz abschaffen. Dieses Konzept der Entflechtung sollte Politikverdrossenheit abbauen, Verantwortlichkeiten klären, die Wahlbeteiligung erhöhen, weil klarer werden sollte, wer für was verantwortlich ist und wer was entschieden hat.

Das Konzept der Entflechtung sollte zugleich die Macht der »Fachbruderschaften« in der deutschen Politik eindämmen. Damit ist Folgendes gemeint: Eigentlich kommen alle wesentlichen Steuereinnahmen des Bundes oder der Länder nach einer komplizierten Aufteilung ohne Zweckbindung in den jeweiligen Bundeseinnahme- oder Landestopf. Die Regierungen und Parlamente entscheiden dann, welcher Politikbereich mit welchen Summen finanziert wird. Und zwar aus allen Einnahmen, die zur Verfügung stehen. Das nennt man das Bruttoprinzip. Zweckgebundene Einnahmen, also Einnahmen, die nur für einen bestimmten Zweck ausgegeben werden dürfen, machen in den öffentlichen Haushalten nur einen kleinen Anteil aus.

Die Einführung von Gemeinschaftsaufgaben zwischen Bund und Ländern führt nun zu einem anderen raffinierten Mechanismus: Ein Landesminister wirbt bei seinem fachlich zuständigen Kollegen im Bund dafür, dass für sein Politikfeld viel Geld zur Verfügung gestellt wird. Der Fachminister des Bundes macht es genauso. Die Fachminister von Bund und Ländern gehen dann zu ihren Finanzministern und sagen: Wir können mit einem Euro des Bundes und einem Euro des Landes für mein Politikfeld zwei Euro ausgeben, weil der andere Euro von den Ländern bzw. vom Bund kofinanziert wird. Und die jeweiligen Interessenverbände für dieses Fachgebiet unterstützen die Fachminister darin.

Für den jeweiligen Politikbereich ist das gut. Für alle anderen ist es schlecht. Denn bei den Haushaltsberatungen werden zunächst die Bereiche bedient, die eine zusätzliche Finanzierung von Dritten mitbringen. Die anderen müssen mit dem Rest auskommen.

Ein Beispiel: Die Wissenschaftsminister hatten eine solche Gemeinschaftsaufgabe, die Kultusminister und die für die Polizeien zuständigen Innenminister nicht. Der Wissenschaftsminister konnte für einen Hochschulbau 50 Prozent Geld vom Bund mitbringen, der Kultusminister für einen Schulbau nicht. Dieser muss ganz vom Land bezahlt werden, der Hochschulbau nur zur Hälfte. Das Ergebnis kann man in deutschen Universitätsstädten besichtigen. Gleiches gilt für die Wirtschaftsförderung, die Förderung des ländlichen Raums oder den Städtebau.

Das schmälert den Gestaltungsspielraum der Regierungen und der Parlamente im Ganzen und begünstigt bestimmte Fachbereiche der Politik. Deswegen nenne ich diese Konstruktion die Herrschaft der Fachbruderschaften.

Die Politikbereiche, die nicht Teil einer Fachbruderschaft sind, macht das natürlich eifersüchtig. Auch sie fordern Bundesgeld, um ihre Politikbereiche besser ausstatten zu können.

Das Ziel der Föderalismuskommissionen war es nun, solche Gemeinschaftsaufgaben abzuschaffen oder zumindest sukzessive auslaufen zu lassen, damit einerseits der Entscheidungsraum für Bund und Länder wieder größer wird und in den Kabinetten von Bund und Ländern um alle Politikfelder nach den gleichen fairen Regeln gestritten und entschieden wird, und damit andererseits die Bürger erkennen, welche Regierung welche Aufgaben für besonders wichtig hält. Geld sollte also besser nach Priorität in der Sache ausgegeben werden und nicht danach, ob ein Dritter – hier der Bund – etwas dazugibt. So weit, so gut.

Insgesamt muss man aber leider feststellen, dass sich dieses gute Konzept der Entflechtung politisch nicht wirklich durchgesetzt hat, obwohl es durch Verfassungsänderungen fest verankert worden war.

Die Gründe dafür sind vielfältig:

Die Bevölkerung akzeptiert letztlich nicht, dass es Bereiche gibt, für die der Bund nicht zuständig ist oder sein soll. Die meisten Bürger kennen das in der Verfassung festgelegte Gefüge der Zuständigkeiten zwischen Bund und Ländern nicht, und wenn sie es kennen, lehnen sie es eher ab. Die meisten Bürger haben eine einfache Vorstellung von der Zuständigkeitsverteilung in Deutschland, wie sie »richtig« sein müsste:

Kleine Probleme löst die Gemeinde oder der Landkreis. Mittlere Probleme lösen die Länder. Und für alle großen Probleme ist der Bund zuständig.

Wenn ein Bundesminister darauf hinweist, dass er für ein Problem in den Ländern gar nicht zuständig ist und deswegen auch keine Abhilfe schaffen kann und man sich deshalb an die Länder wenden solle, dann wird dies eher als billige Ausrede angesehen, sich nicht um das Problem kümmern zu wollen.

Es gibt in der Bevölkerung den Wunsch und die Erwartung nach einer allumfassenden, mindestens »Rest«-Zuständigkeit der Bundespolitik für alle Probleme der Bürger.

Ein weiterer Grund für das überwiegende Scheitern des Konzepts der Entflechtung ist die Tatsache, dass viele Bereiche in den Bundesländern, für die diese allein verantwortlich sind, unterfinanziert sind. Es gibt angesichts der Vorbindung früherer Haushaltsentscheidungen insbesondere im Personalbereich und durch die damit verbundenen hohen Pensionslasten zu wenig freie Handlungsmöglichkeiten, die eigentlichen Länderaufgaben auskömmlich zu finanzieren. Und die eben geschilderten Gemeinschaftsausgaben binden ebenfalls freie Mittel. Deswegen gibt es die ständige Forderung der Bundesländer, dass der Bund aus den Einnahmen der Umsatzsteuer den Ländern mehr freie, d. h. nicht zweckgebundene Mittel zur Verfügung stellen soll. Das wäre dann sogar sinnvoll, wenn dafür Bindungen des Bundes in Gemeinschaftsaufgaben entfielen und die Länder diese neuen, freien und ungebundenen

Mittel für die Politikbereiche einsetzten, für die sie freie Mittel verlangt hatten.

Bisherige Versuche, so zu verfahren, führten aber dazu, dass die Länder die freien Mittel bekamen und dennoch zusätzlich die Aufrechterhaltung der Gemeinschaftsaufgaben forderten und dafür auch Unterstützung bei der Bevölkerung fanden, weil diese den Mechanismus der Finanzbeziehungen nicht verstehen kann und muss. Im Gefühl der Bevölkerung ist ein Bundesland eher arm und der Bund eher reich. Andere Fakten zählen nicht. Deswegen lehnte der Bund, so weit er es politisch durchsetzen konnte, solche Forderung der Länder nach zusätzlichen ungebundenen Mitteln ab. Der politische Preis dafür ist allerdings, dass der Druck auf neue Gemeinschaftsaufgaben zugenommen hat, auch im engsten Bereich der Zuständigkeit der Länder, im Bildungsbereich.

Früher waren die Kultusminister die Benachteiligten, weil sie anders als die Verkehrs-, Wirtschafts- oder Wohnungsbauminister keine Gemeinschaftsaufgabe hatten. Jetzt bekommen sie sie auch ...

Die Frage ist freilich immer, wie weit diese Gemeinschaft von Bund und Ländern bei Gemeinschaftsaufgaben geht: Die Bundesländer wollen zwar auch im engsten Bereich ihrer Zuständigkeiten, also im Schulbereich, Bundesgelder, lehnen aber eine Einflussnahme des Bundes insbesondere auf die Inhalte der Bildungspolitik ab. So soll der Bund Bildungsinfrastruktur wie Toilettensanierung und schnellen Internetanschluss mitbezahlen, sich aber aus der Bestimmung dessen, was in Schulen gelernt wird, raushalten.

Genau diese Einflussnahme aber fordert eine überwältigende Mehrheit der Bevölkerung. Und ich bin sicher: Wenn die Länder nicht überzeugende Antworten auf die Zersplitterung und Unterschiedlichkeit des Bildungsniveaus der Länder finden, dann wird es nicht mehr lange dauern, bis der Einfluss des Bundes auf einheitlichere Standards im Bildungsbereich geregelt wird. Die im Koalitionsvertrag vorgesehene erstmalige Errichtung eines nationalen

Bildungsrates wird diese Entwicklung vermutlich nicht aufhalten, sondern eher beschleunigen.

All diese Fragen werden nicht zentral im Bundestag und im Bundesrat entschieden, sondern in Gremien, die im Grundgesetz nicht einmal erwähnt sind. Das sind einerseits die Fachministerkonferenzen, von denen an anderer Stelle dieses Buches bereits die Rede war.

Abteilungsleiter der Wirtschaftsministerien von Bund und Ländern entscheiden über die Verteilung der Mittel der Gemeinschaftsaufgabe Wirtschaftsförderung.

Und es sind andererseits die Besprechungen der Bundeskanzlerin mit den Ministerpräsidenten der Bundesländer. Letztlich gehören dazu auch die Präsidiumssitzungen von CDU und SPD, bei denen die Ministerpräsidenten auch dann als kooptierte Mitglieder anwesend sind, wenn sie nicht vom Parteitag in das Präsidium gewählt wurden. Ich war als Chef des Bundeskanzleramtes vier Jahre ebenfalls kooptiert im Präsidium und später gewähltes Mitglied und habe deshalb erlebt, dass aus diesen Sitzungen sehr oft faktische Verhandlungen zwischen der Bundesregierung und den Ländern wurden. Und das Gleiche gilt erst recht für die Vorbesprechungen zu den Sitzungen des Bundesrates, die donnerstagabends vor dessen freitäglichen Sitzungen stattfinden, getrennt nach den parteipolitischen Gruppierungen. Was in diesen drei Formaten nach unendlich langen und mühsamen Gesprächen politisch verabredet wird, gilt. Bundestag und Bundesrat sind dann im Wesentlichen diejenigen, die diese politischen Verabredungen rechtlich umsetzen.

Viele nennen dies den »Exekutiv-Föderalismus«, also einen Zustand, in dem die tatsächlichen Entscheidungen im föderalen Gefüge von den Regierungen den Parlamenten weggenommen werden. Damit haben wir es in letzter Zeit übertrieben. Die Parlamente sollten diesem Trend entgegenwirken. Die Verschiedenheit der Zusammensetzung der Landesregierungen durch Koalitionen, die bisher nicht vorstellbar waren, wird ihnen das erleichtern.

Größere Veränderungen bei den Zuständigkeiten, auch durch die Wiedereinführung von Gemeinschaftsaufgaben, gab es in der letzten Zeit in den Bereichen Verkehr, Landwirtschaft, Umwelt, Bildung einschließlich Kinderbetreuung sowie natürlich zur Bewältigung der Flüchtlingskrise. Das war sehr stark getrieben durch das Schielen der Länder und der entsprechenden begünstigten Politikbereiche auf Finanzmittel des Bundes.

Der Weg der Entflechtung wäre richtiger gewesen, war aber nicht durchsetzbar.

Nach meiner Auffassung sind aber andere Bereiche mindestens genauso wichtig, bei denen es zu rechtlichen oder zu tatsächlichen Veränderungen in der Zusammenarbeit zwischen Bund und Ländern kommen müsste:

Das ist erstens der Bereich der Cyber-Sicherheit. Dafür sind nach der bisherigen Verfassungslage die Bundesländer zuständig, soweit nicht der Bund selbst von einem Hackerangriff betroffen ist. Es ist aber schlechterdings unmöglich und unvorstellbar, dass 16 Bundesländer jeweils ihre eigene Cyber-Sicherheit organisieren, nur weil dies nun einmal Gefahrenabwehr und damit Ländersache ist. Deshalb ist in der jüngsten Koalitionsvereinbarung verabredet worden und dringend notwendig, dass es ein ganzheitliches Konzept der Cyber-Sicherheit auch mit zusätzlichen Zuständigkeiten des Bundes angesichts der globalen Herausforderung im Cyberzeitalter geben soll. Dies wird ohne Änderungen des Grundgesetzes und ohne Veränderungen im Verwaltungsaufbau zwischen Bund und Ländern nicht gehen.

Ein zweiter Bereich ist die sogenannte digitale Verwaltung, besser gesagt: das Angebot einer modernen und bürgerorientierten Verwaltung, deren Dienstleistungen auch online von zuhause oder von unterwegs abgerufen und erledigt werden können.

Ich finde den Ausdruck digitale Verwaltung unzutreffend, denn nicht die Verwaltung selbst wird digital, sondern die Prozesse, die zu einer Verwaltungsentscheidung führen.

Es soll erreicht werden, dass nahezu alle Leistungen, für die der Bürger eine Verwaltung braucht, online erledigt werden können – aber nicht müssen. Und zwar unabhängig davon, welche Behörde auf kommunaler, Landes- oder Bundesebene für die Erbringung der Leistung zuständig ist. Hierzu wird ein Bürgerportal eingerichtet, durch das im übertragenen Sinne der Bürger auf alle Verwaltungen zugehen und zugreifen kann. Hierzu wurde sogar das Grundgesetz in der letzten Legislaturperiode geändert, denn ein solches Bürgerportal und die Prozesse zwischen den staatlichen Ebenen abzuwickeln, das kann nur dann funktionieren, wenn die technische Infrastruktur dafür, die Schnittstellen, die einheitliche Bedienung, von einer Stelle verbindlich vorgegeben und insoweit die Entscheidungsfreiheit des einzelnen Bundeslandes eingeschränkt wird.

Viele bisherigen IT-Projekte von Bund und Ländern sind deswegen so langsam vorangekommen, weil es unmöglich war, sich einstimmig auf gemeinsame Schnittstellen zwischen allen Beteiligten zu verständigen. Dann aber geht nichts voran. Der Bund und alle Länder sagen, sie seien zwar für eine technische Vereinheitlichung, aber natürlich nur auf der Basis der Standards, mit denen sie schon bisher arbeiten. Die passen aber nicht zusammen. Eine solche Blockade kann nur überwunden werden durch eine klare Entscheidungsstruktur, der sich dann alle fügen müssen.

Jedenfalls ist den Bürgern nicht länger zuzumuten, dass Deutschland bei der Online-Erledigung von Verwaltungsgeschäften deswegen in Europa und der Welt zurückfällt, weil es im Föderalismus für die Lösung der Probleme der technischen Zusammenarbeit keine adäquaten Antworten gibt.

Ein dritter Bereich, bei dem ich Veränderungen im föderalen Gefüge zwischen Bund und Ländern für erforderlich halte, ist der Katastrophenschutz. Deutschland ist wohl das einzige Land in der Welt, in dem der Nationalstaat und seine Bundesregierung keine Zuständigkeiten bei nationalen Katastrophen haben. Wir sind bisher gut gefahren mit unserem Katastrophenschutz, der im Wesentlichen bei den Landkreisen, den kreisfreien Städten und den Bundesländern liegt. Und bei überregionalen Katastrophen wie etwa den Elbefluten haben wir pragmatische Lösungen gefunden, insbesondere mit Hilfe der Bundeswehr.

Aber eine Lösung für eine wirklich nationale Katastrophe ist das nicht, etwa eine Katastrophe durch einen bundesweit angelegten Cyberangriff mit einem damit verbundenen großflächigen Stromausfall, für einen großen Störfall in einem Kernkraftwerk oder eine großflächige Verseuchung von Grundwasser. Hierfür brauchen wir mindestens eine koordinierende Zuständigkeit des Bundes.

Die meisten Minister des Bundes im Gesundheits- und Landwirtschaftsbereich halten gleichermaßen Weisungsrechte in katastrophenähnlichen Fällen wie Epidemien und Tierseuchen gegenüber Länderverwaltungen für erforderlich, um für eine einheitliche Handhabung sorgen zu können. Jedenfalls habe ich das stets so erfahren und gehört, wenn die jeweiligen Bundesminister mit solchen Lagen konfrontiert waren.

Viertens halte ich Veränderungen im Bereich der inneren, oder besser: der »öffentlichen« Sicherheit für erforderlich. Auch hier betrifft das zuvörderst die Nutzung gemeinsamer IT-Systeme. Die operative Zuständigkeit der Länder wird nicht geschwächt, sondern gestärkt, wenn die Informationen über Straftäter und Verdächtige für alle gleich zugänglich, nach gleichen Kriterien geordnet und nach den gleichen Datenschutzregeln behandelt werden. Und es ist sinnvoll, dass dieses eine IT-Haus der deutschen Polizeien vom Bund »gebaut« und zur Verfügung gestellt wird. Ich bin dankbar, dass wir dies in meiner Zeit als Innenminister im Dezember 2017 gemeinsam mit meinen Länderkollegen auf den Weg gebracht haben.

Darüber hinaus halte ich aber für bestimmte Deliktsfelder wie Terrorabwehr, international agierende organisierte Kriminalität, Cyberkriminalität und ähnliche international bedeutende Kriminalitätsfelder eine stärker koordinierende Rolle des Bundeskriminalamts für erforderlich.

Dazu müsste auch gehören, dass das Bundeskriminalamt stärker als bisher und ähnlich wie der Generalbundesanwalt einzelne Fälle von nationaler oder besonderer Bedeutung an sich ziehen kann und dann gemeinsam mit dem betroffenen Bundesland unter seiner Führung weiter ermittelt.

Auch das Bundesamt für Verfassungsschutz benötigt bei überregional agierenden Verfassungsfeinden, bei bundesweit antretenden Parteien oder bei der Spionageabwehr ein Weisungsrecht. Es kann nicht sein, dass bei einer bundesweit agierenden Partei, deren Verfassungsmäßigkeit in Zweifel steht, das eine Bundesland mit seinem Landesamt für Verfassungsschutz diese Partei beobachtet und ein anderes Bundesland das anders entscheidet. Besser wäre es noch, es gäbe nur ein Bundesamt mit Außenstellen in den Bundesländern.

Und fünftens halte ich eine Diskussion über die Rolle des Bundes im Einwanderungs- und Aufenthaltsrecht für sinnvoll. Hier regelt der Bund die meisten Rechtsmaterien. Die meisten Entscheidungen werden aber von den zuständigen Ausländerbehörden der Länder getroffen. Im Asylrecht trifft das Bundesamt für Migration und Flüchtlinge auch in der Regel nur die erste Entscheidung. Im Ausländerrecht gibt es zwar detaillierte Ausführungshinweise des Bundesinnenministeriums. Aber die Erteilung einer Duldung für abgelehnte Asylbewerber, die Verleihung der Staatsbürgerschaft, die Regelung des Aufenthaltsstatus eines Ausländers, die Anerkennung der im Ausland erworbenen Ausbildungen, die Erteilung einer Arbeitserlaubnis, Arbeitsförderung u. Ä., all das sollte im Zusammenhang mit der Erarbeitung eines grundlegenden Einwanderungs- und Aufenthaltsgesetzbuches (EAG) noch einmal daraufhin überdacht werden, ob hier nicht andere Zuständigkeitsverteilungen und Behördenstrukturen besser geeignet wären als die bisherigen. Ich schlage eine Einwanderungs- und Aufenthaltsbehörde des Bundes für alle Statusfragen eines Ausländers und die Fragen der Finanzierung der sozialen Leistungen an Ausländer vor.

Die Integrations- und Bildungs-/Weiterbildungsleistungen könnten dagegen weitgehend die Länder und Kommunen übernehmen.

Zukunftsfähig: Die Rolle der Volksparteien

In diesem Buch war bisher viel von Regierungen die Rede, weniger von Parteien. Sie sind aber in der deutschen politischen Ordnung sehr wichtig, weil sie im Kern die Regierungen tragen. Ohne Vertrauen der Parteien scheitern Regierungen. Und Parteien brauchen das Vertrauen der Bevölkerung.

Über viele Jahrzehnte wurde die deutsche Parteienlandschaft stark geprägt von den Volksparteien, namentlich der CDU/CSU und der SPD. Das scheint sich zu ändern. In manchen Bundesländern haben diese beiden Parteien nicht mehr zusammen die Mehrheit im Parlament. Und Umfragen für den Bund bestätigen diesen Trend. Auch die Entwicklungen in vergleichbaren europäischen Staaten deuten darauf hin, dass die Volksparteien unter Druck geraten. Manche sprechen sogar für die Zukunft vom Ende der Volksparteien. Volksparteien seien ein »historisches Auslaufmodell«, an das man sich noch mit tiefer Traurigkeit zurückerinnern werde, so der Politikwissenschaftler Herfried Münkler in einem *Stern*-Interview am 5. Juli 2018.

Auch ich habe Sorge vor einer Entwicklung, die die bisherigen Volksparteien zu schwach macht, um allein mit kleineren Partnern eine Regierung zu bilden. Gewünscht wird heutzutage von vielen eher das Gegenteil von Volksparteien: Profil, klare Erkennbarkeit, Abgrenzbarkeit zu anderen Parteien, Schärfe in der Debatte mit anderen.

Neue Unübersichtlichkeiten in Europa und in der Welt scheinen als Reaktion übersichtliche, kleinere und mit der je eigenen Meinung mehr verbundene Parteien zu befördern. Je kleiner eine Partei, desto eher kann sie bestimmte Gruppen in der Gesellschaft an sich binden.

Oder aber es werden moderne »Bewegungen« attraktiv, Strömungen, die gerade kein scharfes Profil haben und unter der Führung einer starken Persönlichkeit viele zum Mitmachen einladen, ohne Parteimitglied werden zu müssen. Das Gefühl einer gemeinsamen Bewegung – »en marche« in Frankreich – reicht dann für die Zusammengehörigkeit aus. Fragt sich allerdings, wie lange.

Insbesondere das bürgerliche Lager ist nicht mehr so konsistent wie früher. Deshalb gibt es Befürchtungen oder sogar eine angestrebte Strategie, dass es besser wäre, für ein sich ausdifferenzierendes bürgerliches Lager mehrere Parteien zu etablieren, die das bürgerliche Lager in der Breite besser abbilden und so stärken. Das mag ein Motiv in Teilen der CSU gewesen sein, einen Streit um ein gewiss wichtiges, aber doch nicht allzu zentrales Unterthema bei der Flüchtlingsdebatte im vergangenen Sommer so hochzuziehen, dass gegebenenfalls das bisherige bürgerliche Parteienspektrum zerfällt und zwei bürgerliche Parteien von rechts bis Mitte links erfolgreicher sein könnten als eine scheinbar dauerschwächelnde Union ohne klares Profil. In diesem Zusammenhang wird dann oft die SPD als abschreckendes Beispiel genannt, die mit ihrem Anspruch, linke Volkspartei zu sein, zuletzt nur noch weniger als 20 Prozent der Wähler binden konnte.

Hinzu kommt, dass in der Öffentlichkeit Präsidialsysteme wie in Frankreich oder den USA oder besonders starke Persönlichkeiten in repräsentativen Systemen wie in Ungarn oder Polen an Beliebtheit zunehmen.

Starke Führungspersönlichkeiten werden attraktiv. Sie ersetzen dann scheinbar komplizierte politische Abwägungen und setzen auf Vertrauen zu ihrer Person. Die oder der wird das schon machen, so heißt es dann.

Volksparteien dagegen sind von ihrem Anspruch her breit. Sie haben ein Politikkonzept, das nach ihrer Vorstellung einer großen Mehrheit der Bevölkerung annehmbare Lebensbedingungen schafft.

Nicht mehr, aber auch nicht weniger. Und das auf der Basis eines grundlegenden gemeinsamen Wertemaßstabs.

Allein das bedeutet, dass Volksparteien kein schmales Profil haben können und dürfen. Die Willensbildung in einer Volkspartei ist langsamer als in einer kleineren Klientel- oder einer Ein-Themen- oder Ein-Personen-Partei oder Ein-Personen-Bewegung.

Starke Volksparteien schränken auch den Einfluss des Regierungschefs ein. Auch starke Bundeskanzler mussten stets auf Strömungen in ihrer Partei Rücksicht nehmen. Wenn sie es nicht taten, dann gab es für sie Probleme. Ein herausragendes Beispiel dafür sind die sogenannten Hartz-IV-Reformen von Bundeskanzler Gerhard Schröder, der über diesen Konflikt nicht nur mehrere Landtagswahlen, sondern am Ende auch sein Amt verloren hat. Bis heute haben Teile der SPD ihm seine »Agenda 2010« nicht verziehen und arbeiten sich nach wie vor daran ab.

Aber Volksparteien haben den entscheidenden Vorteil, dass sie handlungsfähige Regierungen ermöglichen. Regierungen, die von Volksparteien getragen werden, üben ihre Macht maßvoller aus, weil sie auf viele Meinungen Rücksicht nehmen müssen. Solche Regierungen entsprechend eher dem Repräsentationsprinzip unseres Grundgesetzes. Gerade wegen neuer Unübersichtlichkeiten, der Kompliziertheiten der Sachverhalte und den mit der Globalisierung verbundenen Veränderungen und Entscheidungsnotwendigkeiten rechne ich damit, dass zwar kurzfristig die Volksparteien noch schwächer werden. Die Versuchung der Vereinfachung und der Reduzierung auf wenige Themen und ein Grundgefühl ist im Moment ebenso groß wie deren Akzeptanz.

Aber nach einer gewissen Übergangszeit und nachdem man anderswo besichtigen kann, dass eine Regierung aus vielen kleinen Parteien schwer zustande kommt und nicht stabil arbeitet, wird es eine Renaissance der Volksparteien geben. Die Menschen werden wieder denen ihre Stimme anvertrauen, die nicht Einzelnes im Blick haben, sondern das Ganze.

Im Moment mag Persönlichkeitsentfaltung und Individualisierung schick sein. Auf Dauer setze ich darauf, dass die Bevölkerung den Zusammenhalt der Gesellschaft höher einschätzt und deshalb wieder Vertrauen in die Stärke der Volksparteien setzt.

Allerdings müssen sich die Volksparteien für diesen Weg ihrer Verantwortung bewusst sein. Das bedeutet, dass sie nicht nur inhaltlich einen breiten Anspruch für die Themen der Zukunft haben und diese Themen auch umfassend und ausgleichend bearbeiten müssen. Sondern sie müssen im Umgang miteinander und mit den politischen Gegnern so sprechen und handeln, dass sie den Zusammenhalt der Gesellschaft stärken und nicht schwächen. Das bedeutet Mäßigung in der Sprache und eine Haltung, die den Umgangsformen entspricht, die dem Zusammenhalt dient. Man kann jedenfalls nicht für bürgerliche Positionen werben und sich so verhalten, dass sich die bürgerliche Mitte schaudernd abwendet.

Zu viel oder zu wenig Einfluss? Deutschland und die Europäische Union

Als Innenminister der Bundesrepublik Deutschland habe ich meine Kollegen aus den Bundesländern zwei Mal im Jahr zur Innenministerkonferenz getroffen. Natürlich gab es daneben auch bilaterale Treffen oder gemeinsame Begegnungen mit den Innenministern, die ebenfalls der Union angehören, sogenannte B-Innenministerkonferenzen. Der Rat der Innenminister der Europäischen Union tagt hingegen viel häufiger, alle acht bis zehn Wochen. Meinen französischen Kollegen habe ich häufiger getroffen als meinen bayerischen oder den aus Nordrhein-Westfalen. Und zusätzlich gab es viele bilaterale Treffen mit meinen europäischen Kollegen, wenn sie mich in Deutschland besuchten oder ich zu ihnen fuhr.

Die Innenministerkonferenz ist allerdings viel effektiver als ein EU-Rat der Innenminister: Die Beschlüsse sind gut vorbereitet von

Untergremien der IMK. Und dennoch behalten die Minister dort die Dinge in der Hand. Dazu dient insbesondere das Gesprächsformat des sogenannten Kamins. Das ist ein Treffen, an dem bis auf ganz wenige Ausnahmen nur die Minister selbst ohne Mitarbeiter teilnehmen. Der »Kamin« ist vertraulich. Beschlüsse dürfen dort nicht formell gefasst werden. Aber was einvernehmlich besprochen wird, gilt und wird in verbindliche Beschlüsse umgesetzt.

Auch für den EU-Rat gibt es Untergremien, die »Ratsarbeitsgruppen«. Der Rat ist formell Gesetzgebungsorgan, anders als die Innenministerkonferenz.

Allerdings wird oft die wesentliche Arbeit in den Ratsarbeitsgruppen erledigt. »Echte« Verhandlungen zwischen den Ministern sind selten. Das ist mir besonders aufgefallen bei den EU-Justizministern und insbesondere bei den Verhandlungen zur Datenschutz-Grundverordnung. Dafür ist in Deutschland der Innenminister zuständig, in den meisten anderen Ländern der Justizminister. Insofern nahm ich an diesen Sitzungen teil. Hier war nahezu alles durch die Arbeitsgruppen vorbestimmt.

Ich habe mich natürlich daran nicht gehalten und etliche Vorstöße auf politischer Ebene unternommen, um auf den Gesetzestext mäßigend Einfluss zu nehmen. Dies war aber im Kreise der mehrheitlich vertretenen Justizminister unüblich und führte deswegen nur teilweise zum Erfolg.

Die Sitzungen der EU-Innenminister selbst verlaufen oft langweilig. Viele Minister lesen nur die Sprechzettel ab, die ihnen ihre Mitarbeiter aufgeschrieben haben. Viele hören gar nicht zu. Die meisten Argumente sind vorher bekannt. Das erfordert viel Geduld. Um dies zu ändern, wurde vor kurzem das Format von Arbeitsmittagessen eingeführt, an denen ebenfalls in der Regel nur die Minister teilnehmen. Dort ist die Debattenkultur etwas besser, aber immer noch zu förmlich. Die eigentlichen, politisch wichtigen Gespräche finden deshalb am Rande in kleinen Gruppen statt und mit der Kommission der EU.

Ich dagegen habe im Rat mit nur wenigen anderen meiner Kollegen meistens meine Meinung frei vorgetragen. Und allein deswegen haben die Kollegen zugehört. Ein erstaunlicher Vorgang.

Die deutsche Innenministerkonferenz entscheidet einstimmig. Dies zwingt zum Konsens. Der EU-Rat der Fachminister kann mit Mehrheit entscheiden. Das ist in vielen Politikbereichen auch so üblich, zum Beispiel bei den Umweltministern, bei den Landwirtschafts- und den Wirtschaftsministern. Beim Rat der Innenminister ist das völlig unüblich. Es gibt die faktische Erwartung der Einstimmigkeit.

Einmal kam es anders: Im September 2015 haben ich und mein französischer Kollege und Freund Bernard Cazeneuve gemeinsam mit dem damaligen Vorsitzenden, dem luxemburgischen Minister Jean Asselborn, eine Mehrheitsentscheidung des Rates zur Verteilung von Flüchtlingen innerhalb der EU herbeigeführt. Allein die Nutzung dieses in den Verträgen vorgesehenen Instruments einer Mehrheitsentscheidung war später Gegenstand der politischen Debatte, zum Teil verbunden mit dem Vorwurf, wir hätten die EU durch diese Mehrheitsentscheidung gespalten.

Möglicherweise hat in der Tat diese Mehrheitsentscheidung das Bemühen um weitere Konsense in der Flüchtlingspolitik erschwert. Insofern war die Entscheidung durchaus folgenreich. Ich glaube aber, dass sie die Debatten in Europa lediglich ehrlich gemacht hat, die vorher eher verdeckt geführt wurden.

Die Spaltung gab es längst. Sie wäre ohne die Mehrheitsentscheidung nur noch länger verborgen geblieben und anderswo aufgebrochen.

Die Teilnahme an der Innenministerkonferenz der Bundesländer, an der der Bundesinnenminister formal nur als Gast teilnimmt, ist für jeden Minister eines Bundeslandes oder des Bundes Pflicht. Nur selten fehlt jemand, und das nur aus dringenden Gründen. Die Konferenz dauert drei Tage. Das ist viel zu lang. Nicht immer konnte ich als Bundesinnenminister die ganze Zeit dabei sein, wohl als Landesinnenminister. Und dennoch war ich auch die meiste Zeit dabei. Dies stärkt auch den Korpsgeist der Innenminister.

Die Teilnahme an den EU-Räten ist dagegen keineswegs politische Pflicht. Oft sind nur Vertreter dort, Staatssekretäre aus den Hauptstädten oder sogar nur die EU-Botschafter. Oft ist auch die Tagesordnung nicht wichtig, so dass die Versuchung groß ist, der Sitzung fernzubleiben. Die Sitzungen dauern meistens nur einen Tag, also kürzer als die Innenministerkonferenzen der Länder. Von daher ist man als Minister auch schneller wieder zu Hause. Oft ist dann die Teilnahme an einer Ratssitzung auf den ersten Blick vergeudete Zeit.

Aber gerade für den Innenminister des größten Landes der EU ist es sehr ratsam, an möglichst allen Sitzungen des Rates teilzunehmen. Das persönliche Erscheinen wird von den Kollegen der kleineren Staaten sehr geschätzt. Wenn es dann darauf ankommt, wenn dann eine Sitzung wirklich wichtig ist, wenn es eine Krise gibt, dann ist der Einfluss derjenigen, die regelmäßig an Sitzungen teilnehmen, größer. Und dieses Prinzip gilt für alle Minister der Bundesregierung.

Mit der Rolle Deutschlands in der EU muss ein deutscher Minister sorgsam umgehen. Ein Führungsanspruch Deutschlands wird von anderen Staaten akzeptiert, aber nur dann, wenn dies durch den jeweiligen Minister selbst mit Empathie und mit dem Eingehen auf die Argumente der kleineren Staaten einhergeht.

Ein neuer Minister eines kleineren EU-Landes hat den Wunsch, schnell den deutschen Innenminister zu besuchen. Das kostet den deutschen Minister viel Zeit. Oft gibt es nicht einmal so viel zu bereden. Ein solcher Besuch wird in den deutschen Medien nicht wahrgenommen, wohl aber in den Medien des kleinen Staates. Aber wenn dieser Minister gut behandelt wird, dann wird er auch deutschen Wünschen in der Sache offener gegenüberstehen.

Ich habe die Erfahrung gemacht, dass politischer Einfluss Deutschlands in der Europäischen Union dann am größten ist, wenn er mit

Klarheit, mit Vorschlägen in der Sache, mit persönlicher Bescheidenheit im Auftreten, mit häufiger Präsenz und Sensibilität gegenüber kleineren Partnern einhergeht.

Eine aktive Teilnahme an den Beratungen der europäischen Minister liegt insbesondere im Innenbereich auch im nationalen Interesse Deutschlands:

Die großen Themen wie Terror, IT und Migration sind entweder durch europäisches Recht längst »vergemeinschaftet«, können und dürfen also alleine für die Bundesrepublik Deutschland gar nicht mehr geregelt werden, oder sie lassen sich europäisch besser lösen als nur national.

Terrorbekämpfung geht erfolgreich nur mit einem europäischen und internationalen Informationsaustausch. IT-Sicherheit und Kriminalitätsbekämpfung im Internet gehen besser mit Europa als ohne Europa angesichts der Internationalität des Internet. Und die Entscheidung, welche Menschen zu uns kommen und hier bleiben dürfen, ist leichter außerhalb Europas und spätestens an den europäischen Außengrenzen zu treffen als an den Grenzen innerhalb Europas. Unterschiedliche Asylstandards und Anerkennungsquoten führen zu einer Binnenverteilung innerhalb Europas, die bisher meistens zulasten von Deutschland ausging. Gemeinsamer Außengrenzenschutz, gemeinsame Standards, gleiche Anerkennungsquoten und eine vergleichbare Abschiebepraxis sind allemal für Deutschland wirksamer als nationale Maßnahmen an den europäischen Binnengrenzen, mal abgesehen davon, was das für den freien Grenzverkehr und die Wirtschaft bedeutet.

Ich halte gerade im deutschen Interesse eine aktive Rolle Deutschlands in den Gremien der EU für sehr wichtig, auch wenn das Echo und die politische Beteiligung in Deutschland daran nicht allzu groß sein mögen. Das habe ich schon in meiner Funktion als Chef des Bundeskanzleramtes und als Verteidigungsminister so wahrgenommen. Und ich kann eine solche aktive Rolle nur allen Ministern empfehlen.

Es geht auch anders: Wie im Ausland regiert wird

Zu den Voraussetzungen erfolgreicher Arbeit als Bundesminister gehört, das aufzunehmen und zu reflektieren, was es an unterschiedlichen »politischen Kulturen« in anderen Ländern oder in den jeweiligen Politikfeldern gibt. Man muss sich dem nicht vollständig unterwerfen, man kann solche politischen Kulturen aber auch nicht völlig verändern. Sie aufzunehmen und gegebenenfalls zu nutzen ist wichtig.

Zwischen der politischen Kultur in Deutschland und im Ausland gibt es große Unterschiede. An einigen Beispielen will ich das erläutern:

In Deutschland wird innere Sicherheit hoch bewertet und geschätzt. Dagegen wird äußere, internationale Sicherheitspolitik mit der notwendigen Nutzung robuster Mittel oder mittels militärischer Gewalt generell skeptisch betrachtet. Das ist in den meisten anderen Staaten anders – das gilt innerhalb Europas auch für kleinere und als liberal geltende Länder wie die Niederlande oder Norwegen, aber erst recht außerhalb Europas. Wenn ein deutscher Verteidigungsminister oder ein Innenminister in europäischen oder internationalen Sitzungen davon berichtet, dass bei robusten Maßnahmen Deutschland zurückhaltend sein müsse, weil die öffentliche Meinung eher ablehnend sei, wird das im Ausland entweder nicht verstanden oder als Ausrede angesehen, sich vor internationaler Verantwortung zu drücken.

Die »Sicherheits-Community«, also die Gruppe derjenigen, die sich in Praxis und Wissenschaft mit Sicherheitspolitik befasst, ist in den meisten anderen Staaten größer als bei uns, jedenfalls im Vergleich zu unserer wirtschaftlichen Stärke. Und sie ist im Ausland innenpolitisch besser angesehen. Bei politischen Problemen im Sicherheitsbereich gerät in Deutschland ein Minister eher in innenpolitische Schwierigkeiten als zum Beispiel im angelsächsischen Ausland. Dort wird wegen der Stärke der Sicherheitscommunity eher die Verantwortung dort verortet.

In vielen Staaten ist der personelle Wechsel im Amt des Innenministers häufiger als in Deutschland. Innenminister haben bei uns im Vergleich zu anderen Ressorts längere Amtszeiten. Für viele kleinere Staaten ist das anders. Dort sind der Innen- und der Verteidigungsminister meistens Personen besonderer persönlicher Nähe zum Staats- oder Regierungschef. Und deswegen müssen sie oft als Bauernopfer gehen, wenn es innenpolitische Probleme gibt, um Probleme vom Regierungschef abzulenken.

Es gibt typische Denkschulen und länderspezifische methodische Zugänge zu politischen Problemen in bestimmten Ländern. So habe ich als Verteidigungsminister, als Chef des Bundeskanzleramtes und als Innenminister viele verschiedene Minister aus den Niederlanden, aus Schweden, aus Belgien oder aus Finnland erlebt, die auch verschiedenen Parteien angehörten. Und dennoch gab es mit den Ministern dieser Länder immer sofort einen guten Draht, eine ähnliche Herangehensweise an Probleme und meistens auch die gleiche inhaltliche Position. Ja sogar ähnliche Charaktere: pragmatisch, sachorientiert, EU-freundlich und doch klar interessenorientiert sowie professionell gut.

Bei anderen Staaten hing es dagegen oft an den einzelnen Persönlichkeiten, ob die Zusammenarbeit gut funktionierte, ob die Positionen ähnlich waren oder eher nicht.

In den meisten Staaten ist die Wahrnehmung der eigenen nationalen Interessen normaler als in Deutschland. Bei uns wird eine Position gerne sehr früh und sehr oft moralisch stark aufgeladen, weil eine schlichte Interessenvertretung irgendwie anrüchig sein soll. Man will lieber, dass eine »gute« Position vertreten wird als eine nützliche oder eine vernünftige. Auch dies wird uns im Ausland oft nicht abgenommen und geglaubt. Die moralische Überhöhung einer Position wird vielmehr oft als eine besonders raffinierte Form der Interessenvertretung aufgenommen, weil sich über Interessen leichter streiten lässt als über Moral. Und beliebter wird Deutschland so auch nicht.

Das habe ich besonders im Zusammenhang mit der Flüchtlingskrise erfahren. In Deutschland wurde zu Beginn überwiegend mit humanitärer Verantwortung argumentiert, im europäischen Ausland ging es sehr schnell darum, dass die Zahlen im eigenen Land möglichst nicht so hoch sein sollten.

Deutsche Politiker in internationalen Bezügen kommen schnell zum Punkt, zur Sache. Sie wollen ein Thema schnell erledigt haben. Sie beginnen eine Debatte oft mit dem zentralen Punkt und machen gleich mal einen Lösungsvorschlag. In vielen Staaten insbesondere außerhalb Europas ist ein solches Vorgehen unhöflich und unproduktiv. Das gilt etwa für die Staaten Nordafrikas, der arabischen Welt, aber auch für China. Dort wird zunächst sehr abstrakt begonnen. Es geht sehr lange sehr höflich zu. Man braucht Zeit für Repräsentation. Und erst ziemlich am Ende, wenn man die andere Person besser einschätzen kann, geht es wirklich um den Kern der Sache. Und oft wird selbst dann nur ein Grundsatz angesprochen, den die Mitarbeiter in den nachfolgenden Gesprächen umsetzen sollen. Der Gesichtsausdruck des Ministers gegenüber den Mitarbeitern sagt dann oft, wie ernst gemeint das ist. Wenn sich ein deutscher Minister darauf nicht einlässt und sofort zum Punkt kommt, wird er keinen Erfolg haben. Bei Kollegen dieser Länder habe ich aber in Vier-Augen-Gesprächen, wenn Vertrauen vorher aufgebaut worden war, eine Offenheit erlebt, die in krassem Gegensatz zu dem Auftreten in den Delegationen stand, und die größer war, als das bei uns üblich ist.

Sehr unterschiedlich im internationalen Vergleich ist der tatsächliche Einfluss eines Ministers. Ein deutscher Minister wird seine Zusagen einhalten, aber dafür sind die Zusagemöglichkeiten oft begrenzt. Ein Innenminister braucht für die Zusage der Beteiligung an internationalen Polizeimissionen die Länder, für die Zusage von Material braucht er einen entsprechenden Haushaltstitel.

Für die Minister vieler anderer Staaten ist dies unverständlich. Sie können viel unbefangener Zusagen machen und halten die deutschen Minister deshalb für zu zögerlich. Öfters werden solche Zusagen aber nicht eingehalten, oder der Nachfolger kann sich an eine solche Zusage »nicht erinnern«. Erst im Laufe einer längeren Zusammenarbeit stellt sich dann heraus, dass eine kleine, aber zuverlässige Zusage besser ist als große Sprüche, aus denen nichts folgt.

Umgekehrt gibt es Minister in manchen Staaten, die nahezu keinen Einfluss haben. Der tatsächliche Einfluss verbleibt entweder beim Regierungschef oder beim nachgeordneten Apparat, etwa dem Sicherheitsapparat. Dann muss man andere Wege finden, damit Zusagen dieses Landes auch eingehalten werden, etwa die direkte Einbeziehung der »starken Leute« im Apparat in die Delegationen, ohne dem Minister das Gesicht zu nehmen, oder die Beauftragung der starken Leute durch die Minister. Oder allein oder in Arbeitsteilung mit dem Bundeskanzleramt die parallele »Bearbeitung« des Regierungschefs und seiner Mitarbeiter des anderen Staates.

7.
Haltungen und Werte

Verantwortung übernehmen

»Herr Minister, übernehmen Sie die Verantwortung.« Mit diesem Satz ist in der Politik meist die Aufforderung zu einem Rücktritt verbunden. Streng genommen müsste es umgekehrt sein: Mit der Übernahme der Verantwortung ist dem Wortsinne nach eigentlich der Beginn einer Arbeit verbunden. Streng genommen müsste eine Aufforderung zum Rücktritt so formuliert werden: »Herr Minister, geben Sie die Verantwortung ab.«

Verantwortung heißt für einen Minister zunächst, dass er für seinen ganzen Geschäftsbereich zuständig ist, dass er Antworten geben muss auf alles, was in seinem Geschäftsbereich geschieht. Wenn das nicht sofort möglich ist, dann nach entsprechender Nachfrage und Recherche.

Verantwortung ist aber mehr. Verantwortung ist der Korrespondenzbegriff zur Befugnis. Wer eine Befugnis hat, wer die damit verbundene Macht ausübt, der steht für die Folgen der Dinge ein, die in seinem Geschäftsbereich geschehen oder unterlassen worden sind. So wie beim Einzelnen die Verantwortung die Kehrseite und Folge von Freiheitsausübung ist, so ist bei einem Minister Verantwortung die Kehrseite und Folge von Machtausübung.

Verantwortung zu tragen ist für einen Minister ein schönes und doch zugleich manchmal auch schweres Gefühl. Er trägt sie nicht allein. Unter ihm gibt es zuständige mächtige Staatssekretäre und Abteilungsleiter und andere. Aber wenn es ernst wird, dann ist der Minister oft ganz allein.

Ein Minister kann nicht allein erfolgreich sein, aber er ist oft allein verantwortlich. Wer das nicht aushält, sollte nicht Minister werden wollen. Es gibt für einen Minister verschiedene Formen der Verantwortung:

- Zuerst natürlich die persönliche Verantwortung. Der Minister steht für die Folgen seines persönlichen Handelns ein und wird dafür verantwortlich gemacht. Das können Personalentscheidungen sein, die er persönlich getroffen hat. Das können einzelne exekutive Entscheidungen sein. Einige solche Entscheidungen habe ich in diesem Buch bereits benannt. Es können Verhandlungsergebnisse sein, Presseäußerungen, Zitate o. Ä. Oder natürlich auch ein persönliches Fehlverhalten wie eine Trunkenheit am Steuer o. Ä. Manchmal kann auch ein Fehlverhalten eines Familienmitglieds einem Minister persönlich zugerechnet werden.

- Daneben gibt es die sogenannte politische Verantwortung. Damit ist gemeint, dass ein Minister dafür einstehen muss, was in seinem Geschäftsbereich geschieht, auch wenn er selbst dafür keine persönliche Verantwortung deswegen trägt, weil er persönlich nichts entschieden oder unterlassen hat. Diese politische Verantwortung ist der Regelfall der politischen Auseinandersetzung, wenn etwas angeblich oder wirklich schiefgegangen ist. Interessanterweise ist seltener von politischer Verantwortung die Rede, wenn etwas sehr gut gelungen ist.

Ich bin in meiner Ministerlaufbahn nicht sehr häufig, aber doch einige Male zum Rücktritt aufgefordert worden. Dabei ging es immer um die Übernahme einer solchen politischen Verantwortung, nicht persönlicher Verantwortung. Nur wenige Male waren solche Rücktrittsforderungen ernst oder bedrohlich. Ein Beispiel war die Krise um den EuroHawk. Der EuroHawk ist ein hoch fliegendes Langstrecken-Aufklärungsflugzeug, eine Drohne ohne Piloten und ohne Bewaffnung. Ich hatte das vor Jahrzehnten begonnene Projekt der Anschaffung dieser Drohne als Verteidigungsminister wegen massiver Probleme bei der Zulassung dieses umgebauten amerikanischen Modells für den deutschen Luftraum gestoppt. Hunderte von Millionen Euro waren investiert. Das schien mit dem Anschaffungsstopp vergeblich gewesen zu sein. Und jetzt ging es um die Frage, wer dafür die Verantwortung trägt, dass dieses Projekt entweder ohne gute Vorbereitung begonnen wurde, während der Projektphase schlecht begleitet worden sei oder aber der Projektabbruch entweder zu spät oder im Gegenteil falsch erfolgt sei.

Ich entschied mich nach einigem Nachdenken gegen einen Rücktritt. Ich fand meine Entscheidung zum Stoppen dieses Projekts richtig und sah die Versäumnisse eher in der Vergangenheit und vor allem bei dem Anbieter. Aber es war knapp. Das habe ich an anderer Stelle dieses Buches beschrieben.

Ob die Forderung nach der Übernahme von politischer Verantwortung in Form eines Rücktritts des Ministers erfolgreich ist, hängt ganz wesentlich davon ab, ob die eigenen Leute, die Bundeskanzlerin, die eigene Fraktion den Minister unterstützen. Eine Rücktrittsforderung durch die Opposition allein ist in der Regel erfolglos, selbst dann, wenn sie von einem großen Teil der Presse unterstützt wird. Gefährlich wird es für einen Minister aber dann, wenn die eigenen Leute ihm das Vertrauen entziehen. Ob das so ist, hängt natürlich mit dem Gegenstand zusammen, um den es geht. Es hängt aber auch sehr viel damit zusammen, wie der Minister die eigene Fraktion, in der Regel die Arbeitsgruppe, behandelt und wie sich das gegenseitige Vertrauen entwickelt hat.

Es kann durchaus sein, dass ein schwankender Minister fällt, weil sich die eigenen Leute an ihm rächen wollen und nur auf eine gute Gelegenheit zum Sturz gewartet haben. Und es kann umgekehrt sein, dass ein angeschlagener Minister deswegen überlebt, weil seine eigenen Leute zu ihm stehen, obwohl der Vorwurf so gewichtig ist, dass andere Minister darüber zurücktreten müssten.

In meinem Fall war es während der Krise um den EuroHawk so, dass meine Fraktion zu mir stand, die FDP aber zunächst schwankte. Als sich dann die FDP entschlossen hatte, mich nicht fallen zu lassen, war die Rücktrittsforderung schnell erledigt. Das habe ich der damaligen verteidigungspolitischen Sprecherin der FDP, Elke Hoff, nicht vergessen.

Wenn politische Verantwortung heißt, für etwas im Geschäftsbereich einzustehen, ohne dass man selbst dafür persönlich etwas getan oder unterlassen hatte, dann ist mit einem Rücktritt an sich nichts verändert. Deswegen ist manchmal ein Rücktritt sogar die leichtere Lösung. Nicht für den zurückgetretenen Minister, aber für den Kern des Problems, dessentwegen er zurücktreten musste. Viele sind dann zufrieden, ein Opfer ist zur Strecke gebracht, die als problematisch empfundene Sache ist damit aber in demselben Zustand wie zuvor. Manchmal wird ein Nachfolger dieses Problem gar nicht so gut lösen können wie derjenige, der darüber gestürzt ist. Und seltsamerweise verringert sich die Aufmerksamkeit mit einem neuen Minister sofort und richtet sich dann oft auf andere Dinge und nicht auf diejenigen Mängel, die zum Rücktritt des Vorgängers geführt haben.

Besonders wichtig, gerade in der neueren Zeit, ist das, was ich »Verfahrensverantwortung« nennen möchte. Damit meine ich die Verantwortung dafür, wie ein Minister in einer Krise agiert, wie er mit der Problemlösung umgeht. Oft stürzt ein Minister nicht wegen eines entstandenen Problems, sondern darüber, wie er mit dem Problem umgegangen ist. Wann hat er »etwas« erfahren? Was genau? Was hat er veranlasst? Alle diese Fragen werden in einer Krise oft bedeutender als die Dimension des Problems selbst.

Auch dazu ein Beispiel aus der EuroHawk-Krise. Ich hatte die Entscheidung zum Stopp des Projekts aufgrund eines sehr guten, umfangreichen und gut argumentierenden Vermerks getroffen. Aber es war eben nur ein Vermerk. Rücksprachen und Besprechungen hatte ich nicht durchgeführt. Als dann die Kritik begann, habe ich entschieden, öffentlich eine Woche nichts zu dem Fall zu sagen und mich in dieser Woche über den Vermerk hinaus mit allen kundigen Mitarbeitern um alle Details der Sache einschließlich der jahrzehntelangen Vergangenheit zu kümmern, so dass ich dann geschlossen und abschließend der Presse gegenüber zu den Vorwürfen Stellung nehmen konnte. Das fand ich deswegen besonders schlau, weil ich nicht dem Vorwurf ausgesetzt sein wollte, die Wahrheit käme scheibchenweise ans Licht, und ich hätte etwas vertuscht. Da die Sache kompliziert war, brauchte ich einige Tage.

Im Nachhinein war das ein Fehler. Denn in diesen Tagen hatte sich bereits eine öffentliche Meinung festgesetzt, die ich dann durch meine Pressekonferenz nicht mehr drehen konnte. Insoweit war das gewählte Verfahren in der Krise schlecht, und das hätte fast zum Rücktritt geführt, nicht der Vorwurf selbst, dass Hunderte von Millionen Euro angeblich verschleudert worden seien.

In einer solchen Krise ist man als Politiker besonders betriebsblind. So wie der Arzt bei eigenen Gesundheitsdingen oft für sich selbst kein guter Arzt ist, so ist ein Minister in der eigenen Krise oft kein guter Krisenmanager. Deshalb ist es in einer solchen Phase besonders wichtig, dass es Mitarbeiter gibt, die den Minister unterstützen. Manchmal wird empfohlen, in einer solchen Lage Externe beizuziehen, die nicht irgendwie in der Sache oder zur Person des Ministers befangen sind, vielleicht sogar Kommunikationsagenturen. Das mag im Einzelfall sinnvoll sein. Je komplizierter der Sachverhalt aber ist, desto wichtiger ist es, dass der Minister interne kritische Berater hat, die sich in der Sache auskennen, die aber nicht so befangen sind, weil sie eigentlich selbst die Fehler gemacht haben und sich selbst helfen, indem sie dem Minister helfen. In der Krise sind solche Mitarbeiter nicht leicht zu finden. Es muss demzufolge einem Minister gelingen, bevor es eine solche Krise gibt, Mitarbeiter zu haben, die durch kritische Loyalität und menschliche Nähe in besonderer Weise geeignet sind, den Minister in einer schwierigen Situation zu beraten.

Interessanterweise ist es übrigens oft so, dass zwar in einer bestimmten Situation der Rücktritt eines Ministers wegen politischer Verantwortung oder wegen mangelhafter Verfahrensverantwortung gefordert wird, dass aber dann, wenn der Minister die Krise übersteht und nicht zurücktritt, nach einer Weile genau dieses Durchstehen als ein Zeichen der Stärke und der Kraft eines Ministers gewertet wird.

Ich habe in Krisen immer am meisten gelernt. Ohne Probleme und ohne Niederlagen wird man nicht krisenfest. Es gibt keine große Politikerkarriere ohne Krisen. Und Politiker, die in Krisen sofort zurücktreten, werden keine großen Politiker werden. Ohne Narben und Falten mag ein Gesicht schön sein, aber oft nicht eindrucksvoll.

Dienen, nicht Selbstbedienung

Ein Minister ist ein Diener. Das ist die wörtliche Übersetzung. Andere Übersetzungen des lateinischen Wortes Minister sind Gehilfe, Unterstützer, Vollstrecker. Manche mögen diese Bezeichnung als altmodisch, als zu pathetisch oder als wirklichkeitsfremd empfinden. Mit dem Dienen sei es sowieso in unserer Gesellschaft nicht weit her. Selbstverwirklichung bringe einen weiter. Das gelte auch für Minister.

In anderen Sprachzusammenhängen wird das Wort »dienen« dagegen sehr wohl verwendet und auch positiv. Wir sprechen von einem guten Service in einem Hotel. Wir sprechen von Dienstleistungen als einem großen Wirtschaftszweig unserer Gesellschaft. Und viele sagen morgens nicht, ich gehe zur Arbeit oder ins Büro, sondern sie sagen ganz selbstverständlich, ich gehe zum Dienst. Dahinter steckt ein wichtiges Verständnis von der eigenen Rolle bei der Arbeit, die man hat und ausübt. Die meiste Arbeit besteht darin, dass der Einzelne mit seinem Tun ein Teil des Ganzen ist, dass der Einzelne allein nicht viel bewegen kann und dass alle in einem Dienstverhältnis stehen, ganz gleich ob sie oben oder unten in der Hierarchie verankert sind.

Der Begriff des öffentlichen Dienstes ist ohnehin unbestritten und geläufig. Und die Mitarbeiter dort sind in einem öffentlich-rechtlichen Dienstverhältnis, wie es rechtlich heißt. Sie sind Staatsbedienstete oder auch Staatsdiener.

Warum sollte das bei einem Minister anders sein? Würde man sagen, ein Minister erbringt eine Dienstleistung für die Gesellschaft, dann fänden das alle in Ordnung. Dann kann man aber auch sagen, ein Minister dient.

Das wird aber auch von einer ganz anderen Seite bezweifelt, indem kritisiert wird, ein Minister diene nicht oder erbringe keine Dienstleistung, sondern bediene sich selbst. Diese Auffassung teile ich nicht. Ein Minister arbeitet hart. Er muss ständig erreichbar sein. Davon war in diesem Buch schon die Rede. Der Minister wird auf Schritt und Tritt beobachtet, mehr als andere Menschen in vergleichbaren Führungspositionen in Gesellschaft oder Wirtschaft. Unser Ministergesetz ist zu Recht streng. Ein Minister darf neben seinem Amt als Minister kein anderes besoldetes Amt, kein Gewerbe und keinen Beruf ausüben. Die Bundesminister sollen sogar während ihrer Amtszeit kein öffentliches Ehrenamt bekleiden. Die Bundesregierung kann hiervon allerdings durch Beschluss Ausnahmen zulassen.

Nach dem Ausscheiden als Minister unterliegt die Aufnahme einer Tätigkeit neuerdings einem besonderen Genehmigungsverfahren, was Interessenkollisionen vermeiden soll: Ein ehemaliger Minister muss 18 Monate lang angestrebte Tätigkeiten jeder Art beim Chef des Bundeskanzleramtes anzeigen, auch gemeinnützige, um Interessenkonflikte zu vermeiden. Ein besonderes externes Gremium von ehemaligen Politikern und Richtern gibt dazu eine Empfehlung ab. Und die Bundesregierung entscheidet dann, ob eine solche Tätigkeit und in welchem zeitlichen Abstand nach dem Ausscheiden aus dem Ministeramt ausgeübt werden darf. Allein das alles hat schon ziemlich wenig mit Selbstbedienung zu tun.

Das Gehalt eines Bundesministers ist im Vergleich zum Durchschnitt der Bevölkerung sehr hoch, im Vergleich zu anderen Führungspositionen zum Beispiel in der Wirtschaft nicht hoch. Die Verweildauer eines Ministers in der Regierung beträgt nur wenige Jahre. Da kann man keine Versorgungsreichtümer anhäufen.

All das, was die Menschen möglicherweise als Privileg empfinden, nämlich die Nutzung eines Dienstwagens, eines Regierungsflugzeugs und eines persönlichen Büros, ist zu versteuern, soweit es einen geldwerten Vorteil darstellt. Und im Übrigen ist es schlicht notwendig, um die Terminfülle zu bewältigen. Mein Dienst-Kfz war wie ein fahrendes Büro. Die Zeit im Flugzeug oder im Hubschrauber war erforderlich, um Akten zu lesen oder den nächsten Termin vorzubereiten.

Also von einem Dienst oder einer Dienstleistung kann man bei der Arbeit eines Ministers wirklich sprechen.

Aber wem gilt dieser Dienst?

Gilt er dem eigenen Geltungsbedürfnis, der Partei oder dem Staat? Sicher spielt alles eine Rolle. Ohne persönlichen Ehrgeiz wird man nicht Minister oder bleibt es nicht. Und die Parteizugehörigkeit der Minister ist in Deutschland – von wenigen Ausnahmen abgesehen – selbstverständlich. Die Parteien einer Koalition schicken Persönlichkeiten ihrer Partei in eine Regierung, damit diese dort ihre Parteiinteressen vertreten. Aber damit ist noch nicht gesagt, dass die Minister sich selbst oder ihrer Partei dienen.

Nein: Je länger eine Amtszeit dauert, desto weniger wichtig werden das eigene Ego und die eigene Partei und umso wichtiger wird das Staatsinteresse. Das kann man schon daran sehen, dass viele Parteifreunde »ihre« Minister kritisieren, sie hätten die eigene Partei vergessen, je länger sie im Amt sind. Kurz vor einem absehbaren Ende einer Amtszeit kann es allerdings wieder anders werden, denn manche Minister oder Regierungschefs arbeiten dann an einer »legacy«, wie die Amerikaner das nennen, also daran, dass von der eigenen Amtszeit etwas Prägendes in Erinnerung bleibt.

Die Wähler wollen mit ihrer Wahlentscheidung jedenfalls erreichen, dass eine bestimmte Richtung durch die Regierungsarbeit verfolgt wird. Insofern ist es auch demokratietheoretisch völlig in Ordnung, wenn Parteiinteressen im Ministeramt verfolgt werden, solange im Zweifel das Staatsinteresse, das Gemeinwohl, das Wohl des deutschen Volkes, wie es im Amtseid heißt, Vorrang genießt.

Das ist auch deswegen oft kein subjektiv empfundener Konflikt, weil ein Minister guten Gewissens der Überzeugung ist, dass seine parteipolitische Auffassung, die er für richtig hält, zugleich auch dem Wohl des deutschen Volkes dient, jedenfalls wenn der Minister einer Volkspartei angehört, die ja den Anspruch erhebt, mit ihrer Politik die Interessen aller in ihrer Gesamtheit oder der großen Mehrheit zu verfolgen, und wenn er akzeptiert, dass eine andere Meinung auch dem Wohl des deutschen Volkes dienen könnte. Das ist Demokratie.

Es gibt keinen Konflikt zwischen Parteiinteressen und Staatswohl, wenn der eine Minister die Meinung vertritt, dass Steuersenkungen richtig seien, und der andere Steuererhöhungen für erforderlich hält. Das Wohl des deutschen Volkes ist nichts Objektives und nicht der verbindlichen Selbstdefinition derjenigen zugänglich, die eine bestimmte politische Auffassung überhöhen wollen oder behaupten, (nur) sie seien das Volk.

Es ist auch nicht anstößig, wenn ein Minister für ein herausgehobenes Amt etwa eines Staatssekretärs jemanden vorschlägt oder ernennt, der der eigenen Partei angehört, wenn die mit dem Amt erforderliche Qualifikation bei dieser Person gegeben ist. Die Menschen wählen ja auch mehrheitlich eine Richtung, von der sie dann erwarten können, dass sie sich nicht nur inhaltlich durchsetzt und durch Personen repräsentiert wird, die dieser Richtung angehören.

Problematisch wird es allerdings, wenn in einem solchen Fall eine Person nur deswegen berufen wird, weil sie ein bestimmtes Parteibuch ohne die erforderliche Qualität hat. Problematisch wird es zudem, wenn von einem Minister gegen die eigene Überzeugung, was dem Wohl des deutschen Volkes dient, etwas durchgesetzt wird, nur weil es Parteilinie ist. Ein guter Schutz gegen derartige Missbräuche sind Öffentlichkeit und Transparenz. Ein öffentlicher Vorwurf der Parteilichkeit bekommt einem Minister nicht gut. Das möchte man vermeiden, wenn man klug ist. Meine Erfahrung ist, dass ein solches Verhalten ziemlich schnell durchschaut und von der Bevölkerung kritisch betrachtet wird. Eine nur taktisch vertretene und von der eigenen Partei gutgeheißene Position wird von der Bevölkerung dem Minister nicht positiv angerechnet, wenn sie das Gespür dafür hat, dass dies nicht der wahren Überzeugung des Ministers entspricht oder nur aus wahltaktischen Überlegungen vielleicht gerade zu einem bestimmten Zeitpunkt vorgetragen wird.

Ich kenne jedenfalls keinen Minister, der nicht vom Ablegen des Amtseides beeindruckt wird. Ab dann gilt und muss gelten: Erst das Land, dann die Partei und dann die eigene Person, auch wenn alle drei Faktoren eine Rolle spielen. Aber die Reihenfolge ist wichtig.

Loyalität vorleben

Ein Vorstandsmitglied einer deutschen Privatbank erzählte mir einmal folgende Geschichte: Er habe einen angestellten Investmentbanker, der ohnehin mehr verdiente als der Vorstandsvorsitzende dieser Bank, an seine Loyalitätsverpflichtung gegenüber der Bank erinnert, nachdem es ein eigenmächtiges Verhalten dieses Mitarbeiters gegeben habe. Seine Antwort war: »Wenn Sie jemand Loyales brauchen, dann schaffen Sie sich einen Hund an.« Das Ergebnis solcher mangelnden Loyalität ist seit der Bankenkrise bekannt. Das Image ganzer Banken, ja der gesamten Branche, hat unter mangelnder Loyalität Einzelner gelitten.

Jede Institution braucht Loyalität der Mitarbeiter zum Chef und des Chefs zu den Mitarbeitern. Das gilt natürlich auch für die Politik und für die Regierung.

Dabei braucht es eine doppelte Loyalität der Minister. Die eine gilt der Institution, also der Regierung oder dem eigenen Ministerium. Die andere gilt der Person an der Spitze.

Mit Loyalität meine ich eine innere Verbundenheit, die weit über die professionelle Erledigung der übertragenen Aufgaben hinausgeht, die auch wichtig ist. Hinzukommen müssen Ehrlichkeit im Umgang, Treue und persönliche Zuverlässigkeit.

Für manche mag das altmodisch klingen. Vielleicht ist es das auch. Ich hoffe es zwar nicht. Man kann es gerne in Englisch auch »commitment« oder sportlich »Teamgeist« nennen. Die Begrifflichkeit ist nicht so wichtig. Aber nach meiner Erfahrung brauchen alle Institutionen, um nachhaltig Erfolg zu haben, diese Form von Loyalität.

In meinen vielen Regierungsämtern habe ich viel Loyalität in diesem Sinne kennengelernt. Illoyalität habe ich zwar auch intensiv erfahren, aber es waren immer Ausnahmefälle.

Meinerseits habe ich mich auch loyal verhalten, als Staatssekretär gegenüber meinen Ministern und als Landesminister gegenüber zwei Ministerpräsidenten sowie als Bundesminister gegenüber der Bundeskanzlerin.

Ministerpräsident Kurt Biedenkopf gegenüber war ich loyal, als er mich bewusst gegen den von ihm entlassenen Minister Georg Milbradt in Stellung brachte, indem er mich zu dessen Nachfolger als Finanzminister ernannte.

Ministerpräsident Georg Milbradt gegenüber war ich loyal, als er mich wenig später vom Finanzminister zum Justizminister herabsetzte, nachdem er Nachfolger von Kurt Biedenkopf geworden war.

Bundeskanzlerin Angela Merkel gegenüber war ich loyal, als ich ihren »Versetzungswünschen« in ein anderes Ressort gegen meinen Wunsch gefolgt bin und wir zum Beispiel in der Flüchtlingskrise die eine oder andere Meinungsverschiedenheit hatten, insbesondere beim Thema Familiennachzug.

So wollte ich schon früher eine stärkere Beschränkung des Familiennachzuges bei subsidiär Schutzberechtigten, auch um den Preis eines größeren Konflikts mit dem Koalitionspartner SPD. Ich war offener im Blick auf die Schließung der Balkanroute, habe schon im September 2015 Auffanglager in Nordafrika vorgeschlagen, in die gerettete Flüchtlinge aus dem Mittelmeer gebracht werden sollten, damit alle, die Schleppern Geld für ihre Überfahrt geben, wissen, dass sie so nicht nach Europa kommen und dort bleiben dürfen. Ich habe unbefangener von »Begrenzung« der Flüchtlingszahlen und nicht nur von »Reduzierung« gesprochen, damit sich das Jahr 2015 nicht wiederholt.

Wir hatten einmal eine ernste Aussprache darüber. Und dabei ging es neben den fachlichen Einzelheiten um meine Loyalität. Sie war in Zweifel geraten, ob ich mit meinen Auffassungen in ein politisches Lager der CDU/CSU gewechselt war, das auch einen Teil meiner Auffassungen vertrat, im Übrigen aber eine ganz andere Richtung der Flüchtlingspolitik wollte. Als ich ihr gegenüber und mir selbst gegenüber diese Frage nach der Grundloyalität positiv beantworten konnte, konnten wir alle Meinungsverschiedenheiten wie auch schon zuvor immer vertrauensvoll, ja geradezu freundschaftlich besprechen und lösen.

Hätte sie in diesem Moment Zweifel an mir gehabt oder hätte ich meinerseits keine Loyalität ihr gegenüber mehr empfunden, so hätten wir uns getrennt, auf welche Weise auch immer. Ich bin dankbar dafür, dass es anders war. Aber die Basis dafür war neben unserer langen Zusammenarbeit eben diese Loyalität.

In der Presse wird Loyalität oft als Schwäche missverstanden. »Merkels treuer Gehilfe Thomas de Maizière«, so hieß es dann. Und das war nicht immer nett gemeint. Die Presse liebt Streit in der Regierung und empfindet eine konstruktive Teamarbeit als langweilig. Gibt es aber Streit, dann wird plötzlich konstruktive Teamarbeit angemahnt. So haben es alle im Sommer 2018 rund um die Krise zwischen CDU und CSU erlebt. Das hatte viel mit Loyalität zu tun.

Loyalität heißt eben nicht, keine Meinung zu haben, keine Initiativen zu entfalten, einfach nur mitzumachen. Ganz im Gegenteil. Loyalität heißt aber, sein Tun in den Dienst der ganzen Regierung zu stellen und sich der Führung des Regierungschefs unterzuordnen. Sonst muss man gehen. Anders kommt kein gutes Gesamtergebnis heraus. Ein Einzelner mag sich vielleicht durch Illoyalität profilieren. Aber auf Dauer nützt es weder diesem Einzelnen noch der Regierung.

Loyalität ist insbesondere wichtig in einer Krise. Dort muss sich der Chef auf die Loyalität seiner Mitarbeiter voll verlassen können. Und umgekehrt. Fehlt es daran, wird eine politische Krise nicht gut bewältigt.

Im Fußball ist dieses Prinzip übrigens anerkannter als für eine Regierung. In einer Mannschaft gibt es auch Führungsspieler und unterschiedliche Positionen. Und dennoch ist klar, dass der Trainer die Mannschaft aufstellt, die Positionen festlegt und Spieler auswechselt. Gibt es daran von Spielern Kritik, dann wird der Spieler kritisiert, nicht der Trainer. So sollte es in einer Regierungsarbeit auch sein. Solange man Mitglied einer Regierung ist, ist man Mitglied einer Mannschaft und »untersteht« der Bundeskanzlerin. Wer das nicht möchte, kann aus der Regierung ausscheiden.

Interessanterweise haben wir schon lange nicht mehr erlebt, dass ein Minister zurückgetreten wäre mit der Begründung, er könne den

Kurs der Regierung inhaltlich nicht mehr vertreten oder er sei mit der Bundeskanzlerin nicht einverstanden. Das wäre dann konsequent.

Auch die Minister der CSU sind während der Flüchtlingskrise im Amt geblieben, obwohl die bayerische Staatsregierung und der CSU-Vorsitzende der Regierung Kontrollverlust, Staatsversagen und Rechtsbruch vorgeworfen hatten. Bei einigen war es (stille) Kritik am CSU-Vorsitzenden. Bei anderen eher die Neigung, doch lieber in der Regierung bleiben zu wollen. Jedenfalls gilt: In der Regierung zu bleiben und sich ihr gegenüber illoyal zu verhalten, das geht nicht.

Loyalität heißt nicht Kritiklosigkeit. Gute Loyalität bedeutet im Gegenteil, seinem Chef oder seiner Chefin zu widersprechen, eine andere Meinung zu äußern und Kritik zu üben. Dies muss nur intern geschehen und in einer Tonlage und in einem Geist, der deutlich macht, dass dies auf der Basis grundlegender Loyalität geschieht. Das ist übrigens eine der schönsten und wertvollsten Erfahrungen, die man als Minister machen kann, wenn man von seinen Mitarbeitern solch loyaler Kritik ausgesetzt ist oder eine positive Antwort bekommt, wenn man sie gegenüber seinem Chef oder seiner Chefin ausübt.

Pflicht gegen Privatleben

Hinter dem Amt eines Ministers und den damit verbundenen Pflichten hat das Privatleben zurückzustehen. Das ist selbstverständlich und zugleich ein hoher Preis.

Doch jeder Minister bleibt natürlich Ehepartner, Elternteil, Kind, Geschwister.

Daraus entsteht ein Spannungsverhältnis, das schon viele Ehen zerbrochen hat. Man kann damit unterschiedlich umgehen.

Manche trennen ihr Regierungsleben und ihr Privatleben völlig. Ich habe manche Ehepartner meiner Regierungskollegen nie gesehen und wusste manchmal gar nicht, ob sie überhaupt Kinder haben.

Das Problem dabei ist, dass dadurch die innere Entfernung von dem Leben als Regierungsmitglied und dem Leben als Familienmitglied so groß werden kann, dass die eine Seite die andere nicht mehr versteht. Vielleicht brauchen das manche als Überlebensstrategie. Für mich wäre das kein Weg gewesen, denn ich brauche eine Familie, die versteht, was ich als Minister gemacht habe. Und ich brauche politische Kollegen, die wissen, wie wichtig mir meine Familie ist.

Andere machen es genau umgekehrt. Sie beziehen ihre Familie in ihre Tätigkeit als Minister voll mit ein. Die Ehepartner sind ständig dabei, manchmal auch die Kinder. Die Öffentlichkeit kennt die ganze Familie. Es gibt Bilder und Geschichten von zu Hause. Der Minister wird so menschlicher für die Öffentlichkeit. Aber die Kehrseite ist: Die Familie wird so öffentlich und Gegenstand politischer Betrachtung. Wenn es dann in der Ehe Probleme gibt oder in der Erziehung, dann wird all dies auch öffentlich. Und das kann sehr unangenehm sein.

Ich habe meine Frau gerne zu öffentlichen Veranstaltungen mitgenommen. Sie ist ihrerseits berufstätig und konnte es deswegen oft terminlich nicht einrichten. Manchmal hat sie umgekehrt mich zu ihren beruflichen Veranstaltungen mitgebracht. Unsere drei Kinder haben wir ganz selten bei öffentlichen Veranstaltungen dabeigehabt. Und das eigentlich erst, als sie größer waren. Aber meine Frau und ich haben keine sog. Homestory gemacht. Bei uns zu Hause war kein Journalist zu irgendeiner Berichterstattung, weder mit noch ohne Kamera. Unser Zuhause sollte kein öffentlicher Raum werden.

Das Spannungsverhältnis zwischen Regierungsamt und Privatleben zeigt sich auch bei Terminkollisionen. Natürlich muss eine Familie darauf Rücksicht nehmen, dass viele Termine politischer Art für einen Minister wichtiger sind als die meisten familiären. Es gibt aber Situationen und Termine, da hat die Familie einen unbedingten Vorrang. Dies muss dann auch möglich sein, wenn die Presse das kritisiert.

Finanzminister Peer Steinbrück machte einmal eine Afrikareise mit seiner ganzen Familie, die aus Anlass eines Familienfestes lange vorbereitet war. Dabei versäumte er die jährliche Tagung des Internationalen Währungsfonds in Washington, auf der allerdings keine bedeutenden Tagesordnungspunkte standen. Das wurde öffentlich heftig kritisiert. Ich habe ihn öffentlich verteidigt. Geschadet hat ihm diese Reise politisch nicht. Vielleicht im Gegenteil.

Franz Müntefering legte sogar seine Ämter als Arbeitsminister und Vizekanzler nieder, weil er Zeit haben wollte, um seine schwerkranke Frau zu pflegen. Das teilte er öffentlich mit, aber Bilder von ihm im Krankenhaus am Bett seiner Frau hat es dagegen nie gegeben. Das hat nicht nur mich, sondern die ganze Öffentlichkeit tief beeindruckt.

In der ersten Großen Koalition von 2005 bis 2009 hatten wir einen wirklich wichtigen Koalitionsausschuss zur Gesundheitsreform. Meine Tochter hatte am selben Abend ihren Abiball. Ich habe bei der Bundeskanzlerin um Dispens gebeten, damit ich beim Abiball meiner Tochter teilnehmen konnte. Sie hat sofort zugestimmt. Auch hier gab es öffentliche Kritik, aber andererseits sogar Lob, dass ein Politiker mal der Familie den Vorrang gab. Meine Tochter war stolz und dankbar.

Es gibt für solche Konflikttermine keine goldene Regel. Aber ein Minister sollte dies reflektieren, im Familienkreis erörtern und bewusst entscheiden. In die eine oder andere Richtung. Dann wird das auch akzeptiert.

Minister sind Personen des öffentlichen Lebens. Das bedeutet, dass das öffentliche Interesse an Informationen auch aus der Privatsphäre einer Person berechtigt ist. Minister haben kein Recht am eigenen Bild. Sie müssen hinnehmen, wenn sie in der Öffentlichkeit fotografiert werden.

In der ersten Zeit als Minister schmeichelt es der Eitelkeit, wenn man auf der Straße erkannt oder angesprochen wird. Je länger man

220

Minister ist, und je bekannter man wird, umso mehr gewöhnt man sich einerseits daran. Andererseits wird es immer lästiger. Wenn man auf der Straße oder in einem Restaurant mitten in einem Gespräch angesprochen wird – »Ich will Sie ja nicht stören, aber könnte ich vielleicht ein Bild mit Ihnen bekommen?« –, dann ist man bereits gestört. Reagiert man dann freundlich und hört sich das Anliegen an, so ist man wirklich in seinem Handlungsbogen unterbrochen. Weist man den Betroffenen aber ab mit dem Hinweis, man wolle nicht gestört werden in dieser Situation, dann gilt man leicht als abgehobener, arroganter Politiker. Auch hier ist Fingerspitzengefühl gefragt.

Ein Regierungsmitglied muss sich jedenfalls darüber im Klaren sein, dass es sich in der Öffentlichkeit und im Privatleben zurückhaltend und in gewisser Weise vorbildlich verhalten muss, weil alles beobachtet wird oder beobachtet werden kann.

Besonders intensiv war ein Eingriff in mein Privatleben, als ich mit meiner Frau einmal eine knappe Woche Urlaub auf Mallorca machte, um eine schwere Bronchitis auszukurieren. Das war im Oktober 2015 mitten in der Flüchtlingskrise. Eine große deutsche Zeitung hatte das irgendwie mitbekommen und ein Team mitsamt Fotografen nach Mallorca geschickt und auf dem Dach des Hotels postiert, um meine Frau und mich am letzten Tag damit zu konfrontieren, wie wir es denn vereinbaren könnten, hier Urlaub zu machen, während Tausende von Mitarbeitern und Ehrenamtlern sich daheim in Deutschland um Flüchtlinge kümmerten. Sie schnitten unsere Reaktionen mit, ohne dass wir in ein Interview eingewilligt hätten. Das Bild von uns am Frühstückstisch erschien am nächsten Tag auf Seite 1. Das empörte mich. Aber ich war dankbar, dass gleich mehrere Journalisten anderer Zeitungen diese Berichterstattung als übergriffig kritisierten. Später dann hat sich diese Zeitung bei mir entschuldigt.

Im »Terror-Sommer« 2016 musste ich zweimal innerhalb weniger Tage meinen USA-Sommerurlaub unterbrechen – das erste Mal, als nur vier Tage nach dem blutigen Terroranschlag in Nizza ein junger IS-Anhänger Fahrgäste in einer Regionalbahn bei Würzburg mit einer Axt angriff. Beim zweiten Mal wegen des Amoklaufs in München am 22. Juli 2016 zu einem Zeitpunkt, als noch nicht klar war, ob es sich um einen Terroranschlag handelte. Ich war zurückgeflogen in die USA, um den unterbrochenen Urlaub fortzusetzen. Als ich landete, erfuhr ich von den Geschehnissen in München und flog mit der nächsten Maschine zurück, ohne das Flughafengebäude verlassen zu haben. Das war bitter, aber nötig. Und dennoch bin ich selten auf ein anderes Ereignis von Menschen auf der Straße so angesprochen worden, die mitbekommen hatten, dass ich meinen Urlaub zweimal unterbrechen und dann schließlich abbrechen musste, und das mit Respekt und Mitgefühl.

Da habe ich gelernt, dass viele Menschen doch ein gutes Gefühl dafür haben, welche Verpflichtungen mit dem Amt eines Ministers verbunden sind und was das für das Privatleben und die Familie bedeutet.

Politikerschelte und Politikverdrossenheit

Über Enttäuschungen von Wählern über Politiker, insbesondere über Minister wird viel geschrieben. Das will ich hier nicht ausführlich ausbreiten.

Es gibt solche Enttäuschungen allgemein über »die Politik« oder »die Politiker«, wer immer auch damit gemeint ist. Das ist oft eine Enttäuschung über die Gattung Politiker, weniger über konkrete Politiker. Die da oben seien abgehoben, hätten keine Ahnung, verträten nur ihre eigenen Interessen, redeten unverständlich oder setzten nicht die richtigen Prioritäten. »Um uns kümmert sich ja niemand«, heißt es dann. In den ostdeutschen Ländern kommt hinzu eine Skepsis gegenüber dem als westdeutsch empfundenen Politikbetrieb und gegenüber einer personalen Dominanz ehemals Westdeutscher in Führungspositionen.

Es gibt eine Skepsis gegenüber und Unsicherheit vor manchen modernen Entwicklungen, gegenüber Folgen der Globalisierung, die dann als Enttäuschung gegenüber Politikern geltend gemacht werden.

Wahrscheinlich ging es uns Deutschen in der Geschichte selten so gut wie heute, und dennoch oder gerade deshalb gibt es viel Sorge vor der Zukunft, ja manchmal sogar Angst, dass Veränderungen den gegenwärtigen Zustand verschlechtern. Es gibt viel Sehnsucht nach einer Vergangenheit, die es wohl so nie gab, die wohl aber in der Vorstellung der Sehnsüchtigen existiert.

Viele trauen den Regierenden nicht mehr viel zu und sehen bestimmte Wirtschaftsvertreter, große Internetunternehmen, Banker oder sonst wen als diejenigen an, die die eigentlichen Geschicke der Welt lenken. Gleichzeitig wird von den Regierenden erwartet, dass sie die Geschicke der Welt in ihren Händen halten und das letzte Wort gegenüber der Wirtschaft oder anderen Einflüssen behalten oder wieder erkämpfen. Wenn das nicht geschieht, dann entsteht eine erneute Enttäuschung.

Solche Enttäuschungen werden oft von meist gut gemeinten Ankündigungen oder von Versprechungen dann ausgelöst, wenn sie nicht eingehalten werden. Enttäuschungen entstehen aber inzwischen schon zu dem Zeitpunkt, zu dem eine Ankündigung gemacht wird oder ein Versprechen gegeben wird und nicht erst später. Denn bereits die Erwartung, dass dies nie und nimmer so kommt wie angekündigt, führt zur sofortigen Enttäuschung, unabhängig davon, ob es später so kommt wie angekündigt.

Um dem zu entgehen, vermeiden viele Minister Ankündigungen für den eigenen Geschäftsbereich oder für die eigene staatliche Ebene und verlegen sich stattdessen auf Forderungen an andere, insbesondere andere staatliche Ebenen. Der Bund müsste mal …, die Länder sollten mal …, der Finanzminister könnte doch mal …, die Gesellschaft würde doch gerne …, die Menschen erwarten … – so oder ähnlich sind dann die Einlassungen. Dann hat man vermeintlich etwas Gutes gesagt, die Folgen aber tragen die eigentlich Zuständigen, auf jeden Fall aber andere. Selbst steht man jedenfalls mit so einem Ansatz immer auf der richtigen Seite.

Für die eigene Position oder Profilierung mag das helfen. So ein Auftreten bringt auch immer eine Schlagzeile in den Medien.

Ein Kollateralschaden für die Politik als Ganzes ist aber eine Folge. Denn die Bürger unterscheiden nicht genau, wer etwas von jemand anderem fordert, und loben nicht den, der bei jemand anders auf ein Defizit aufmerksam gemacht hat, sondern sie werden auf ein Defizit aufmerksam, für das es auf den ersten Blick keine Lösung gibt, für das aber jedenfalls die Politik zuständig ist. Auch so werden Enttäuschungen produziert.

Enttäuschungen können nicht enttäuscht werden, Hoffnungen schon. Enttäuschungen sind schwer zu widerlegen, Argumente schon und neuerdings auch angeblich Fakten, wenn sie nicht ins Weltbild passen. Deswegen fühlen sich manche mit Enttäuschungen immer auf der sicheren Seite.

Allerdings habe ich oft erlebt, dass es abstrakte Enttäuschungen sind. Die Politiker oder Minister seien schlecht, diejenigen aber, die ich kenne, sind es nicht. So heißt es oft. Konkrete Gespräche, konkrete Begegnungen, konkretes erfahrbares Abarbeiten von Problemen sind deshalb nach meiner Erfahrung mit keiner noch so guten Kampagne oder Auftritten in sozialen Netzwerken zu ersetzen.

Es gibt aber auch Enttäuschungen von Politikern, insbesondere von Ministern über Wähler. Darüber wird nicht so viel geschrieben. Deswegen will ich es hier einmal tun.

Da ist zunächst eine Enttäuschung über das Desinteresse vieler Menschen an der Politik und deren Zusammenhängen. Noch nie war es so einfach, sich jederzeit an jedem Ort, auch von zu Hause über Politik, über Politiker, über die Regierung und über die Opposition zu unterrichten. Unsere Zeitungen sind im internationalen Vergleich vielfältig und gut gemacht, die Nachrichtensendungen in

Radio und Fernsehen ebenfalls. Die Online-Nachrichten mitsamt Hintergrundinformationen sind verständlich, lesbar und übersichtlich.

Wer sich beklagt, sollte sich wenigstens interessieren und informieren. »Davon habe ich ja noch nie etwas gehört«, solche Sätze habe ich oft vernommen, wenn ich vor Ort etwas erklärt habe, was ich zuvor viele Male öffentlich und über die Medien erklärt hatte. Dann habe ich zwar die Menschen vor Ort davon überzeugt. Aber sie antworteten dann mit diesem Satz.

Das führt zu einer Enttäuschung bei Politikern. Es gibt vorrangig natürlich eine Bringschuld der Minister gegenüber der Bevölkerung zu erklären, was sie vorhaben und was beschlossen wurde. Aber es gibt in einer Demokratie, die vom mündigen Bürger lebt, auch eine »Holschuld« der Bevölkerung, was Informationen angeht. Sie kann durch noch so gute und gut erklärte Politik nicht ersetzt werden.

Es gibt auch eine Enttäuschung über die Bevölkerung angesichts niedriger Wahlbeteiligungen. Noch nie war es so bequem, seine Stimme abzugeben. Das geht umsonst und von zu Hause. »Ich habe keine Zeit zu wählen« das ist keine seriöse Ausrede. »Ich weiß nicht, was ich wählen soll«, auch nicht. »Die sind ja alle gleich«, auch das höre ich oft. Man kann aber wirklich nicht sagen, dass unser Parteienspektrum keine Unterschiede kennt. Und dann gibt es noch ein oft gehörtes Argument: »Weil ich so politikverdrossen bin, gehe ich nicht zur Wahl.« Genau umgekehrt müsste es doch eigentlich sein. Unzufriedenheit mit Politikern müsste eigentlich die Wahlbeteiligung erhöhen.

Enttäuschend ist auch, dass die Direktwahl von Bürgermeistern und Landräten nicht zu einer höheren Wahlbeteiligung geführt hat. So war aber eigentlich die Erwartung und das Motiv dafür, die Direktwahl einzuführen: Wenn es um Personen geht, die man vor Ort kennt, dann geht man leichter und eher zur Wahl als wenn es nur um Listen geht, auf denen Personen stehen, die man nicht kennt. So war die Überlegung. Das Gegenteil ist aber eingetreten.

Die Wahlbeteiligung ist bei Bundestagswahlen am höchsten und bei Kommunalwahlen am niedrigsten.

Enttäuschend finde ich in diesem Zusammenhang auch, dass die Verantwortung für eine niedrige oder sinkende Wahlbeteiligung immer zuerst reflexhaft bei der Politik verortet wird. Da heißt es dann oft noch am Wahlabend, die Parteien hätten zu wenig mobilisiert, sie hätten die Wähler nicht richtig angesprochen usw. Und spätestens am nächsten Tag wird den Parteien dann ins Stammbuch geschrieben, dass sie doch endlich mehr dafür tun sollten, dass mehr Menschen ihre Stimme abgeben.

Das finde ich gleich in doppelter Weise paradox: Zum einen wird dadurch nämlich der Eindruck erweckt, als bräuchte es einen Anreiz von außen und läge nicht in der individuellen Freiheit des einzelnen Wählers, sich an einer Wahl zu beteiligen. Ich bin fest davon überzeugt, dass die Menschen selbstbewusst und selbstbestimmt mit einer solchen Entscheidung umgehen können und dafür keine Anordnungen oder Ähnliches brauchen. Und zum anderen sollen also genau diejenigen, die angeblich dafür verantwortlich sind, dass die Wahlbeteiligungen so niedrig sind, und denen man wenig zutraut, nun dafür sorgen, dass es wieder besser wird. Das ist unverständlich.

Nein, wer nicht zur Wahl geht, soll nicht andere dafür verantwortlich machen. Ich bin jedenfalls enttäuscht darüber, dass viele Wähler nicht zur Wahl gehen, dem wichtigsten und nobelsten Recht jedes Staatsbürgers. Deswegen freue ich mich darüber, dass in der letzten Zeit die Wahlbeteiligungen wieder angestiegen sind. Hoffentlich bleibt es dabei.

Eine persönliche Enttäuschung gibt es bei Ministern auch dann, wenn man als Mitglied einer Regierung tief davon überzeugt ist, gute Arbeit geleistet zu haben, und dann der Wähler diese Leistung scheinbar nicht anerkennt und die Regierung abstraft oder abwählt. Das ist normal in einer Demokratie. Dann war vielleicht die Leistung doch nicht so gut, wie man das als Minister von sich selbst gedacht hatte. Oder man konnte die eigene Politik nicht gut genug erklären. Oder die anderen waren einfach besser. Oder es gab ein nicht vorhersehbares Ereignis, was die Leistung der Regierung übertüncht hat.

Wie dem auch immer sei, es gehört zur Wahrheit, dass man als Mitglied einer Regierung, die abgewählt wurde, einfach auch persönlich und emotional enttäuscht ist, selbst wenn man vom Verstand her weiß, dass diese Enttäuschung unberechtigt ist.

Und es gibt auch eine Enttäuschung bei den Politikern in Bund und Ländern darüber, dass ein wachsender Teil der Menschen egoistischer geworden zu sein scheint, vornehmlich an die persönlichen Interessen denkt, deren sofortige und unverwässerte Umsetzung einfordert und nicht mehr so leicht bereit ist, sie zurückzustellen, damit es anderen besser geht oder damit etwas gutes Gemeinsames entsteht. Menschen sind manchmal gegen Baumaßnahmen, nicht weil sie gegen den Bau an sich sind, sondern wegen des Lärms während der Bauarbeiten. Viele wollen eine Umgehungsstraße; wenn sie aber zu nah am eigenen Garten verläuft, dann sind sie dagegen. Sie wollen keine Atomkraft, keine Kohle, keine Windkraft und keine Leitungen. Sie wollen besseren Handyempfang, aber keine Masten. Oder sie wollen für sich alles schriftlich haben aus einer Vorschrift für die Verwaltung und fordern gleichzeitig, dass die Verwaltung von ihrem Ermessen freier und individueller Gebrauch macht.

Gemeinwohlorientierung von Politikern fällt schwer, wenn Individualverwirklichung der Bürger vorherrscht. Dann ist die Versuchung von Politikern groß, diese Einzelinteressen zu bedienen, ganz gleich um welchen Preis.

Ich meine, die Überbetonung von egoistischer Interessenwahrnehmung ist schlimmer geworden in den letzten Jahren. Und das geht einher mit einer sehr fordernden, ja zum Teil unverschämten Sprache den Ministern gegenüber. Vielleicht war aber auch das früher schon so, vielleicht ist diese Beschreibung auch meine Sehnsucht nach einem Zustand in der Vergangenheit, den es so nicht gab. Das mag sein. Aber es führt zu Enttäuschungen bei Politikern und Ministern, sicher auch bei der Opposition, wenn ein Vorhaben allein deswegen abgelehnt wird, weil es den eigenen Interessen zuwiderläuft.

Die Summe von Einzelinteressen bedeutet aber noch kein Gemeinwohl. Und wem dieser Begriff zu abstrakt ist oder wer die Existenz eines Gemeinwohls schlechthin ablehnt, weil es jenseits von Interessen nichts Allgemeines geben könne, der wird mir hoffentlich jedenfalls darin zustimmen können, dass eine Abwägung von Interessen, dass eine Mehrheit von Interessen sich gegen eine Minderheit von Interessen in einer Demokratie durchsetzen können muss. Wenn jeder an sich denkt, mag an alle gedacht sein, aber gut oder wenigstens erträglich für alle wird es nicht.

Ausgleich und Abwägung sind in der Demokratie nötig, führen aber oft zu Enttäuschung und Ablehnung bei denen, die nicht alles kriegen. Und das wiederum führt zu Enttäuschungen auf der Seite der Politik.

Die »Blase« Regierung?

Ein früherer Pressesprecher von mir, Stefan Paris, sprach immer von den übertriebenen Aufgeregtheiten im »Berliner S-Bahn-Ring«. Damit war gemeint, dass in der Politik innerhalb Berlins manche Dinge nervös und hektisch diskutiert und beschrieben werden, die auf wenigen Quadratmetern entstehen und weiterverarbeitet werden, die aber außerhalb dieses S-Bahn-Rings in ganz Deutschland oder darüber hinaus gar nicht beachtet oder nicht so ernst genommen werden.

Dazu gehören Spekulationen, wer demnächst eine bestimmte Position bekommen könnte, wer wen fertigmachen könnte, wer etwas in einem vertraulichen Gremium über einen anderen gesagt hat u. Ä.

Ein Beispiel für diese unterschiedliche Wahrnehmung der Wichtigkeit eines Themas war vieles rund um das Thema NSA, also die Frage, ob die amerikanische Regierung uns als deutsche Regierung abhört und auch sonst Millionen von Deutschen überwacht hat. Das hat über Wochen im Sommer 2013 kurz vor einer Bundestagswahl die politischen Schlagzeilen der Presse beherrscht und hektische Aktivitäten im Berliner S-Bahn-Ring ausgelöst. In meinem Wahlkreis bin ich darauf nicht oft angesprochen worden, obwohl ich Bundesinnenminister war. Und das ist den meisten meiner Kollegen auch so ergangen. Für die meisten Bundesbürger war das nach unserer Wahrnehmung nicht so wichtig.

Im Berliner S-Bahn-Ring gibt es ein sich selbst beschleunigendes und ein um sich selbst drehendes Rad öffentlicher Aufmerksamkeit, das Politiker, Journalisten, Lobbyisten und Interessenverbände brennend interessiert, das aber außerhalb wenig Beachtung findet und vor allem wenig bewirkt. Wenn man nur in Berlin wohnt und lebt und sich nur mit diesen Empörungsritualen beschäftigt, dann kann schnell der Eindruck entstehen, es handele sich bei all diesen Aufgeregtheiten um die soziale Wirklichkeit der ganzen Republik. Das ist aber mitnichten der Fall.

Es gibt aber auch andere »Blasen«, wie sie heute bezeichnet werden. Das sind Zirkel bestimmter gleichgesinnter Menschen oder Meinungen, die sich mit sich selbst beschäftigen, die untereinander gleiche Meinungen austauschen und verstärken. Solche »Blasen« werden heutzutage insbesondere im Internet gebildet und als ein besonders neues Phänomen beschrieben. Ich glaube, dass es solche gesellschaftlichen Blasen schon immer gab und auch weiterhin gibt, auch jenseits des Internets.

Es gab und gibt Kirchenkreise, Lehrergruppen, Handwerkerinnungen, Vorstände, Ärzte, Gewerkschaftssekretäre, Schüler und Studenten, Sportvereine, Stammtische, Ehrenamtliche aller Art und viele andere, die vornehmlich nur unter sich verkehren und die soziale Wirklichkeit anderer Gruppen nicht wirklich kennen. Je größer diese Gruppen sind, umso mehr kann das Missverständnis entstehen, dass die ganze Gesellschaft so denkt oder so denken müsste wie die eigene Gruppe, die eigene Blase. Ist das aber nicht der Fall, dann entsteht schnell Ablehnung oder Unverständnis für die soziale Wirklichkeit der anderen Gruppe. Wir kennen das alle: der Autofahrer schimpft auf die Radfahrer. Steigt er selber aufs Rad, schimpft er über die Autofahrer. Die eingenommene Rolle prägt das Denken und die Einstellung.

Meine These ist, dass das im Wesentlichen auch früher schon so war und dass dies durch die sozialen Kommunikationsstrukturen im Internet allerdings in neuen Quantitäten vervielfältigt wird und verstärkt stattfindet. Es mag unterschiedliche gemeinsame Nenner geben: mal ist es eine berufliche gemeinsame Orientierung, mal ist es eine gemeinsame Gesinnung oder Meinung. Vielleicht geschieht dies im Internet abgeschotteter, nicht so erkennbar für andere. Vielleicht sind die Zahlen der Teilnehmer einer Blase im Internet besonders groß. Aber im Prinzip ist die Abgeschottetheit und Gleichgerichtetheit der Meinungen von Gleichgesinnten strukturell ähnlich wie früher auch schon in der sogenannten analogen Welt.

Und so gibt es im Berliner S-Bahn-Ring zwar auch eine »Blase der Politiker« und darin eingeschlossen eine Blase der Regierungsmitglieder.

Gleichzeitig bin ich aber davon überzeugt, dass ein aktiver Bundesminister und ein aktiver Bundestagsabgeordneter durch seine Vor-Ort-Termine in der ganzen Republik und in seinem Wahlkreis eine bessere blasenüberschreitende Kenntnis und Wahrnehmung der sozialen Wirklichkeit hat als viele andere Gruppen in unserer Gesellschaft. Minister kommen im Land mehr rum als viele andere. Minister können natürlich nicht mit 85 Millionen Menschen reden. Und sicher sehen sie zu oft die immer gleichen Funktionäre und Repräsentanten bestimmter Bereiche und zu wenig die eigene Basis oder die unpolitische Normalbevölkerung. Und dennoch ist die Breite und die Tiefe der sozialen Wirklichkeit in unserem Land für ein Regierungsmitglied leichter erreichbar und tatsächlich bekannter als für viele andere, die in ihrer Region an ihrem Arbeitsplatz und in der Freizeit die immer gleichen Menschen treffen. Viele Arbeitnehmer können sich nicht vorstellen, was in Vorstandsetagen gedacht wird. Viele Vorstandsmitglieder haben wenig Ahnung davon, wie der Alltag von Arbeitnehmern auch außerhalb des Betriebes aussieht. Die Regierungsmitglieder reden mit beiden, auch vor Ort.

Minister erleben unterschiedliche Prioritäten, Sprachstile, Mentalitäten, Interessen und Äußerlichkeiten der Menschen. Das ist ja gerade das Spannende und macht das Leben eines Regierungsmitglieds auch so interessant. Vor allem aber öffnet es den Blick auf die ganze Breite, wenigstens aber eine große Breite der sozialen Wirklichkeit in unserem Land. Deswegen lasse ich verantwortlichen Politikern in unserem Land auch nicht nachsagen, sie hätten keine Ahnung von dem, was im Lande vor sich geht. Sicher nicht von allem, sicher nicht von überall. Wer kann das schon von sich sagen? Aber doch meistens von mehr als diejenigen, die uns genau dies vorhalten.

Politik und Inszenierung

Politik braucht Darstellung. Eine Regierung lebt auch von Inszenierung. Bilder prägen das Denken und Fühlen von Menschen. Eine Rede von einem Pult mit einem dunkelblauen Hintergrund und einer schwarz-rot-goldenen Fahne ist etwas anderes als ein beiläufiges Interview bei der Vorfahrt zu einem Messegelände oder an ein Hotel.

Bilder gehören zu einer Inszenierung. Das Bild von Helmut Kohl in Strickjacke mit dem entspannten Gorbatschow an einem Holzstumpf am Ufer eines Bergbaches im Kaukasus im Jahre 1990 prägte den Eindruck von der friedlichen Wiedervereinigung Deutschlands. Willy Brandts Kniefall in Warschau im Dezember 1970, der die

Bitte um Vergebung Polens gegenüber Deutschland symbolisierte, prägte das Bild von einem versöhnungsbereiten Deutschland. Ohne Bilder gibt es heutzutage keine politische Wirkung.

Inzwischen hat jedes Ministerium ein Protokoll, also eine Stelle, die für den Ablauf von Veranstaltungen, für gute Bilder sorgt. Für das »Protokoll Inland« im Ganzen, also für die ganze Bundesregierung, ist das Innenministerium zuständig, zum Beispiel für Staatsakte oder Staatsbegräbnisse. Da wird darauf geachtet, dass der Auftritt und der Abgang eines Ministers gut sind, dass die Musik zum Thema passt, dass die Sitzordnung stimmt, gute Redner sprechen, dass der Rundgang bei einer großen Messe wohl überlegt ist.

Auch der Minister selbst muss inszeniert werden. Das Bild des früheren Innenministers Otto Schily mit einem Polizeihelm und Knüppel hat wesentlich sein Image als »schwarzer Sheriff« geprägt.

Wird das nicht überlegt, dann können Fehler passieren, so zum Beispiel wenn ein bekannter Politiker bei einem Moscheebesuch seine Schuhe ausziehen muss und dann ein Loch in seinen Socken sichtbar und fotografiert wird.

Es gibt auch negative Inszenierungen. So fehlte selten ein Bild von mir mit Helm und Schutzweste, wenn beschrieben wurde, dass Afghanistan kein Land ist, in das man abgelehnte Asylbewerber abschieben könne, obwohl es natürlich ein Unterschied ist, ob ein Politiker aus einem anderen Land nach Afghanistan kommt, der gegen die Taliban Soldaten und Polizisten schickt, oder ob ein eigener Staatsbürger zurückkommt in sein eigenes Land.

Und dennoch darf die Inszenierung in der Politik nicht überbewertet werden. Inszenierung muss einhergehen mit Substanz. Ohne Substanz, also ohne substanzielle Äußerungen, ohne den Inhalt, ohne die Sachkenntnis bleibt die Inszenierung auf Dauer hohl. Die Bevölkerung hat ein gutes Gespür dafür, ob etwas glaubwürdig dargestellt oder inszeniert ist.

Eine Terrorwarnung für die ganze Bevölkerung in Deutschland muss in Bild, Sprache und Haltung angemessen inszeniert sein, also ernst, ruhig, aber auch in gewisser Weise kämpferisch und entschlossen. Aber die Inszenierung wirkt nur, wenn der Inhalt glaubwürdig und nachvollziehbar ist und die Menschen spüren, dass der Minister als Mensch dahintersteht.

Wenn die Inszenierung zum Selbstzweck wird oder nur der eigenen Person dient, geht sie schief, mindestens auf Dauer. Wenn sie zum Inhalt und zur Person passt, gelingt sie. Die Inszenierung hat in der Politik eine der Substanz dienende Funktion und nicht umgekehrt.

In dem Buch »Jim Knopf und Lukas, der Lokomotivführer« von Michael Ende gibt es die Figur des Scheinriesen. Das ist jemand, der in der Wüste von weitem wie ein Riese wirkt, kommt man ihm aber näher, so schrumpft er und wird immer kleiner, bis er schließlich genauso groß ist wie alle anderen. Er ist eine Fata Morgana. Im Berliner Politikbetrieb gibt es viele wirkliche Scheinriesen, die keine Fata Morgana sind. Man findet sie auch bei großen inszenierten Veranstaltungen wie der Münchner Sicherheitskonferenz, beim Weltwirtschaftsforum in Davos oder ähnlichen Großereignissen. Sie sind Scheinriesen im übertragenen Sinne, ihre Inszenierung wirkt, aber sie werden immer kleiner, je wichtiger die Substanz ist, die sich dann zeigt, wenn sie etwas sagen oder auf eine schwierige Frage antworten müssen.

Ich habe gemeinsam mit dem Kollegen Peer Steinbrück in der Finanzkrise Vorstandsvorsitzende von Banken erlebt, die zuvor in der Öffentlichkeit vor Kraft nicht laufen konnten, in der Krise aber nicht nur »klein mit Hut«, sondern auch substanzlos waren bei der Beschreibung der Krise oder bei der Analyse der Lage der eigenen Bank.

Ich habe selbstbewusste Unternehmensführer bei der Bundeskanzlerin erlebt, die eine Frage der Bundeskanzlerin nicht beantworten konnten – obwohl sie nahelag –, weil sie nicht Teil der vorbereiteten Unterlagen war, und die dann plötzlich unsicher und fahrig wurden.

Und ich habe Kabinettskollegen erlebt, die groß im Auftritt und vor allem lautstark und polemisch in der Sprache waren, aber Pressekonferenzen oder kritische Diskussionen scheuten, weil sie wussten, dass sie da nicht bestehen können. Oftmals waren sie konfliktscheu, obwohl sie nach außen einen gegenteiligen Eindruck erwecken wollten. Oder schüchtern und kontaktarm, obwohl die öffentliche Inszenierung etwas anderes nahelegen sollte.

Ohne Inszenierung wird man kein erfolgreicher Minister. Aber ohne Substanz und ohne die Übereinstimmung von Auftritt und Persönlichkeit nützt auf Dauer die beste Inszenierung nichts.

Vertrauen und Vertraulichkeit

Von der Regierungsarbeit wird zu Recht viel Transparenz verlangt. Arbeit im stillen Kämmerlein gilt schon als solche bei vielen als verdächtig. Meine Erfahrung ist eine andere: Die besten Gespräche und die besten Ergebnisse gibt es in guter Vertraulichkeit. Die Gesprächspartner öffnen sich dann besser, wenn sie wissen, dass der Inhalt des Gespräches oder mindestens die Art und Weise der Gesprächsführung vertraulich bleiben. Man kann Schwächen leichter zugeben ohne Öffentlichkeit. Man kann leichter nachgeben ohne Öffentlichkeit. Die Gespräche werden weniger inszeniert ohne Öffentlichkeit. Auch Vertrauen entsteht durch Vertraulichkeit.

Der Verdacht, dass vertrauliche Gespräche dazu genutzt werden, Absprachen zu treffen, von denen man sich nicht traut, sie öffentlich zu machen, weil das peinlich sei oder man etwas zu verbergen habe, ist nach meiner Erfahrung im Regierungshandeln ganz überwiegend unberechtigt. Die meisten vertraulichen Gespräche sind ja geradezu darauf angelegt, ein Ergebnis zu erzielen, welches irgendwann der Öffentlichkeit präsentiert wird.

Und auch sonst kommt in Deutschland sowieso mehr oder weniger alles im Nachhinein raus. Insbesondere Unsauberkeiten. Zu glauben, dass Vertraulichkeit vor Skandalen schützt, ist naiv. Im Gegenteil würde das nur zu Abhängigkeiten führen, die man gerade vermeiden sollte, wenn man länger Minister bleiben möchte.

Vertrauen im politischen Geschäft entsteht im Wesentlichen durch Verabredungssicherheit. Damit ist gemeint, dass ein Gesprächspartner eine Verabredung, die man vielleicht mühsam erstritten und verhandelt hat, selbstbewusst vertritt, sie nach außen genauso wiedergibt wie sie verabredet war und sich nicht hinterher von einem Gesprächsergebnis abseilt, insbesondere wenn es daran Kritik aus dem eigenen Lager gibt. Das habe ich zum Beispiel erlebt bei den sehr schwierigen Verhandlungen über die Einführung der sogenannten Vorratsdatenspeicherung mit Bundesjustizminister Heiko Maas, der nach Abschluss der Verhandlungen unseren Kompromiss gemeinsam mit seinem Parteivorsitzenden Sigmar Gabriel gegen erheblichen Widerspruch aus der SPD durchsetzte und in diesem Konflikt – für den Fall einer Ablehnung durch den SPD-Bundesparteitag, der damals gar nicht einmal so unwahrscheinlich schien – sogar sein Amt riskierte. Oder auch mit der damaligen Arbeitsministerin Andrea Nahles, als wir zum ersten Integrationsgesetz Deutschlands nach langen Verhandlungen einen Kompromiss aushandelten.

Ein Kompromiss ist ein Kompromiss. Er sollte auch als ein solcher dargestellt werden. Sicher kann man betonen, dass man selbst gut verhandelt hat, dass der Kompromiss den eigenen Vorstellungen sehr nahe kommt. Aber Verabredungssicherheit besteht nicht darin, dass ein Kompromiss als totaler Sieg bezeichnet wird. Verhält man sich aber so, dann besteht die Gefahr, dass die andere Verhandlungsseite Mühe hat, den Kompromiss in den eigenen Reihen durchzusetzen.

Verabredungssicherheit kann sich auch auf Verfahrensfragen beziehen, etwa bis wann eine gegebene Information vertraulich zu behandeln ist oder wer in welcher Reihenfolge zu informieren ist.

Auch für eine Koalition ist Verabredungssicherheit ausschlaggebend. Man muss sich darauf verlassen können, dass umgesetzt wird, was man vereinbart hat. Man muss verabreden können, dass man bei einem Gesetzesvorhaben an einer Stelle nachgibt mit der Verabredung, dass die andere Seite bei einem bestimmten Folgevorhaben später ihrerseits nachgibt. Wird eine solche Verabredung dann nicht eingelöst, ist der Schaden größer für die gesamte Zusammenarbeit als der mögliche Einzelerfolg in einer Sache. Ich habe jedenfalls Kollegen im Kabinett maßgeblich danach beurteilt, ob sie verabredungssicher sind. Manchmal habe ich Verabredungssicherheit sogar getestet, um einschätzen zu können, mit wem ich es zu tun habe.

Im Regierungshandeln wird Vertraulichkeit allerdings oft vereitelt. Einzelne Informationen werden gerne aus vertraulichen Gesprächen »durchgestochen«, wie man das nennt, also irgendeinem Journalisten gegeben oder zugespielt. Oft wird etwas durchgestochen, um den eigenen Beitrag besonders zu betonen, weil das ja aus einem vertraulichen Gespräch nicht abzulesen ist.

Ein maßvolles »Durchstechen« des Regierungshandelns ist offenbar schon so üblich geworden, dass man sich damit abfinden sollte. Es macht die Sache ja auch interessant und erweckt den Eindruck, als wären die Journalisten oder die Bevölkerung dabei, wenn regiert wird.

Übertrieben angewandt aber ist das Durchstechen einem konstruktiven Regierungshandeln abträglich. Das gilt insbesondere für den Sicherheitsbereich. Hier wäre Vertraulichkeit besonders wichtig, um Belange der inneren Sicherheit nicht zu gefährden. Und hier ist gleichwohl die unrühmliche Tendenz zu Durchstechereien besonders verbreitet. Ähnliches gilt für die Bundeswehr, genauer: das Verteidigungsministerium.

Eine Grenze für Durchstechereien, wie auch immer sie motiviert sind, sollte aber stets eine mögliche Gefährdung der öffentlichen Sicherheit sein, etwa durch Gefährdung eines polizeilichen Zugriffs, der Offenlegung der Quellen oder der Herkunft einer Information.

Wenn jemand, bei dem am nächsten Morgen durchsucht werden soll, das erfährt, dann wird er entsprechende Vorkehrungen treffen, dass man nichts findet. Wenn ein ausländischer Nachrichtendienst darum bittet, nicht mitzuteilen, dass der Hinweis auf ein mögliches Attentat von ihm kommt, dann kann die Durchstecherei der Herkunft einen Hinweisgeber dieses Landes persönlich gefährden. Das Durchstechen von sensiblen Informationen aus dem Sicherheitsbereich ist eben kein selbstloser Akt von Meinungs- und Informationsfreiheit, sondern im Zweifel sprichwörtlich gefährlich.

Ich habe als Minister viele Versuche unternommen, dies zu unterbinden: mit Appellen, mit Drohungen, mit Tricks wie etwa der heimlichen Kennzeichnung einzelner Textexemplare, um eine undichte Stelle im Nachhinein feststellen zu können, wenn der Text veröffentlicht wird. Dies hatte mal mehr, mal weniger Erfolg. Ich war immer stolz, wenn es gelang, Personalentscheidungen so lange vertraulich zu halten, bis sie entschieden und verkündungsreif waren. Und dennoch sind die Durchstechereien gerade im Sicherheitsbereich nach wie vor ärgerlich, auch wenn sie abgenommen haben.

Die Tatsache, dass es das gibt, liegt vielleicht daran, dass die Dinge im Sicherheitsbereich besonders spannend erscheinen. Kriminalität und Nachrichtendienste, das klingt immer sehr interessant.

Auch sind die Eitelkeiten hier besonders groß. Viele derer, die etwas durchstechen, erhoffen sich eine freundliche Berichterstattung in den Medien, denen sie etwas gegeben haben. Das ist allerdings ein Trugschluss, mindestens langfristig. Denn dieselben Journalisten, die gerne vertrauliche Informationen entgegennehmen, zögern nicht, kritisch über diejenigen zu berichten, die ihnen diese Informationen gegeben haben, wenn es jetzt oder später passt. Eine Garantie für freundliche Presse sind Durchstechereien jedenfalls nicht. Ähnliches gilt für bewusst gepflegte »Freundschaften« zu einzelnen Pressevertretern, wovon schon an anderer Stelle in diesem Buch die Rede war.

Natürlich lässt sich nicht bestreiten, dass Minister auch Informationen vertraulich halten wollen, wenn ihre Offenlegung ein Problem sichtbar macht, was dem Minister nicht gefällt oder ihm schaden könnte. Und Journalisten haben zu Recht das exakt gegenteilige Interesse. Das ist so. Das ist Teil von Demokratie und Pressefreiheit, und damit kann man professionell umgehen.

Überzeugung und Engagement

Ein Minister setzt das Regierungsprogramm um, das in den Wahlprogrammen der regierenden Parteien niedergelegt war und in den Koalitionsverhandlungen im Kompromisswege erstritten worden ist. Hinzu kommen dann aktuelle Entwicklungen, die nicht vorhergesehen waren und mit denen die Regierung umgehen muss. Da ist wenig Platz für die eigene Überzeugung des Ministers. Auf die kommt es in erster Linie nicht an. Natürlich kann und soll ein Minister eigene Initiativen ergreifen, von denen er überzeugt ist. Davon habe ich an anderer Stelle berichtet. Ein Ministeramt dient aber nicht der Selbstverwirklichung des Ministers.

Wer das Regierungsprogramm nicht akzeptiert oder wer meint, das Amt sei nicht das Richtige, der darf das Amt eines Ministers nicht antreten.

Im Laufe der Zeit werden dann viele Meinungen des eigenen Ressorts des Ministers zu den eigenen Überzeugungen. Das klingt merkwürdig, aber das kann gar nicht ausbleiben. Es gibt ein altes Sprichwort, das lautet: »Ein Amt prägt den Menschen«. Es wäre auch ganz unnatürlich, wenn es anders wäre. Wer sich mit seiner Aufgabe identifiziert, wer »sein Haus«, also sein Ministerium, gut vertreten will und wer in seinem Ressort bestehen will, der muss seine Auffassungen an die Hausmeinung ebenso anpassen, wie das Ressort und seine Mitarbeiter ihre Meinung an die des Ministers anpassen müssen. Das ist ein kaum wahrnehmbarer Prozess des Aufeinander-Zugehens. Ich halte das nicht für Opportunismus oder Schwäche, sondern für einen ganz normalen, ja notwendigen

Prozess. Ein Minister steht in gewisser Weise auch immer in der Kontinuität des Hauses.

Aber genauso gilt:

Das völlige Einknicken vor der inhaltlichen Meinung des Ressorts, das der Minister führt, fällt bald auf, schwächt den Minister im eigenen Haus und wirkt nicht überzeugend. Insbesondere nach einem Regierungswechsel muss der Minister die Meinung des Ministeriums da ändern, wo sie mit der neuen Regierungslinie nicht übereinstimmt. Genauso wird aber kein Minister erfolgreich sein, wenn er prinzipiell und dauerhaft anderer Meinung als sein Ministerium ist. Dann passt die Person nicht zum Amt. Es gibt dann so viele Signale aus einem solchen Ressort, das der Minister das zu Recht nicht lange überlebt.

Als Guido Westerwelle 2009 Außenminister und mein Kollege in der Bundesregierung wurde, da lästerten einige Diplomaten halbwegs offen in der Presse darüber, dass sie sich diesen unerfahrenen Außenpolitiker schon noch zurechtbiegen würden, wenn er denn nur auf sie hörte. Ich fand das unerhört. Ähnliches, wenn auch nicht so offen, konnte ich wahrnehmen, als Sigmar Gabriel im Januar 2017 dann ebenfalls Außenminister wurde, ohne vorher als Außenpolitiker aufgefallen zu sein. In beiden Fällen haben die Minister dem Auswärtigen Amt schnell klar gemacht, wer im Haus das Sagen hat, ohne nicht auch anzuerkennen, dass im Auswärtigen Amt viel Sachkenntnis und geronnene Überzeugungen den neuen Ministern hilfreich waren.

Selten gibt es Grundüberzeugungen, die so gewichtig sind, dass ein Minister deswegen sein Amt niederlegt, weil er sie nicht durchsetzen kann. Ein solcher Fall war – lange her –, als der Innenminister Paul Lücke im April 1968 zurücktrat, weil er seine Überzeugung von der Einführung des Mehrheitswahlrechts in Deutschland nicht durchsetzen konnte, obwohl das im Koalitionsvertrag verabredet war, CDU/CSU und die SPD dann aber davon abrückten. Und ich weiß, dass mehrere Verteidigungsminister, mich eingeschlossen, davon überzeugt waren, dass es in einem übergesetzlichen Notstand richtig sei, in einem bestimmten Grenzfall ein von Terroristen gesteuertes Passagierflugzeug abzuschießen, um das Leben anderer Menschen zu schützen, auch wenn die geschriebene Rechtsordnung, gestützt durch ein Urteil des Bundesverfassungsgerichts, dieses mit guten Gründen anzweifelt. Der Preis für eine solche Entscheidung wäre dann zwingend der Rücktritt.

Es gibt Situationen, da werden Überzeugungen zu Gewissensfragen und Entscheidungen zu Gewissensentscheidungen. Da gilt dann keine Koalitionsvereinbarung, kein Fraktionszwang, keine Mehrheitsentscheidung mehr. Da folgt man dem eigenen Gewissen. Für Abgeordnete ist das in Artikel 38 des Grundgesetzes ausdrücklich geregelt.

Für Minister muss das nicht geregelt werden. Es ergibt sich aus der Natur der Sache.

Solche Gewissensentscheidungen sind selten. Sie sind kostbar. Nicht jede wichtige Entscheidung ist eine Gewissensentscheidung. Sie darf nicht als Ausrede genommen werden, einfach eine abweichende Meinung zum Ausdruck zu bringen, die vielleicht der eigenen Popularität hilft, aber die Regierungsfähigkeit als Ganzes aufs Spiel setzt. Die Euro-Rettung zum Beispiel war nach meiner Meinung eine sehr wichtige, aber keine Gewissensentscheidung. Die Entscheidung über Grenzen der Präimplantationsmedizin hingegen betraf zwar nur wenige Menschen, ich habe sie aber immer als eine Gewissensentscheidung angesehen.

Und dann gibt es noch Grundüberzeugungen anderer Art, zum Beispiel die als Christ in der Politik. Das prägt natürlich einen Minister, hoffentlich auch in der Sprache und in der Methode seiner Führung und seines Handelns. Der Glaube an die Auferstehung des Lebens nach dem Tod und an die Begrenztheit menschlicher Macht angesichts der Macht Gottes hat mich in meiner Ministerzeit sehr geprägt, mehr als zuvor. Mir hat das die Kraft gegeben, in Niederlagen nicht zu verzweifeln und in Erfolgen nicht übermütig zu werden.

Wir müssen und können als Minister nicht die Welt retten und sie auch nicht aus eigener Kraft vernichten oder zerstören, aber einen Beitrag dazu leisten, dass sie durch unser Handeln ein klein wenig besser wird. Das ist schon viel, aber eben nicht alles.

Und noch etwas ist Teil jedenfalls meiner Grundüberzeugung, die im christlichen Glauben wurzelt: Wir sind – gerade auch als Minister – fehleranfällig. Wir machen Fehler und werden sündig, wie es Martin Luther formulieren würde. Aber uns ist als Menschen auch das Wort der Erlösung und der Barmherzigkeit zugesprochen, um das wir bitten und beten dürfen.

Vom Verlieren und von Verlierern

Zur politischen Kultur gehört in Deutschland auch ein bestimmter Umgang mit Verlierern.

Wer eine Wahl verloren hat, gilt als Verlierer. Das sind dann harte Zeiten. Insbesondere die eigene Partei ist oft hart und erbarmungslos im Umgang mit Verlierern. Aber wenn dann der Verlierer öffentlich zu stark kritisiert wird, dann gibt es einen Solidarisierungseffekt mit ihm. Ebenso wie genau darauf geachtet wird, ob jemand ein schlechter Verlierer ist, wird darauf Wert gelegt, dass gegenüber dem Verlierer nicht noch nachgetreten wird.

Wenn eine Nachfolgeregierung der Vorgängerregierung alles Schlechte in die Schuhe schiebt, dann wird das nicht gut gefunden, selbst wenn es stimmt. Im Wahlkampf ist es anders. Da darf eine Opposition alles, was die Regierung gemacht hat, schlecht finden. In dem Moment, wenn sie selbst die Regierung übernimmt, ändert sich das.

Die Bevölkerung hat ein sensibles Gespür für Fairness im Umgang mit Verlierern. So wird meistens auch einem Minister nach einem politischen Rücktritt Respekt gezollt, selbst wenn die Person zuvor hart kritisiert worden war.

241

Der Herausforderer wird oft geliebt. Wenn er aber gewonnen hat, dann darf er dem Verlierer nicht noch einen mitgeben.

Nach dem Ausscheiden aus dem Ministeramt ist es in Deutschland üblich, dass sich der Vorgänger mit Kommentaren zur Amtsführung des Nachfolgers zurückhält und für eine geraume Zeit nicht mehr in demselben Politikbereich tätig wird. Ebenso ist es guter Stil, dass der Nachfolger nicht alle Probleme öffentlich seinem Vorgänger in die Schuhe schiebt. Das ist in anderen Staaten anders und wird von der Öffentlichkeit oft nicht verstanden. Auch die Presse versucht, Vorgänger und Nachfolger in Versuchung zu führen, sich zum jeweils anderen zu äußern. Ich finde, diese Stilfragen sind ein kluges Gebot politischer Fairness und Souveränität und sollten beibehalten werden.

Schluss: Gutes Regieren

In diesem Buch ging es mir vor allem um die Darstellung, wie Deutschland regiert wird. Und zwar um eine Darstellung von innen, vom Arbeitsplatz eines Ministers aus.

Es gibt Hinweise darauf, dass sich mit der jetzigen Regierung und Koalition einiges an der Regierungspraxis ändert. Ob das an den handelnden Personen liegt oder an dem Verdruss von CDU/CSU und SPD an sich selbst und an einer erneuten Großen Koalition und wie nachhaltig oder dauerhaft das für diese oder etwaige Nachfolgeregierungen ist, weiß ich nicht. Es ist noch zu früh, das zu beurteilen.

Aber eines scheint mir klar zu sein: Je mehr Streit es gibt, je mehr um unwesentliche Dinge gerungen wird als um wesentliche, je mehr einzelne Personen sich zulasten der gemeinsamen Arbeit hervortun und vor allem je mehr der Eindruck entsteht, es gehe nicht professionell zu, umso mehr gibt es eine Sehnsucht der Bevölkerung nach »gutem Regieren«.

Und darauf wird dann jede Regierung reagieren müssen, wenn sie die Kraft dazu hat. Sonst gibt es eine neue Regierung, und die wird natürlich davon überzeugt sein, dass sie gutes Regieren praktiziert. Und sie will dafür den Beweis antreten. Insofern gibt es, davon bin ich überzeugt, eine strukturelle Tendenz zum guten Regieren in Deutschland, weil die Menschen sich das wünschen.

Was aber ist nach alledem »gutes Regieren«?

Dafür gibt es kein Patentrezept und keine allgemein gültige Definition. Schon gar nicht von einem ehemaligen Minister, der selbst seine Stärken und Schwächen hat, der Erfolge und Misserfolge zu verantworten hat und der nur aus seinem eigenen Erfahrungshorizont berichten kann.

Und doch gibt es ein paar Regeln, Prinzipien und Maßstäbe, die ich in diesem Buch beschrieben habe und die mir wichtig sind. Ich bin davon überzeugt, dass vieles von dem auch für andere Personen mit Führungsverantwortung gilt und ebenso für das Zusammenwirken und die Arbeitsmethoden in großen Institutionen aller Art, um zu guten Ergebnissen zu kommen.

Hier habe ich solche Regeln, Prinzipien und Maßstäbe zusammengefasst:

- Als Minister gilt es, hart zu arbeiten und Disziplin zu üben. Man muss akzeptieren, dass man vor allem anderen ein Amt hat, eine Person des öffentlichen Lebens ist und das Verhalten auch außerhalb der Politik Gegenstand besonderer öffentlicher Betrachtung ist.

- Als Minister gilt es, sein eigenes Ministerium als Rückgrat und Basisstation des politischen Handelns zu begreifen. Ein Minister ist in den Händen der Mitarbeiter. Das gilt auch umgekehrt. Ein Minister ist auf die Sachkenntnis der Mitarbeiter angewiesen und darauf, dass sie einen in Krisen nicht hängen lassen. Ein Ministerium will und muss geführt werden. Der Minister darf nicht nur zum Abzeichnen von Vermerken da sein. Die Mitarbeiter arbeiten dann besonders gut, wenn sie wissen, was der Minister will und wohin die Reise geht.

- Als Minister gilt es, seinen eigenen Führungsstil zu entwickeln. Es gibt keinen »richtigen« oder »falschen« Führungsstil. Es gibt nur einen Führungsstil, der zu der Person passt, die führt, und zur Institution, die geführt wird. Für mich ist kluges, begründetes Vertrauen ohne grenzenlose Vertrauensseligkeit der richtige Führungsstil. Vertrauen setzt Kräfte frei, Misstrauen lähmt. Blindes Vertrauen kann ausgenutzt werden, völliges Misstrauen führt zu Illoyalität. Zu kluger Führung gehört gegenseitige Solidarität, Fürsorge von oben nach unten und von unten nach oben.

• Als Minister gilt es, zu führen und zu entscheiden. Entscheidungen können einsame Entscheidungen sein. Meistens rächt sich eine verschobene Entscheidung, wenn sie früher »dran« gewesen wäre. Ein Gefühl für den richtigen Zeitpunkt einer Entscheidung ist wichtig. Eine Entscheidung wird immer Unzufriedene zurücklassen. Das liegt im Wesen einer Entscheidung, die schon vom Wortlaut her etwas von etwas anderem scheidet. Das muss man als Minister hinnehmen. Führen geht am besten durch Überzeugung, durch Vorbild und durch Sachkenntnis. Nicht in jedem Detail, aber doch in den großen Linien und im Wissen, worauf es in der Sache wirklich ankommt.

• Als Minister gilt es, die Kultur, die Traditionslinien eines Ministeriums zu erspüren, zu erkennen, zu nutzen und doch zu prägen. Ein Minister muss erkennen, dass er sie nicht vollständig verändern kann, aber er muss doch den Anspruch haben, dass auch im Denken und im Mitdenken so gearbeitet wird, wie er es möchte und nicht, wie es immer schon war.

• Als Minister im Sicherheitsbereich gilt es insbesondere, die Gepflogenheiten, die Notwendigkeiten und die Empfindlichkeiten der im Sicherheitsbereich Handelnden zu erkennen und mit ihnen zu arbeiten. In Deutschland ist die Sicherheitscommunity klein genug. Deshalb ist es wichtig für einen Minister, sich nicht mit ihr anzulegen, sich ihr aber auch nicht zu ergeben.

- Als Minister gilt es, schweren Begegnungen nicht auszuweichen. Das gilt im Sicherheitsbereich insbesondere für den Umgang mit dem Tod. Solche Begegnungen können neben den damit verbundenen Belastungen auch eine tief prägende Wirkung und eine enge Bindung an die Belange des eigenen Ministeriums bewirken.

- Als Minister gilt es, persönliche Verantwortung, politische Verantwortung und Verfahrensverantwortung zu übernehmen. Ein Rücktritt muss wohl überlegt sein. Er muss das letzte Mittel sein. Wenn es wahrhaft Anlass zu einem Rücktritt gibt, darf ein Minister nicht zögern und nicht auf eine Entlassung durch den Regierungschef warten. Aber genauso darf ein Rücktritt nicht später als Flucht vor der Verantwortung wahrgenommen werden. Verantwortung heißt vor allem, mit Fehlern konstruktiv umzugehen und sie für die Zukunft zu vermeiden. Deshalb gilt es für einen Minister auch, durch und in Krisen zu lernen und Krisen zu nutzen, damit die Gesellschaft lernt und vielleicht etwas akzeptiert, was ohne die Krise nicht möglich gewesen wäre.

- Als Minister gilt es, mit Kritik leben zu lernen und sie zu ertragen. Man ist klug beraten, übertriebenes Lob ebenso wenig überzubewerten wie übertriebene Kritik. Das gilt auch für Umfrageergebnisse. Distanz auch zum eigenen Handeln ist wichtig. Aber Leidenschaft für das eigene Ministerium und für die Menschen, für die man Verantwortung trägt, auch.

- Als Minister gilt es, selbst Initiative zu zeigen und eigene Akzente zu setzen. Man darf sich nicht auffressen lassen vom Amt, und zugleich muss man sich bewusst sein, dass das Amt den ganzen Menschen fordert, Tag und Nacht, rund um die Uhr.

- Als Minister gilt es, Lobbyisten und Journalisten zu achten und zu respektieren, aber ihnen nicht zu nahe zu kommen, Abhängigkeiten zu vermeiden und unangemessene Vertraulichkeiten zu unterlassen.

- Als Minister gilt es, die Substanz wichtiger zu nehmen als die Inszenierung, die Inszenierung aber nicht zu vernachlässigen. Beides ist wichtig, aber der Vorrang gehört immer der Substanz.

- Als Minister gilt es, Freundschaften außerhalb der Politik zu pflegen und der Familie den ersten Platz einzuräumen, dann, wenn es wichtig ist. Wirklich wichtig. Im Übrigen muss man leider akzeptieren, dass die Pflichten des Amtes Vorrang haben.

- Als Minister gilt es, Loyalität von anderen zu erwarten und sich selbst loyal zu verhalten. Ein Minister hat ein dienendes Amt. Der Dienst gilt dem Land, ohne zu vernachlässigen, dass der Minister als Mitglied einer Partei Teil einer Regierung ist und die Mehrheit, die die Regierung gewählt hat, auch eine parteiliche Regierung erwartet. Loyalität gilt den eigenen Mitarbeitern, den Kollegen und dem Regierungschef. Loyalität ist nicht altmodisch, ist keine Liebesdienerei, sie ist als kritische Loyalität für jede Institution zum Überleben und zum Erfolg unverzichtbar. Loyalität trägt auch durch Krisen.

- Als Minister gilt es, über die »Blase Politik« hinaus zu wirken. Man muss die Mechanismen im »Berliner S-Bahn-Ring«, also im Berliner Politikbetrieb, kennen und darf sie nicht verachten. Gleichzeitig ist es wichtig, seine Termine so zu machen, dass man die soziale Wirklichkeit unterschiedlicher Gruppen und der verschiedenen Regionen in Deutschland so gut wie möglich kennenlernt. Dazu gehören Interesse, Neugier, Offenheit und Zuneigung zu den Menschen. Wer die Menschen nicht achtet und schätzt, sollte lieber nicht Minister werden wollen.

- Als Minister gilt es, vorsichtig mit Ankündigungen zu sein. Die Versuchung, nur mit Ankündigungen auf den ersten Blick öffentlich erfolgreich zu sein, ist groß. Aber auf Dauer ist es wichtiger, lieber weniger Ankündigungen zu machen und lieber erfolgreich zu arbeiten, als an nicht umgesetzten Ankündigungen gemessen zu werden und zu scheitern.

- Als Minister gilt es, die rechtlichen und tatsächlichen Prozeduren und Abläufe im Regierungsalltag und in Krisenlagen zu kennen und zu nutzen. Die kluge Methode, zum Ziel zu kommen, ist für den Erfolg genauso wichtig wie das Sachargument. Dazu gehört auch, den Wert informeller Verfahren und informeller Gesprächsformate zu erkennen und zu nutzen, ohne zu vernachlässigen, das informelle Verfahren auf die Rückkopplung zu formellen Verfahren angewiesen sind.

- Als Minister gilt es, klug zu verhandeln und das Verhandeln als ein Kernelement seiner Ministerarbeit zu sehen, sich auf Verhandlungen gut vorzubereiten, den Wert des Kompromisses zu schätzen und nach außen verabredungssicher zu vertreten.

- Als Minister gilt es, den Wert vertraulicher Gespräche und vertraulicher Gesprächsformate zu nutzen, solche Gespräche und Formate aber nicht zu missbrauchen. Auch in vertraulichen Gesprächen sollte man sich so geben, wie man ist. Vertraulichkeit führt zu Vertrauen. Vertrauen im Regierungsbetrieb zu haben und das Stiften von Vertrauen und Glaubwürdigkeit gegenüber der Bevölkerung ist wichtiger als manche Sachfrage.

- Als Minister gilt es, das institutionelle Gefüge auf den jeweiligen staatlichen Ebenen, im Föderalismus, in den Parteien, in der Europäischen Union und international zu kennen und sich darin zu bewegen. Dabei gilt es auf die jeweiligen politischen Kulturen Rücksicht zu nehmen.

- Als Minister gilt es auszustrahlen, dass einem die Amtsausübung Freude macht. Nicht unbedingt immer Spaß, aber doch Freude am Gestalten und an der Verantwortung. Ein Minister übt Macht aus. Vielleicht weniger, als er vorher geahnt hat. Aber vielleicht mehr, als er manchmal tragen kann. Machtausübung ist in einer Demokratie mit der Regierungsübernahme verbunden. Sie wird gebändigt und kontrolliert. Machtleugnung glaubt ohnehin niemand. Machtausübung darf Freude machen. Als Christ weiß man sich damit demütig.

- Als Minister gilt es zu akzeptieren, dass das Ministeramt stets ein Amt auf Zeit ist. Man muss so arbeiten, als sei man sehr lange im Amt. Man muss lange Linien ziehen, nicht nur auf den nächsten Wahltermin achten und akzeptieren, dass die Umsetzung der eigenen Vorstellungen lange dauert und womöglich länger als die eigene Amtszeit. Langfristige Personalentwicklung in Ministerien ist nötig, auch wenn der Minister die Früchte von solchen Personalentwicklungen selbst nicht mehr erlebt. Aber ein Minister muss gleichzeitig wissen und akzeptieren, dass seine Amtszeit morgen zu Ende sein kann, dass er ausgewechselt wird, weil die Umstände so sind, weil er einen Fehler zu verantworten hat oder weil eine Regierung abgewählt wird. Mit dieser Spannung zwischen Dauerhaftigkeit des Anspruchs und jederzeitiger Begrenztheit muss ein Minister leben lernen.

Mit diesem Buch habe ich das Regieren in Deutschland beschrieben und damit auch meine Zeit als Minister reflektiert. Subjektiv und ausschnitthaft, aber zur Verallgemeinerung geeignet. Und in der Hoffnung, dass die Leser besser verstehen, wie Deutschland regiert wird. Und das nicht einmal schlecht.

Dank

Die Idee zu diesem Buch hatte ich schon lange während meiner Amtszeit als Minister. Ich habe oft über die Art und Weise unseres Regierens in Deutschland und über mein Verständnis davon nachgedacht und mit meinen Mitarbeitern darüber geredet. Nur hatte ich nicht die nötige Zeit für ein solches Buch, und es hätte sich für einen aktiven Minister auch nicht gehört, solch ein Buch zur Regierungspraxis zu schreiben. Das hat sich jetzt geändert. Und so konnte ich mein Vorhaben in die Tat umsetzen.

Dieses Buch habe ich vom Anfang bis zum Ende selbst geschrieben und überarbeitet. Dennoch habe ich zu danken.

Ohne einen drängenden und aktiv beteiligten Verleger Manuel Herder, der auch ein inhaltliches Interesse an dem Thema des Buches hat, wäre das Buch nicht so schnell fertig geworden.

Dem Lektor des Verlages Patrick Oelze und seinen Mitarbeitern danke ich herzlich für viele gute inhaltliche Gespräche und Anregungen, für Hinweise zur Gliederung, zu den Formulierungen der Überschriften und zur Fehlerkontrolle.

Besonders danken möchte ich meinem Mitarbeiter Eric Ehrlich. Er hat unermüdlich die verschiedenen Fassungen durchgesehen, wertvolle Anregungen gegeben, Kritik an bestimmten Formulierungen geübt, mir den Terminkalender freigehalten für die Erstellung des Buches und den gesamten Prozess der Bucherstellung koordiniert.

Und ich danke meiner Frau, die mich ermuntert hat, dieses Buch auch zur Reflexion und Wiederankunft in einem normalen Leben ohne Ministeramt zu schreiben.